Unheimlich gemütliche Weihnacht

Weihnachtliche Geschichten aus der Schweiz

Herausgegeben von
Martin Müller

Mit elf Illustrationen

Deutscher Taschenbuch Verlag

Originalausgabe
Oktober 1998
Deutscher Taschenbuch Verlag GmbH & Co. KG,
München

Umschlagkonzept: Balk & Brumshagen
Umschlagbild: Jindra Čapek
Gesetzt aus der Bembo 9,5/11'
Satz: KCS GmbH, Buchholz/Hamburg
Druck und Bindung: C. H. Beck'sche Buchdruckerei,
Nördlingen
Gedruckt auf säurefreiem, chlorfrei gebleichtem Papier
Printed in Germany • ISBN 3-423-20172-X

dtv

Für gemütliche
Lesestunden!
Viel Spaß beim
Lesen
wünschen
Dittmar + Christiane

Sylvester 98/99

Weihnachten in der Schweiz ist eine Zeit der Kontraste. Während die Häuser festlich geschmückt werden und die Weihnachtsbäckerei in vollem Gange ist, wird draußen ein anderes Bergvölkchen munter: Da jagt Wotans wildes Heer um die Berggipfel, da trappelt die Schweineherde des Gnomenfürsten Grebellhou durchs Land, und die Heilige Nacht wird zu einer Nacht der tausend Wunder. Auch in den volkstümlichen Weihnachtsbräuchen der Kantone liegen Glaube und Aberglaube eng beieinander. Wie man am Weihnachtstag ein Zwiebelorakel herstellt oder was es bedeutet, wenn man an diesem Tag ungleiche Strümpfe trägt – das und vieles mehr kann man hier erfahren. Für literarische Weihnachtsfreuden sorgen überdies berühmte Schweizer Autoren wie Jeremias Gotthelf, Robert Walser und Friedrich Dürrenmatt.

Der Herausgeber Dr. Martin Müller, geb. 1938, Autor und Herausgeber zahlreicher Publikationen, ist freier Verlagslektor in Zürich.

INHALT

ANHANG

Erstes Kapitel

WOTAN UND GREBELLHOU, DIE WILDEN REITER

Wotans wütendes Heer

Viel hörte man noch zu Urgroßvaters Zeiten in unserem Lande von nächtlichen Geisterzügen, die sich zu gewissen Zeiten des Jahres in den Lüften vernehmen lassen. Am tollsten treibt dieses wilde Heer sein Wesen im sturmdurchtobten Dunkel der zwölf heiligen Nächte zwischen Weihnachten und dem Dreikönigstag.

Wie eine finstere Schneewolke fährt es dann dahin unter furchtbarem Getöse, das am meisten Ähnlichkeit hat mit dem Lärm einer ungeheuern Schar Kriegsvolkes.

Ein Reiter auf mächtigem, weißem Roß und mit rückwärts rauschendem Mantel führt es an. Wotan ist es, der zum Fürsten der Gespenster gewordene Götterheld unserer heidnischen Ahnen. Ihm nach wälzt sich ein Haufe schreckhaft scheußlicher Gestalten, die einen zu Fuß, die andern auf zweibeinigen Pferden; andere auf Räder gebunden, die von selbst laufen. Wieder andere stürzen ohne Kopf daher oder tragen ihre Beine auf den Schultern. Raben, Nachteulen, Wölfe und Wildschweine mischen sich unter den wunderlich-grausigen Zug, der mit Saus und Braus und gellendem Jagdgeschrei, aber auch schattenhaft, wie spukendes Nebelgewölk, Täler und Höhen entlang flieht.

Niemandem, der ihn ruhig dahinfahren läßt, tut er ein Leid an. Wer ihm etwa in den Weg läuft und nicht schnell genug ausweichen kann, legt sich sogleich flach auf den Boden. Dann zieht das ganze Nachtgejäge, wie man in manchen Gegenden sagt, über ihn hinweg, ohne ihm ein Haar zu krümmen. Wenn aber einer sich nicht bückte, wurde er ganz zerkratzt.

»Drei Furren us Weg,
Sust schnyd der d'Bei eweg!«

(= Drei Ackerfurchen aus dem Weg, oder ich schneide dir die Beine ab!) ruft die »Muotiseel«, die im Zürcher

Oberland um den Neumond durch die Luft daherbraust wie ein Sturm und alles zertrümmert und zerhackt, was sich ihr entgegenstellt oder nicht mehr entfliehen kann.

Es wird erzählt, einmal habe ein Mann dieses böse Gespenst daherfahren hören. Im Trotz warf er ihm seinen Schiebkarren in den Weg, der dann in tausend kleine Stücke zerschnetzelt wurde. Hätte er sich nicht klug auf die Seite gestellt, es wäre ihm so ergangen wie dem Wagen.

Das wilde Heer nimmt seinen Lauf oft auch durch Sennhütten, Ställe und Scheuern. Immer hat dann ein Unkundiger die Hofstatt auf den Geisterweg gebaut, der stets seine altgewohnte Richtung behält. Da dürfen die Scheunentore auch abends nie geschlossen werden, sonst springen sie von selbst sperrangelweit auf, oder es geschieht etwas Ungerades. Der Gespensterzug duldet kein Hindernis.

Zu Murgental an der Aargauer Aare (Kanton Aargau) stand ein Bauernhaus. In dem durfte das Tenntor nie zugemacht werden. Ein unverständiger Knecht tat es doch einmal; aber am andern Morgen, als der Meister aufstand, sah er, daß beide Flügel ausgehoben waren und zerschmettert auf dem Vorplatz lagen.

Einst mußten Soldaten in der Tenne übernachten. Todmüde von einem starken Marsche, brauchten sie nicht lange auf das Einschlafen zu warten. Aber auf einmal wurden sie durch ein fürchterliches Gerumpel und Gehotter geweckt. Sie hörten, wie draußen über die Kopfsteine im Hof ein schwerer Wagen daherrollte, und konnten sich aus ihrem Stroh eben noch eilig in alle Winkel der Scheune verschlupfen, um nicht überkarrt zu werden. Räder rumpelten mit ohrbetäubendem Lärm über den Lehmboden der Tenne und zur hintern Türe hinaus, aber sehen konnten sie nichts.

Grebellhou, der Gnomenfürst

Zu Vaulion im Kreise Orbe (Kanton Waadt) hält in der Nacht vor dem Christfest Grebellhou, der Fürst der Gnomen, die in der Landessprache »gommes« genannt werden, seinen Umzug. Auf wunderliche Weise kommt er mit seiner Schar untergebener Ungeheuer daher, indem alle verkehrt auf kleinen weißen Schweinen hocken, deren Schwänze sie statt Zäumen in den Händen halten. Nur er, der Gebieter, sitzt im roten Purpurmantel, der am Boden nachschleppt, eine hohe Krone auf dem Haupt, das Gesicht vorwärts gerichtet, stolz auf seinem seltsamen Reittier. Und dieses ist auch fast noch einmal so groß als das der andern. So traben sie nach dem Joux-Tal hinauf, wo sie das Gold im Dent de Vaulion hüten. Da es ihrer viele tausend sind, hört man das Getrappel der Schweine auf der harten Landstraße schon aus weiter Ferne aufs deutlichste. Jedem, der es vernimmt, ist jedoch anzuraten, daß er sich sofort umkehrt und wartet, bis der gespenstische Zug vorüber ist. Denn die Gnomen lieben es nicht, von den Menschen gesehen zu werden, und strafen neugieriges Hinsehen mit augenblicklicher Blindheit.

Davon weiß ein Bursche von Vaulion zu erzählen. Der war ein ganzes Jahr lang auf einem Auge blind, weil er, da ihm Grebellhous Zug zu lange währte, nur ein klein wenig über die linke Schulter zurückgeschaut hatte.

Die Hexenkatze in Wollerau

Das Nachtgetöse der gespenstischen Reiter wird im Kanton Schwyz »Matthis-Fee« genannt, das »Matthis-Tier« ist aber eine hexenhafte Katze. Diese schleicht sich während der Weihnachts- und Fasnachtsmahlzeit in ein Bauernhaus, lebt und schläft mit dem Töchterchen der Familie, verrichtet neben und mit diesem alle Feldarbeit, verderbt aber um die Zeit der heiligen Tage das dafür im Haus gerüstete Linnenzeug und namentlich Brot und Honig, die für den Festkuchen bereitstehen. So oft die Hausfrau die beschmutzten Linnen wieder wäscht oder frische Brote bereit macht und so die heilige Nacht notgedrungen entweihen muß, wird sie dafür heimlich beim Gericht eingeklagt. Die Untersuchungen ergeben jedoch, daß die Katze des Hauses die Übeltäterin ist. Sie wird als Hexenweib erkannt und zum Scheiterhaufen verurteilt.

Die Matthisennacht wird nicht mehr in den reformierten Landesteilen, wohl aber in den Waldkantonen der Innerschweiz gefeiert. Vom 23. auf den 24. Hornung (Februar) verkleidet man sich beispielsweise im schwyzerischen Wollerau mit Absicht häßlich, behängt sich mit Glocken und Schellen und versucht in der Nacht die Kinder zu schrecken, indem an die Fenster fremder Häuser geklopft wird. Die Gestalten der Matthisennacht nennen die Wollerauer »Chrungeli«. Auf den Höhen häuft man gleichzeitig Bohnen- und Rebstecken zum Brande und umtanzt das Feuer. Die Sitte verbietet zugleich für diesen Tag alle Feld- und Hausarbeit.

Zweites Kapitel

DER WEIHNACHTSSCHWANZ, DAS NAUZELI UND DIE FRAU SELTÄ

Der Weihnachtsschwanz

Vor einigen Jahrzehnten faßten drei berühmte Schächentaler Jäger (Kanton Uri) den Entschluß, gemeinsam zur Weihnachtszeit in die entlegene Alp Fiseten auf die Jagd zu gehen. Am Abend, bevor sie die Reise antraten, gingen sie noch in das Wirtshaus und prahlten und plagierten da. Als die drei spät am Abend das Wirtshaus verließen, schaute ihnen jemand heimlich nach und erblickte jedoch vier Männer, von denen der letzte einen mächtigen Schwanz hinter sich her zog ... Die drei hatten aber kein Glück auf ihrer Jagd!

Lehrjunge und Wybervölchli

Einer wäre gerne fahrender Schüler geworden und sagte solches einem, der es schon war. Der mahnte ihn ab und erklärte ihm, das sei mit großer Gefahr der Seele verbunden. Aber jener bestand auf seinem Begehren. »Nun gut«, sagte jetzt der Lehrmeister, »ich will dich einweihen. Du mußt aber genau tun, was und wie ich es dir sage, du bist selber verantwortlich für deine Seele.« Jener versprach, alles aufs pünktlichste zu befolgen. Vor Mitternacht des Christfestes führte ihn der fahrende Schüler auf eine Kreuzgasse, machte hier mit einem Schwert einen Kreis auf den Boden, und da hinein mußte er stehen und da standhaft aushalten von zwölf Uhr Mitternacht bis ein Uhr. »Aber weiche keinen Schritt, mag kommen, was will, Tier oder Mensch, Feuer oder Wasser, Sturm oder Wetter und dich bedrohen auf jede Art. Weichst du aus dem Kreise, so bist du verloren.« So schärfte der Fahrende seinem Lehrjungen ein, steckte das Schwert in den Kreis in den Boden und sagte: »Das Schwert ist dein, ist deine Waffe, innerhalb des Kreises hast du das Recht«, und verließ den Platz.

Der Lehrjunge harrte auf seinem Posten aus, bis endlich ein Wybervölchli kam, das er für seine leibliche Schwester ansah, und das ihm winkte. Dem Wink folgte er und verließ den Kreis. Beim ersten Schritt außerhalb desselben verfiel er zu Staub und Asche.

Die fliegende Mistgabel

In da Maiasäss haien d Fueterchnächt amoul in dr Hailiga Nacht gjasset. Nid z Chircha gganga, wia si hetten sölla. Ich waiss nit, hinds au no öppis gspottet drbeï. Und zmoul seï d Mischtgabla zur Tüür yhagflouga und über da Chöpfa vu dena Kärli in dr Wand stegga pliiba. Dia haien dua näma d Charta verworfa. Ma hät jo früener vil därigs gköürt. Di alta Maana hind dinn dia Gschichta verzellt.

Auf dem Maiensäss haben die Futterknechte einmal in der Heiligen Nacht gejasst (Jass=Schweizer Kartenspiel). Nicht zur Kirche gegangen, wie sie hätten sollen. Ich weiß nicht, haben sie auch noch etwas gespottet dabei. Und auf einmal sei die Mistgabel zur Tür hereingeflogen und über den Köpfen dieser Kerle in der Wand steckengeblieben. Sie hätten dann die Karten verworfen. Man hat ja früher viel solches gehört. Die alten Männer haben diese Geschichten erzählt.

Das böse Nauzeli

An einem Weihnachtsheiligabend erlustigten sich vier Burschen am Jassen (Schweizer Kartenspiel). Ihrer zwei verspielten in einem fort. Von diesen fing der eine aus Übermut an zu spotten und sagte jedesmal, wenn er die Karten aufnahm: »Ich ha schlächt Chartä, aber das macht nüt, dz Nauzeli hilft mir scho.« (= Ich habe schlechte Karten, aber das Nauzeli hilft mir schon.) Nauzeli nannte er das heilige Bild ob dem Tisch.

Später marschierte eine geblähte Nidel (Schlagsahne) mit schwarzem Kaffee auf. Und jetzt warf der Spötter einen Löffel voll Nidel nach dem andern nach dem Bilde mit den Worten: »Dz Nauzeli muess au ä Löffel voll ha; äs het mir au g'hulfä bim Spilä.« (= Das Nauzeli muß auch einen Löffel voll haben; es hat mir beim Spielen auch geholfen.)

Unterdessen war die Mitternachtsstunde nahe gerückt und sie machten aus, daß drei in die Mitternachtsmesse gehen und der vierte gaumen (im Häuschen zurückbleiben) müsse. Schnell holte einer vier Hölzchen herbei, um zu findlen (Los ziehen). Es traf den Spötter, zu gaumen.

Als die drei Kirchgänger aus dem Gottesdienste heimkamen, war die Haut ihres Kameraden auf dem Vordächli ausgespreitet. Sonst fanden sie keine Spur von ihm. Der Geistliche, den sie holten, konnte nichts mehr machen. Aber den Text hat er ihnen gelesen, nachdem sie erzählt hatten, wie sie den Heiligabend verbracht. Seitdem war es im Häuschen unsicher.

Die unheimliche Frau Seltä

In der Heiligen Nacht habe einmal eine Frau Werg gesponnen, und da sei die Frau Seltä gekommen, habe die Türe aufgemacht und gefragt: »So, so, spinnst noch? Spinnst für dich oder für Lohn?« Die Frau habe geantwortet: »Für mich.« Darauf habe die Frau Seltä gesagt: »Wenn du für Lohn gesponnen hättest, hätte ich dich zerrieben.«

Schwiegervater, Teufel, Engel

Früher standen diesseits des Weilers Ried (Kanton Wallis) im Graben zwei Mühlen. Man sagt dort noch heute: »Ze Milinu«. Eine dieser alten Mühlen gehörte dem N. N. Er sprach einmal in der heiligen Nacht vor der Mitternachtsmesse zu seiner Frau: »Ich gehe noch hinüber, stelle dort die Mühle ab und komme dann zurück zur Mette.«

Das tat er und faßte noch Mehl aus dem Mehlkasten in einen Sack. Und so wie er sich umkehrte, standen da drei Personen vor ihm: sein verstorbener Schwiegervater, ein Teufel und ein Engel. Der Müller erschrak heftig, fragte dann den Schwiegervater aber doch, was ihm denn fehle und wie er ihm helfen könne.

Ja, ihm fehlen drei Dinge. Wenn er die nicht erhalte, müsse er verdammt werden. Heute sei der letzte Tag, an dem er sich den Menschen offenbaren könne. Werde er heute nicht erlöst, nehme ihn der Teufel. Der hatte ihn auch schon an einer Kette gefesselt bei sich. Aber der Engel stand auf der andern Seite auch noch da.

Der Müller fragte ihn, welche Sachen es denn zu erledigen gäbe. Das erste war: eine Summe Geld zu zahlen, das zweite: eine Wallfahrt nach Einsiedeln zu machen und das dritte: der Gemeinde ein Lagel (Fäßchen) Wein zu erstatten. Sobald der Müller versprochen hatte, das alles zu erfüllen, fielen dem Toten die Ketten ab, und der Teufel verschwand unter Gepolter und Gestank.

Der stierköpfige Glungel

Von Weihnachten bis Dreikönigen ist im Hinterlande in der Innerschweiz das Weihnachtssingen gebräuchlich. Männer, Frauen und Mädchen bilden eine Gruppe und gehen, oft von Musikanten begleitet, von Hof zu Hof, wo sie ihre Weihnachts- und Neujahrslieder singen und ein glückliches neues Jahr wünschen. Am Dreikönigstag dürfen die drei Könige Kasper, Melk und Balz mit ihrem Sterne nicht fehlen.

Früher war auch immer der sogenannte »Glungel« dabei, ein Mann, der ein mit zahlreichen Glöcklein behangenes Kostüm trug, den Kopf hielt er in einer enormen Stierkopfmaske verborgen, in der Hand trug er eine lange Peitsche. Er war wirklich unheimlich, und die Kinder flüchteten sich vor ihm in ihre Verstecke. Wo er einen Erwachsenen sah, sprang er ihm nach, und dieser mußte sich dann durch ein kleines Geldgeschenk von den Peitschenhieben loskaufen, denen er sonst ausgesetzt war. Wegen wiederholter Klagen von mißhandelten Personen wurde das »Glungeln« in den 1850er Jahren polizeilich verboten. Doch existieren immer noch einige Kostüme und Stierkopfmasken, und der Glungel soll sich auf abgelegenen Höfen zur Weihnachtszeit immer noch hin und wieder sehen lassen. Gewöhnlich war er von einem »Pauri« begleitet, einer Mannsperson, die als abscheuliches Weibsbild in wüste Fetzen gekleidet und mit vermummtem Gesicht, in der Hand einen Besen haltend, auf den Straßen herumsprang.

Drittes Kapitel

VON SCHÄTZEN UND SÜNDERN

Der Schatz im Feschtiloch

Im Feschtiloch (Kanton Wallis) soll ein Schatz begraben sein. Man kann ihn aber nur in der heiligen Nacht sehen, wenn es zur Wandlung läutet.

Darum gingen einst zwei Gestler (aus Niedergesteln) hinauf in dieses Feschtiloch. Als es zu läuten begann, lag da wirklich ein Hafen voll Gold, aber darauf saß eine wüste Kröte. So wagten sie es nicht, danach zu greifen. Der Prior hatte ihnen vorher noch geraten, ein Messer oder einen Rosenkranz mitzunehmen und draufzuwerfen. Während sie diese hervorsuchten, packte sie noch einmal die Angst, und sie kehrten unverrichteter Dinge zurück. Dem Prior berichteten sie, es gehe nicht, es sei zu gefährlich, es sitze ein wüstes Tier drauf. Sie hätten eben den Mut brauchen sollen, antwortete der Prior. So geht es eben, wenn man gerne Geld möchte, es aber nicht erhält.

Pech in der heiligen Nacht

In Isental (Kanton Uri) bin ich auch einmal gewesen. Zuoberst ist ein schöner Platz, tupfeben wie eine Stube, in der Mitte eine rundliche Vertiefung wie ein Wellchessi (Käsekessel) und um diese eine Erhöhung ähnlich einer berasten Mauer. Zur Franzosenzeit seien von allen Seiten große Schätze dahin geflüchtet worden. Einst versuchten wagemutige Leute, diese Reichtümer zu gewinnen. In der heiligen Nacht gruben sie nach ihnen, schon sahen sie's blinken und glitzern; da wehte der Wind den Klang einer Kirchenglocke, die soeben zur Wandlung läutete, vielleicht von Isental her, bis auf die luftige Höhe, und ach! der Schatz verschloff vor den Augen der gierigen Sucher in die Tiefe. So sei es schon mehr als einer Partie ergangen.

Neben dem Zuchthaus in Altdorf (Kanton Uri) ist eine Kreuzstraße, wo sich die Wege nach Bürglen, Schattdorf, Attinghausen und Altdorf kreuzen. Da hat einmal ein Freund dem andern geraten, er solle in der Heiligen Nacht des Christfestes mitten auf der Straßenvierung mit Kreide einen Kreis um sich beschreiben und von elf bis zwölf Uhr darin stehen; es werden dann drei kommen, und wenn er sich vor ihnen nicht fürchte, könne er einen großen Schatz haben und den erlösen, der ihn hüten müsse. Der Freund, lüstern nach dem Schatze, befolgte den Rat.

Als er im Kreise stand, kam Einer; nun, der war noch anzuschauen. Der Zweite, der erschien, war schon schreckhafter. Der Dritte sah aber so entsetzlich aus, daß der gute Mann in seinem Kreise erschauderte, heraussprang und aus Leibeskräften davonlief.

Eine andere Version:
Zu Schattdorf versprachen sie einst einem frechen Burschen eine schöne Summe Geld, wenn er in der Heiligen Nacht von elf bis zwölf Uhr auf einer Kreuzstraße sitzen bleibe. Er nahm an und setzte sich wirklich zur gesagten

Stunde auf die Kreuzstraße. Aber da kamen von allen Seiten die abenteuerlichsten Gestalten auf ihn zu, gingen haardicht an ihm vorbei, sie ritten auf Rossen und fuhren mit Karren und Chaisen (Kutschen) über ihn hinweg. Doch er hielt stand. Es geschah ihm nichts. Wäre er zur Seite gewichen, so wäre es ihm übel ergangen. Die versprochene Summe mußten sie ihm auszahlen.

Der brennende Mann

Wenn die Klingnauer (Kanton Aargau) heute über die Aare wollen, so nehmen sie gerne den kleinen Weg nach Döttingen unter die Füße, um dort die sichere Brücke zu benützen. Vor hundert Jahren fuhr man gleich von der Machnau aus hinüber ins Kirchspieler Feld. Deswegen hatten sich hier zwei Fährleute aus dem Städtchen eine Hütte hingebaut, um gegen Wetter und Nachtfrost geschützt zu sein.

Einmal saßen sie am Weihnachtsabend in ihrem Häuschen und plauderten, während der Sturm Regen und Schnee durcheinander gegen das Fensterlein peitschte. Da klopfte es, eine gute Stunde nach Nachtessenszeit, dringlich an die Türe. Sie öffneten, erschraken aber nicht wenig. Denn draußen stand ein brennender Mann, der augenblicklich über die Aare gesetzt zu werden verlangte. Das hagere Knochengerippe, dem aus Brust- und Augenhöhlen die hellen Flammen schlugen, verhieß als Fahrgast nichts Gutes. Doch sie wußten, daß man am heiligen Abend auch den bösen Geistern nichts abschlagen darf, da sie dann dem Ort ihres Verbrechens wieder zulaufen. Der ältere warf also dem Kameraden, ohne ein Wort zu sagen, einen ermutigenden Blick zu und stülpte den Mantelkragen in die Höhe. Beide traten hinter dem Wandler in den Kahn und ruderten stillschweigend hinüber. Es ging trotz des heftigen Gegenwindes auch so verwunderlich flink, daß sie kaum darüber nachdenken konnten, ob der Feurige ihnen nicht Löcher ins Schiff brenne. Denn mitten auf der Aare sprühte er plötzlich eine so unerträgliche Hitze aus, daß den Schiffern der Schweiß unter den Pelzmützen hervortropfte. Sie waren froh, als der Weidling jenseits auf den Kies fuhr und der unheimliche Geselle wieder draußen stand. »Alle drei sind wir verloren«, rief er noch vom Ufer aus, »wenn ihr nicht Schlag neun hier seid, um mich wieder hinüber zu nehmen.« Dann verschwand er im nahen Hardwald.

Den beiden Fergen war schlimm zumute, doch was wollten sie machen? Punkt neun Uhr hielten sie drüben am Steg, und einsmals war der Brennende wieder ins Schiff hineingekommen, sie wußten nicht wie. Auf der Machnauer Seite dankte er ihnen und bot ihnen die Hand zum Abschied. Der zunächst stehende Bootsmann durfte ihm die seinige vor Angst nicht reichen. Der ältere aber hielt besonnen den Stiel seines Ruders hin, indem er tat, als sei er noch mit dem Kahn beschäftigt und habe keine Hand frei. Das Gespenst ergriff es, und im Augenblick war es glühend bis zu unterst. Schnell tauchte es der Fährmann ins Wasser, um es abzukühlen. Inzwischen war der Brünnling ausgestiegen und flackerte schon dem öden Girizmoose zu, indem er die Funken nach allen Seiten von sich schüttelte. Das Ruder wurde fürder nicht mehr gebraucht. Die beiden Klingnauer Schiffer bewahrten es zum Andenken an jene Weihnacht auf. Denn alle fünf Finger des Feuermanns waren darin eingebrannt.

Für welche Vergehen diese Brünnlinge büßen, erzählt eine andere Geschichte. Der Volksmund nennt sie scherzhaft auch etwa Hexenfackeln oder Strohwellen. Nach einem alten Glauben zieht nämlich der Teufel dem toten Wucherer oder Marksteinfrevler die Haut ab, stopft sie mit Stroh aus, wirft Feuer hinein und läßt sie als brennenden Wisch davonfliegen.

Tief in die Rynächtfluh hinein zwischen Schattdorf und Erstfeld (im Kanton Uri) zieht sich eine enge Felsenhöhle, Schwarzbälmli oder Rynächtloch genannt, und an ihr vorbei wälzt in trägem Laufe ein Quellbach sein lauteres, klares Wasser. Am Heiligabend und an den Fronfastenmittwochen ist, wie die Alten erzählen, vor Zeiten ein schönes, anmutiges Wybervölchli (zierliche Frau) aus der Höhle herausgekommen, am Bache niedergekniet und hat Windeln gewaschen. Öfters hörte man es drinnen klagen und weinen. Als einmal Schattdorfer Kinder auf der Landstraße, die nahe an der Höhle vorbeizieht, gegen Erstfeld wanderten, sahen sie eine ganze Schar glänzend weißgekleideter Mädchen aus der Höhle herauskommen und am Eingang derselben sich aufstellen. Die Schattdorfer fürchteten sich bei diesem Anblick und machten sich davon.

Oder man erzählte, ein Vater habe seine Tochter, die nicht nach seinem Willen geheiratet, da hinein verbannt mitsamt ihrem großen Vermögen und ihrem Kind. Eines Abends paßten ihr drei verwegene Burschen ab, und, als sie mit den gewaschenen Windeln in die Höhle zurückkehrte, folgten sie ihr kriechend bis tief in das Innere des Berges und gelangten in einen großen, erleuchteten Saal. Dort thronte sie – »äs prächtigs Wybervelchli!« – auf einer Kiste, und ein Krötlein kauerte auf ihrem Schoß.

Sie redete: »Ihr könnt mich erlösen, und die Kiste mit Geld, die ihr da sehet, ist euer, wenn einer von euch dem Krötlein auf meinem Schoß drei Küsse gibt.«

Das dünkte sie nicht schwer, und der erste trat tapfer vor und küßte es zweimal. Aber da schwoll es plötzlich zu riesiger Größe auf und glotzte ihn mit glühenden Augen an. Ganz entsetzt, prallte er zurück.

Da faßte sich der zweite ein Herz, fuhr pfeilgeschwind

auf das Tier los und gab ihm einen Kuß. Aber nur einen, denn es spie ihm Feuer ins Gesicht.

Der dritte wagte es nicht mehr, und alle drei Burschen flohen. Hinter ihrem Rücken aber schrie und flennte das arme Wybervölchli zum Erbarmen.

Viertes Kapitel

ORAKEL, GEBETE UND ZAUBEREIEN

Die unpaaren Strümpfe

Ein Sigrist aus Ulrichen (Kanton Wallis) läutete in der Heiligen Nacht die Glocken. Da hörte er die Totenprozession kommen und schaute hin. Er sah neun Personen; alle kannte er, ausgenommen den letzten. Nur sah er, daß dieser »unpaar« Strümpfe angezogen hatte. Nach der Mitternachtsmesse zog er seine Strümpfe aus und bemerkte, daß er selbst unpaarige getragen hatte. Da wußte er, daß die Reihe an ihn komme, und er sagte seiner Frau »So, jetzt ist fertig für mich, jetzt habe ich zum letzten Mal Weihnachten eingeläutet!«

Und so sei es geschehen. Die andern neun starben der Reihe nach, wie er sie gesehen hatte, und am Schluß sei er an die Reihe gekommen. Jetzt, ob's wahr ist?

Ein Zwiebel-Orakel

In der alten heiligen Nacht (nach dem Julianischen Kalender) kann man erfahren, wie das Wetter im nächsten Jahre werden wird. Man legt zu dem Zwecke zwölf Zwiebelschalen auf den Tisch, legt eine Portion Salz in jede und sieht zu, ob das Salz Wasser zieht oder nicht. Da, wo das Salz trocken bleibt, schließt man auf einen trockenen, da, wo es Wasser zieht, auf einen regnerischen Monat.

Weihnachten und die darauf folgenden elf Tage, wovon der letzte der Dreikönigstag ist, gelten im Volksmund (besonders in der französischen Schweiz) als Hinweis auf die zu erwartende allgemeine Temperatur der zwölf folgenden Monate.

Ist's kalt am 25. Dezember, so wird es auch im Januar kalt sein, wird's wärmer am 26. Dezember, so wird auch der Februar wärmer sein, beherrschen Schneestürme am 27. Dezember das Wetter, so sind sie auch für den März zu erwarten; der 28. Dezember verweist auf den April, der 29. auf den Mai etc. etc.

Gebet für einen armen Bettnässer

Der Spruch »Bättid au für ne arme Bettseier« heißt auf deutsch: »Betet doch für einen armen Bettnässer«.

Noch sonderbarer ist der Umstand, daß dieser Ruf früher in der heiligen Nacht oft in Kirchen zu hören war. Die Leute dachten da jedenfalls an das Jesuskindlein, das so hilflos und körperlichen Schwächen unterworfen war wie andere kleine Menschenkinder auch. Deshalb riet man solchen, welche zufolge Blasenschwäche im Bett das Wasser laufen ließen, sie möchten in der heiligen Nacht andere um das Gebet anhalten.

»Ich« – so wußte eine Gewährsperson zu erzählen – »erinnere mich noch ganz gut, einmal zu Weihnachten in der Pfarrkirche Grosswangen (Kanton Luzern) einen Bettseier rufen gehört zu haben.

Für diese Bettnässer wurden vor dem Psalter, der um elf Uhr begann, fünf Vaterunser gebetet. Die Bresthaften hatten fünfmal, bei jeder Kirchentüre einmal, den Spruch in die Kirche hineinzurufen: Bättid au für ne arme Bettseier, worauf ein paar alti Fraueli das dazugehörende Vaterunser anstimmten!«

Die Jerichorose

Ein Bewohner von Einsiedeln (Kanton Schwyz) erzählte: »Ein Nachbar von mir besitzt seit vielen Jahren eine Jerichorose. Die Rose blüht nur in der Heiligen Nacht um zwölf Uhr. Er zeigt sie den Leuten und versichert ihnen, daß sie zu keiner andern Zeit blühe und sie darum nur vom Heiligen Vater in Rom bezogen werden könne.«

Am Weihnachtsabende versammeln sich in Puschlav (Poschiavo; Kanton Graubünden) Freundinnen und Nachbarinnen in irgend einem Hause. In der Wohnstube wird der Tisch mit der schönsten Decke, die sich vorfindet, geschmückt. Mit feierlicher, ernster Miene stellt dann die Hausfrau mehrere brennende Lichter auf den Tisch und in deren Mitte ein mit Wasser angefülltes schönes Gefäß.

Darin legt man hierauf ein Ding, das wie eine dürre, mit einigen feinen Fasern versehene Blumenzwiebel aussieht. Sodann fängt die um den Tisch versammelte Gesellschaft an, Psalmen und geistliche Lieder, besonders Weihnachtshymnen, zu singen. Von Zeit zu Zeit stehen die andächtigen Sängerinnen auf und schauen in das Gefäß hinein. Wenn schon die eine und die andere Stimme vom langen Singen etwas heiser geworden ist, nehmen die durch das Wasser aufgeweichten Fasern des mysteriösen Gewächses im Gefäße die Gestalt von länglichen Blättern an und bilden eine Art von Blumenkelch. Dann sagt man: »Die Weihnachtsrose hat sich geöffnet!« Freudig wird noch ein Lied angestimmt und gesungen. Es ist gewöhnlich Mitternacht, wenn die Weihnachtsrose sich öffnet, und vom Turme der St. Viktorskirche tönt weithin das feierliche Geläute, welches die Gläubigen an die gnadenreiche Geburt des Welterlösers erinnert.

Diese Sitte soll uralt sein. Man nennt sie: »Der Weihnachtsrose wachen« (*vegliare alla rosa del santo natale*). Es sind nur drei oder vier solcher sonderbarer Wurzeln oder Zwiebeln vorhanden. Man gibt vor, daß sie aus fernen, fernen Ländern herstammen.

Fünftes Kapitel

UNGEWÖHNLICHE WEIHNACHTSGESCHENKE

Unverhoffter Gewinn

Auf Obersaxen (Kanton Graubünden) geschah es, daß ein armer Mann am Weihnachtsabend zu später Stunde vom Meierhof nach Sankt Martin heimkehren wollte.

Während er durch das Tobel ging und trüben Gedanken nachhing, weil er seinen sieben Kindern keine rechte Christbescherung mitbringen konnte, kam ein schöner Wagen dahergefahren, in dem eine weiße Frau saß. Plötzlich hielt das Gefährt an, die vornehme Insassin stieg aus und winkte den Mann zu sich heran. Er ging hin, und da bedeutete sie ihm, daß sie an ihrem Wagen einen Nagel verloren habe, und bat ihn, einen andern zu schnitzen. Ohne sich zu besinnen, brach er eine starke Rute am Wege und schnitt einen Nagel, so gut es ging. Die Frau wies ihn an, wo er ihn einstecken sollte, und dabei bemerkte er mit Staunen, daß die Räder des Wagens ganz aus Gold waren.

Bevor sie weiterfuhr, dankte die Fremde dem Mann und sagte, er solle die Späne von dem Holze, das er zu dem Nagel gebraucht, zusammenlesen. Obschon ihm das seltsam vorkam, tat er es und steckte die Späne von dem Stecken ein, zur Erinnerung an die wundersame Begegnung.

Als er nach Hause kam und davon erzählte, erschienen sie ihm in der Tasche merkwürdig schwer geworden. Er griff hinein, und da zeigte sich, daß alle bis auf den kleinsten Splitter sich in lauteres Gold verwandelt hatten. Das Geschenk der weißen Frau kam ihm gerade recht. Nun gab es eine gar fröhliche Weihnacht, und von da an litten seine sieben Kleinen keine Not mehr.

Wenn man einen Freund in Paris beobachten will

Wenn man einen Berg- oder Weltspiegel will, soll man in der Heiligen Nacht auf einer Kreuzstraße ein Loch in den Erdboden graben, einen Spiegel, mit dem Glase nach unten gewendet, darinnen vergraben und von zwölf bis ein Uhr auf dieser Grube stehen bleiben. Aber da wird's nicht schön hergehen! Da werden alle Hexen und Teufel in allen möglichen Gestalten auf einen losfahren, es wird donnern und blitzen und rumoren. Aber sie können einem nichts antun; man muß nur keine Angst haben und ausharren, so kann man am Ende der Stunde den Spiegel ausgraben. Will einer davonspringen, so packt ihn der Teufel. Aber in den Spiegel soll man zuerst einen Hund hineinschauen lassen, den ersten nämlich, der in einen solchen Spiegel schaut, nimmt der Teufel. Nachher vermag jedermann mit ihm durch alle Berge hindurch und in die weitesten Fernen zu sehen, was er will, er kann z. B. von hier aus einen Freund in Paris damit beobachten.

Nähe des Geliebten in der Heiligen Nacht

Will sich ein junges Bauernmädchen die nächtliche Erscheinung seines Geliebten verschaffen, so hat es folgendermaßen vorzugehen – wobei sich dafür die Weihnachtsnacht besonders eignet:

Wenn die Mitternachtsstunde zu schlagen beginnt, muß das Mädchen folgenden Spruch dreimal hersagen:

O du lieber, heilger Christ,
Zeige mir in dieser Nacht
Meinen allerliebsten Schatz.
Hät er Ross, so chunt er z'rite,
Hät er Veh (Vieh), so chunt er z'schrite,
Nu, so lass en chô,
Ob er z'Chile oder z'Märt (Markt) well cho.

Die Heiratskandidatin muß sodann ihre Schuhe verkehrt unters Bett stellen, und zwar so, daß die Spitzen nach rückwärts, die Sohlen nach oben gerichtet sind. Dann besteigt sie mit dem linken Fuß voran ihr Lager, löscht das Licht und legt sich mit offenen Augen auf den Rücken, der Erscheinung des Geliebten harrend.

Eine junge Bäuerin aus dem Kanton Thurgau erzählte einmal, ihre Schwägerin habe das Experiment in der beschriebenen Weise angestellt und bald nach dem Hersagen des Spruches ihren Liebsten, der damals in Amerika weilte, erscheinen und mit einem Wanderstock in der Hand auf ihr Bett zukommen sehen.

Sechstes Kapitel

WEIHNACHTEN IN DER GUTEN ALTEN ZEIT

Einst feierte König Konrad in Konstanz das Geburtsfest des Herrn. Wie ihm am Weihnachtstag Abt-Bischof Salomon nach Tisch rühmend von den abendlichen Prozessionen erzählte, die während dieser drei Tage im Gallus-Kloster gehalten würden, rief er aus: »O daß wir doch dabeisein könnten! Was hindert uns denn, mein Lieber, morgen dorthin zu gehen?!«

Gesagt, getan! Alsbald wurden die Schiffe flottgemacht. Der König, die Bischöfe und sein übriges Gefolge schifften sich frühmorgens am Stephanstage ein. Gegen Mittag erreichten sie die St. Galler Gegend, und wie sich der König dem Kloster näherte, wurde er unter dem Gesang neugedichteter Lobeshymnen ehrenvoll empfangen.

Dreimal übernachtete er hier in heiterer Laune, und als er am vierten Tag wieder in Arbon ankam, war es auch schon Nacht.

Lang würde es dauern, die Ergötzlichkeiten zu erzählen, mit welchen er diese weihnachtlichen Tage und Nächte, vor allem anläßlich der Prozession der Schüler an ihrem Hochfest, dem Tag der Unschuldigen Kinder, verbrachte.

Er ließ den Knaben mitten auf den Fußboden der Kirche Äpfel ausschütten und bewunderte ihre Zucht, als er feststellte, daß keiner – nicht einmal der kleinste unter ihnen – sich stören ließ oder auch nur die Augen zu den rollenden Köstlichkeiten wandte.

Am gleichen Schülerfesttag betrat er zur Tischstunde mit zwei Bischöfen den Speisesaal der Klosterbrüder. Als man sich vor ihm erhob, gab er manchen frohen Spruch zum besten und sagte: »Nun müßt Ihr gern oder ungern mit uns teilen.«

Als sich der Dekan sogleich anschickte, ihm den Tisch des Abtes zu überlassen, umarmte er ihn und hielt ihn zurück, worauf er sich niedersetzte. Er aß, was man ihm auftrug, und während er alle rings um sich lächelnd anschaute, sprach er: »Vorläufig wollen wir einmal an diesen Speisen teilnehmen.«

Dem Abte Salomon ließ er eilends ausrichten, er möge ihn nicht überraschen, sondern jeder solle an Stelle des andern tafeln.

Dem Propst aber befahl er, ihm nur das vorsetzen zu lassen, was für die Klosterbrüder bereitstehe.

»O König!« bedauerte dieser, »welch ein Mißgeschick für uns, daß Du nicht den morgigen Tag abgewartet hast! Denn morgen erhalten wir vielleicht Weißbrot und Bohnen ohne Hülsen, leider nicht schon heute!«

Ihm antwortete der König: »Gewiß, gerade morgen könnte sich der Herr Euer erbarmen.« Als während des Mahles die Schüler der Reihe nach vorlasen, hob er sie, sobald sie vom Lesepult herunterstiegen, zu sich empor und legte ihnen Goldstücke in den Mund. Einer der kleineren schrie aber laut auf und spie das Gold wieder aus, worauf der König sagte: »Wenn der am Leben bleibt, wird er ein guter Mönch werden.«

Als er sich schließlich vom Tisch erhob und heiter mit den Brüdern plauderte, munterte er sie zu besten Hoffnungen auf, indem er ihnen versprach, er werde solche Tischgenossen zeitlebens erfreuen. Dann ging er zu den Seinigen zurück, wobei er vor Salomon und allen andern rühmte, er hätte niemals fröhlicher getafelt.

Anderntags erbat sich der König eine Kapitelsversammlung, und einstimmig wurde er als »verzeichneter Bruder« in die Gebetsverbrüderung aufgenommen. Jedem der Brüder teilte er ein Pfund Silber zu, das ihm zur Bekleidung dienen sollte. Den Schülern verordnete er für jetzt und in Zukunft drei freie Spieltage (sie verblieben der Klosterschule als königliches Weihnachtsgeschenk bis zu Anfang des 19. Jahrhunderts).

Als er die Basilika des heiligen Gallus betrat, bekleidete

er die Altäre mit Decken. Die Reichsunmittelbarkeit der Abtei bestätigte und besiegelte er eigenhändig. Sodann schritt er in die Kirche des heiligen Otmar, den seine Vorfahren seinerzeit verfolgt hatten; an seinem Altar leistete er persönlich Abbitte und versöhnte den Heiligen mit Decken, Gold und Silber. Was in der Umgebung des Dorfes Stammheim, welches schon Kaiser Karl III. zu Ehren des heiligen Otmar vergabt hatte, noch in königlichem Zins stand, übertrug er an dessen Altar, und zwar – wie er zu Salomon gewendet sagte – »unter der Bedingung, daß unsere verzeichneten Brüder zum Dank für unser gestriges Gemeinschaftsmahl in der schon von Karl festgesetzten Otmarswoche nun auch zu meinem Andenken tafeln mögen«. Und lächelnd fügte er bei: »Aber auch heute will ich als verzeichneter Bruder mit den Brüdern speisen und unsere Bohnen selber pfeffern.«

Vorerst jedoch drängte man nun zu den Messen, die von den Brüdern auf jenem Altar für den König gehalten wurden.

Am Abend – es war der 29. Dezember – schied der König, begleitet von den Lobsprüchen und den Tränen seiner dankbaren Brüder, denen er versprochen hatte, sich ihnen mehr denn einmal wohltätig zu erweisen, sofern er am Leben bliebe. Er hat sein weihnachtliches Versprechen großmütig gehalten.

Natus ante saecula
dei filius
invisibilis, interminus,
Per quem fit machina
caeli ac terrae,
maris et in his degentium,

Per quem dies et horae labant
et se iterum reciprocant,
Quem angeli in arce poli
voce consona semper canunt:

Hic corpus assumpserat fragile
Sine labe
originalis criminis
de carne Mariae virginis,
quo primi parentis culpam
Aevaeque lasciviam tergeret.
Hoc praesens diecula loquitur
Praelucida,
adaucta longitudine,
quod sol verus radio sui
luminis vetustas mundi
depulerit genitus tenebras.

Nec nox vacat novi
sideris luce,
quod magorum oculos
terruit scios:
Nec gregum magistris
defuit lumen,
quos praestrinxit claritas
militum dei.

Er, geboren vor der Zeit,
Gottes Sohn,
unsichtbar und raumlos, grenzenlos,
Durch den der Bau entsteht
des Himmels, der Erde
und des Meers und was in ihnen lebt,

Durch den Tage und Stunden sinken
und dann wiederum zum Anfang gehn,
Den im Aetherpalast die Engel
stets besingen wie aus einem Mund:

Er hat nun hinfälligen Erdenleib
Frei vom Makel
des Erbvergehens, aus dem Blut
der Jungfrau Maria angetan,
um des Erzvaters Verfehlung
zu sühnen und der Eva lose Art.
Davon weiß der heutige kurze Tag,
Der vorleuchtend
an Dauer schon zunehmend ist,
weil die wahre Sonne, neugezeugt,
das uralte Weltendunkel
mit ihrem Strahlenpfeil vertrieben hat.

Nicht mangelt der Nacht
neu schimmernder Stern:
er schreckte die kundigen
Augen der Weisen.
Nicht fehlte der Hut
der Hirten das Licht:
sie streifte die Klarheit der
himmlischen Helden.

Gaude, dei genitrix,
quam circumstant obstetricum vice
concinentes angeli
gloriam deo.
Christe patris unice,
qui humanam nostri causa formam
assumpsisti, refove
supplices tuos.

Et quorum participem te fore
dignatus es, Jesu,
dignanter eorum
suscipe preces,
Ut ipsos divinitatis tuae
participes, deus,
facere digneris,
unice dei!

Freu Dich, Gottes Zeugerin:
Dich umringen an Hebammenstelle Engel,
die die Herrlichkeit Gottes besingen.
Christus, Vaters Einziger,
der Du Menschenform um unsertwillen
angetan, belebe sie,
die vor Dir knien,

Und deren Schicksale selbst zu teilen
Dich gut dünkte, Jesus,
sei gut und empfang auch
deren Gebete,
Daß gütig Du sie erheben wollest,
zu teilen, Du Höchster,
Dein göttliches Schicksal,
Kind Du des Höchsten!

Jacob Meyer aus Winterthur

Den Herrn Jesum geistlich einzuwickeln …

Aber das allergrößte Wunder betrachten wir zu gegenwärtiger Zeit in der Geburt unseres großen und teuren Herrn und Heilands Jesu Christi. Es ist natürlich, daß die Menschen von den Müttern vermittelst des hl. Ehestandes geboren werden. Aber der große Gott hat da weit ein anderes, weit über die Natur getan. Eine Mutter, die hl. Maria, müßte gebären nach der Natur zu rechter bestimmter Zeit, aber ganz über die Natur, da sie eine Mutter worden und doch eine Jungfrau geblieben.

Betreffend das Verhalten der hl. Maria gegen ihrem Kind selbst, so sagt der hl. Lukas von demselben:

»Und wickelt ihn in Windeln und leget ihn in eine Krippe.«

Also wird nun von der hl. Mutter Maria geredet, daß sie selbst Hand angelegt und ihr liebes Kind versorgt habe. Die Herberge war voll von allerlei Leuten. Aber da war niemand, welcher der hl. Mutter die Hand geboten und sich des allerheiligsten Kindes angenommen hätte: Wie bei anderen Geburten zu geschehen pflegt, auch bei gemeinsten Leuten: Sie muß das Kind selbst einwickeln, wenn sie es will versorget haben.

»Sie wickelt ihn in Windeln«: da müssen wir eben nicht alte zerrissene Lumpen verstehen, sondern ehrliche Windeln: Denn die hl. Maria war eine fleißige, ehrliche Haushalterin und wußte gar wohl, was für ein hohes Kind sie unter dem Herzen trug, also daß sie sich wohl wird versehen haben, daß sie das liebe Kind, wenn es geboren wurde, auch nach ihrem Stand einwickeln könnte.

»Sie wickelt ihn in Windeln«: Damit das zarte Leiblein weder von der Kälte noch in anderer Weise an dem schlechten Orte, da es lag, Schaden nehmen möchte.

O liebreiche, getreue, sorgfältige Mutter!

Es mag wohl das mütterliche Herz der hl. Maria einen harten Kampf gehabt haben: Sie möchte wohl gedacht haben: Sollte dies mein Kind ein Sohn Gottes sein? Sollte er der Messias und Heiland der Welt sein? Wo ist dann seine Herrlichkeit und sein Ansehen? Warum wollen mich dann die Leute mit demselben nicht in der Herberge dulden? Warum muß ich allen anderen weichen? Warum ist nicht ein einziges ehrliches Weib, die mir einigen Vorschub zu tun begehrte? Aber sie achtete alle diese Verachtung und Verlassung nicht, sondern versorgte ihr liebes Kind nach allem Vermögen und wickelte es in Windeln. Denn sie haltet sich an den Worten des Engels, welcher ihr ihre hohe Empfängnis hat verkündigt: und dessen, der ihren frommen Mann Joseph von ihrer Geburt hat berichtet und was sie von ihrer frommen Base, der Elisabeth, hat gehört.

Wie wenig achten hingegen manche leichtfertige Mütteren ihrer armen neugeborenen Kindleinen, die sie ver-

wahrlosen, lieblos verderben lassen und wohl gar mutwillig des Lebens berauben? Grausame Mütteren! Rechte Teufel gegen ihrem eigenen Fleisch und Blut! Ärger als die unvernünftigen, auch wilden Tiere, welche größere Sorge zu ihren Jungen tragen! Wie manches verwahrloset Kindlein wird am Jüngsten Tage wider solche unmenschlichen Mütteren aufstehen und dieselben anklagen?

Ihr christenlichen Mütteren folget dem Exempel der allerheiligsten Mutter und habet gute Sorge zu eueren neugeborenen Kindleinen, damit dieselben nicht durch eure Verwahrlosung einigen Schaden nehmen. Sie sind ja euer eigen Fleisch und Blut. Sind sie gleich nicht so heilig und hoch als das Kind Jesus, so sind sie doch in dem Bunde Gottes und also auch Gottes Kinder, um deren willen der Herr Jesus auch ein Kind worden und ihnen sein Himmelreich wird eingeben.

Lasset uns aber von der hl. Mutter auch lernen, den Herrn Jesum geistlich einwickeln, wann er schon in großer Armut ist geboren.

Dann ist er gleich so arm geboren, daß er auch nichts mit sich auf die Welt gebracht, so wohl als wir andere Menschen, sondern in fremde Windeln müssen eingewickelt werden: So ist er doch der, den aller Himmeln Himmel nicht mag begreifen, welcher nun herrlich in dem Himmel sitzt, uns mit seiner vollkommenen Heiligkeit und Gerechtigkeit bekleidet und mit ewiger himmlischer Herrlichkeit wird zieren. Wie müssen wir ihn aber einwickeln? Unsere Windeln sind der wahre Glauben: durch denselben wohnet er in unseren Herzen. Wann du lebest im Glauben des Sohnes Gottes, daß er dich geliebet und sich für dich selbst dahin gegeben habe, alsdann hast du ihn wohl eingewickelt. Sind deine Windeln gleich gering und schlecht, ist dein Glaube gleich schwach, so lieget doch Jesus gerne darin. Er ist doch dein. Du bist ein Lamm, das er in seine Arme sammelt und in seinem Busen trägt.

Wir lesen mit Schrecken und Betrübnis, wie Adam, unser erster Vater, sein Blöße mit Feigenblättern bedecken müssen wegen seines leidigen Sündenfalls. Der Herr Jesus aber läßt sich in schlechte Windeln einwickeln, damit die Schande Adams von uns genommen werde und wir wiederum mit Trost und Freuden vor seinem und unserem himmlischen Vater erscheinen dürfen.

Eine Tessiner Nikolaus-Legende

Ein überaus reicher junger Mann kam eines Tages am Haus eines Edelmannes vorbei, der in die schlimmste Armut geraten war, als ihm eine schwache, klagende Stimme an die Ohren drang. Der junge Mann hielt an, horchte und vernahm die Worte eines jungen Mädchens, welches sagte: »Vater, erlaube mir in den Straßen der Stadt betteln zu gehen. Es ist schrecklich, so vor Hunger sterben zu müssen!«

Es war eine der drei Töchter eines stolzen, verarmten

Edelmannes, welche den Hungers sterbenden Vater derart anflehte, und Nikolaus hörte ihn darauf würdevoll antworten: »Noch nicht. Auch heute abend noch nicht. Laß uns warten. Ich will unterdessen zum mitleidigen Gott beten, er möge meine Töchterchen vor solcher Schande bewahren.« Nikolaus kehrte eilig nach Hause zurück. Unter den Reichtümern, die er von seinem Vater geerbt hatte, befanden sich drei überaus kostbare Barren von gediegenem Gold. Als es Nacht geworden war, nahm er einen dieser Goldbarren und trug ihn zum Haus des stolzen, geschlagenen Edelmannes. Er fand ein Fenster zur Straße offen, stellte sich auf die Zehenspitzen, erreichte das Fensterbrett, warf den Barren hinein und entfernte sich rasch. In der folgenden Nacht kam er wieder und warf den zweiten Barren durchs Fenster hinein, und in der dritten Nacht tat er dasselbe nochmals.

Doch dieses Mal wurde er entdeckt. Und der stolze Vater, der geglaubt hatte, das Gold sei vom Himmel gekommen, warf sich ihm zu Füßen.

Nikolaus half ihm sogleich wieder auf und sagte: »Danket Gott allein, denn er war es, der mich zu Euch gesandt hat!«

So begann Nikolaus seinen edlen Weg als Wohltäter. Er handelte sein Leben lang in dieser Weise, tat im Namen Gottes in aller Stille Gutes und wurde darauf heiliggesprochen.

Dieser außerordentlichen und großen Freigebigkeit wegen kennt man in vielen Ländern die Legende, daß es der heilige Nikolaus ist, der am Heiligabend kommt und die Schuhe von Mädchen und Jungen mit den üblichen Geschenken füllt – aus Liebe zu seinem Herrn, dem Freund aller Kinder und Erlöser der Menschheit.

Se ghè, na verginella
E rosa e gran beltà
E anche un vecchierello
Che stanno a l'adorar.
L'è, come il Re di Gloria
Figliol del padre Etern
Venuto dal cielo in terra
Per chiudere a noi l'infern.
E stato un grande amore
L'amore di Gesù
Che ha lasciato il cielo
Per a venir quaggiù.
Star' con noi mortale
In somma povertà
L'amore l'ha ridotto
In santa carità.
Si sente un' allegria
Che fa d'un firmament
Con Giuseppe e Maria
Che stavan col côr content.
Entrando in 'na capanna
E nato il Re del Ciel
In tempo rigoroso
Di acqua vento e gel.
La stella l'ai condotti
Per il vero cammin',
Per andar adorare
Il Celeste Bambin.
Erode il crudele
Per tutto lo fê' cercar
Con falsi e pareggi
Chel' voreva andà ad adorar!
L'angel del ciel avvisa

Wenn es eine Jungfrau gibt
Von rosenhafter, großer Schönheit
Und bei ihr einen Alten
Die anbetend versunken sind.
Dann gilt es, als dem König der Ehren
Dem Söhnchen des ewigen Vaters
Das vom Himmel zur Erde gekommen
Um für uns die Hölle zu verschließen.
Eine große Liebe
Ist die Liebe Jesu
Der den Himmel verlassen hat
Um hernieder zu kommen.
Mit uns als Sterblicher zu leben
In höchster Armut.
Dazu hat ihn die Liebe gebracht
In heiliger Barmherzigkeit.
Zu spüren ist eine Freude
Die einen Himmel spannt
Mit Joseph und Maria
Die glücklichen Herzens sind.
Beim Einzug in eine Hütte
Kam der Himmelskönig zur Welt
Bei strengem, rauhem Wetter
Mit Regen, Wind und Eis.
Der Stern hat sie geführet
Auf den rechten Weg
Damit sie anbeten können
Das himmlische Kind.
Der grausame Herodes
Es überall suchen ließ
Und tat, der Falsche, so
Als wolle er es anbeten.
Der Engel vom Himmel gab

Giuseppe so curator'
Che lu vaget in Egitto
Con Maria e il Salvator!
Maria ubbidisce
Al mandator divin,
E presto s'incammina
Con Giuseppe el Bambin
Pasà quela montagna
Con stenti e sudor,
Portava nei suoi bracci
Il nostro Redentor
E noi verrem fedeli
Portiam Gesù nel cor
Se amerem il Signor
Avremo tutti i Tesor.
Passiam di questa vita
In pace e carità
Per goder nel cielo
Pertutta l'eternità.

Joseph, seinem Betreuer, den Rat
Er solle nach Ägypten ausziehen
Mit Maria und dem Heiland.
Maria, sie gehorchte
Dem himmlischen Sendboten
Und machte sich rasch auf den Weg
Mit Joseph und dem Kind.
Sie überstieg das nahe Gebirge
Unter Mühsal und Anstrengung
Und hielt in ihren Armen
Unseren Erlöser.
Und wir werden ihm treu sein
Und Jesus im Herzen tragen.
Wenn wir den Herrn lieben
Werden wir alle Schätze haben.
Wir werden aus diesem Leben einst
In Frieden und Barmherzigkeit gehn
Um im Himmel zu genießen
Die ganze Ewigkeit.

Ein Weihnachtsklotz im Tessin

In verschiedenen Dörfern der Pfarrei Capriasca legt man am Heiligabend einen großen Klotz aus Buchen-, Eichen-, Birken- oder Eschenholz auf den Herd und läßt ihn dort während der ganzen Nacht brennen.

Dazu gibt es den frommen Glauben, daß, während die Leute schlafen, die Madonna zum Herd kommen und dort die Windeln des neugeborenen Jesuskindleins trocknen wird.

Vom Weihnachtsklotz reden heißt, alten Leuten einen früheren Brauch ins Gedächtnis zu rufen, der heute nur noch in ihrer Erinnerung lebt. Er stammt aus der Zeit, da sich im Winter die Familie beim Herd zusammenfand und man mehr Zeit für einander hatte als durchs Jahr. Für diesen alten Weihnachtsbrauch, der vor allem in der französischen Schweiz lange gepflegt wurde, höhlte man ein großes Holzstück aus, das man irgendwann dafür vorgesehen hatte: den »Weihnachtsblock« oder »Tsanton de Tsalande«. In die Höhlung des Klotzes wurden Walnüsse, Kastanien, Haselnüsse und andere gedörrte oder getrocknete Leckerbissen gefüllt und das Ganze mit einem Brett zugedeckt.

Am Heiligabend holte man den Klotz zum Herd, löschte alle Lichter im Hause, und groß und klein saß nun beim glimmenden, wärmenden Herdfeuer und plauderte; man erzählte sich Geschichten und Legenden und natürlich auch die eine oder andere Weihnachtsgeschichte. Im richtigen Moment, bevor nämlich das Herdfeuer den Holzklotz ansengen konnte, wurde er zurückgezogen, und nun war es Aufgabe des Familienvaters, sich so zu gebärden, als sei er über den unerwarteten Inhalt des unscheinbaren Klotzes überrascht, der nun beim Lüften des Deckels zum Vorschein kam.

Waren die Kinder das Jahr hindurch folgsam gewesen, so durften sie den ganzen leckeren Inhalt des Wunderklotzes teilen, und sie sangen: »Der Klotz ist gefallen! Weihnachten ist da!« und die abendliche Unterhaltung setzte sich nun mit überschäumender Fröhlichkeit fort: man trank, man sang, man blieb lange auf und wärmte sich am Feuer, gelegentlich briet man Pfannkuchen, oder die Jungen machten Spiele, schmolzen Blei, ließen es ins Wasser fallen, und die daraus entstehenden phantastischen Gebilde dienten als eine Art humoristisches Horoskop für die Zukunft.

In einigen Bergorten der französischen Schweiz kannte man am Heiligabend eine Suppe, die man mit holzgeschnitzten Löffeln aus einem Eimer voll Milch mit eingebrocktem Brot aß – so wie dies auf den Alpen in der Nacht vor der Sonnenwende oder beim Aufzug der Tiere auf die höher gelegenen Alpen üblich ist.

Gelegentlich gab es am Heiligabend für die Kinder aber auch jene kleinen Rutenbündel, die so nützlich wie unverwüstlich sind und die von einem roten Band zusammengehalten werden: ein Instrument, das – so hieß es – wahre Gottesfurcht ebenso beizubringen vermochte wie Respekt vor den Eltern …

Denn nichts geht unserem Verstand besser ein, als was auf sinnlicher Erfahrung beruht!

Or chantons Noël toute en bonne extreme,
De l'enfant qui est né de la Vierge Reine,
Qui en son flanc portat la fleur souveraine,
C'est pour Racheter la nature humaine,
Des peines d'enfers, or chantons Noël.

L'ange Gabriel pour obéissance,
Descendit du ciel sans faire d'instance,
Pour dire à Marie Dâme de plaisance,
Un fils concevrat car c'est l'ordonnance,
Du roi éternel, or chantons Noël.

La vierge plaisante fut lors bien heureuse,
Quand elle entendit la voix glorieuse,
Me répondit depuis, depuis ma naissance,
L'homme qui fut né, je n'eut connaissance,
Et jamais noré, or chantons Noël.

Lorsque Joseph vit Marie enseinte,
Ce n'est pas fait, dit-il, en complaint l'ange
Et y connut sa pauvre ignorance,
N'ayez peur Joseph, ayez confiance,
Dieu y a aurez, or chantons Noël.

Or s'en vont Joseph et Marie ensemble,
Droit en Bethléem pour leurs logis prendre,
La Vierge enfanta dedans une grange,
Ou le doux Jésus voulu entreprendre
Sa Nativité, or chantons Noël.

Darum besingen wir Weihnachten als allerhöchstes Gut,
Das Kind, das die Jungfrau und Königin geboren hat,
Die in ihrem Leib die höchste Blüte trug,
Es geschieht, um die Menschheit loszukaufen
Von den Höllenstrafen: darum besingen wir Weihnachten.

Der Engel Gabriel, in allem Gehorsam,
Stieg ohne Verzug vom Himmel herab,
Um Maria, der Huldreichen, zu sagen,
Daß einen Sohn sie empfange, ganz nach Geheiß
Des Ewigen Königs: darum besingen wir Weihnachten.

Die liebreiche Jungfrau war voller Glück,
Als sie die herrliche Stimme vernahm,
Doch antwortete sie: »Seit meiner Geburt
Hab' ich nicht erkannt den Mann in Fleisch und Blut
Noch werd' ich es je«: darum besingen wir Weihnachten.

Als Joseph sah, daß Maria schwanger war,
Klagte er zum Engel: »Das kann doch nicht sein«,
Und erfuhr darüber seine kümmerliche Ahnungslosigkeit.
Hab keine Angst, Joseph, hab Zuversicht,
Gott hat es so gerichtet: darum besingen wir
Weihnachten.

Also machten sich Joseph und Maria zusammen auf,
Um alsbald in Bethlehem Wohnung zu nehmen.
Die Jungfrau gebar ihr Kind in einer Scheune,
Allwo der süße Jesus erfüllen wollte
Seine verheißene Geburt: darum besingen wir
Weihnachten.

Les Trois nobles Rois tous d'une alliance,
Vont quérent le Roi de magnifisance,
L'étoile devant leurs fit montrer,
Le Roi ont trouvé en grand Révérence,
Et l'ont adoré, or chantons Noël.

Or prions le Roi de magnifisance,
Qu'il nous donne à tous sa divine aisance,
Et de nos péchez nous fassent indulgence (2 fois)
Pour Sa Déité, or chantons Noël.

Die edlen drei Könige kamen in einem Bunde,
Um dem König der Gnade aufzuwarten,
Zu dem der Stern vor ihnen sie wies.
Den König haben sie in tiefer Ehrfurcht gefunden
Und haben ihn angebetet: darum besingen wir
Weihnachten.

Darum wollen wir den König der Gnade bitten,
Uns allen seinen göttlichen Beistand zu verleihen
Und uns Ablaß unserer Sünden zu gewähren (zweimal)
Um seiner Göttlichkeit willen: darum besingen wir
Weihnachten.

Vorweihnachtsfreuden im Unterengadin

Schon drei Wochen vor Weihnachten fängt die Jugend an, bei den Zusammenkünften am Sonntagabend die alten, ehrwürdigen Weihnachtslieder aus den zwei Büchern von »Fritschun« (Gesangbuch) zu repetieren, und auch der Lehrer lehrt sie seinen Schülern; denn die erwachsene Jugend wie auch die Schuljugend wollen, wie vor Alters, zur Weihnachtszeit einmal den Nachtwächterdienst besorgen, zu dem das Absingen solcher Lieder nun einmal gehört.

Wenn dann die Jungen die schönen, fröhlichen Weihnachtslieder aus dem »Fritschun« singen, kommt neues Leben auch in die Alten, und sie fühlen sich wieder jung.

Am Abend, wenn die Hauptarbeiten in Haus und Stall besorgt sind, setzt man sich mit den Kindern zu Tische und singt all jene Lieder, welche die Alten noch auswendig können. Sie lehren sie die Jungen mit viel Geduld und erklären ihnen die nach alter Art geschriebenen Noten und die *ut*-Schlüssel für Sopran, Diskant und Baß. Da leuchten manchem die Augen vor Freude, daß doch wenigstens eine von den Künsten aus seiner Jugendzeit wieder ans Licht geholt und von den Jungen geachtet wird, die heutzutage doch ganz andere Sachen lernen und Altes gerne ins Lächerliche ziehen.

Am zweiten Sonntag vor Weihnachten zieht die erwachsene Jugend im Dorf herum, um den Nachtwächterdienst zu versehen, und am folgenden Sonntag dürfen dies die Kinder besorgen. Überall, wo der Nachtwächter die Stunden ruft oder sein Liedlein singt, singen auch seine Begleiter eines oder zwei Weihnachtslieder.

Für die Hausfrau beginnt jetzt eine arbeitsreiche Zeit, denn sie muß alles rüsten, was man während der Festtage erwartet – und das will etwas heißen!

Zuerst kommen die Birnbrote, dann die »*fuatschas grassas*« (fette Kuchen) und die »*grassins*« (kleines Backwerk) an die Reihe; und man braucht viel von jeder Sorte, denn bis nach Neujahr darf der Vorrat nicht ausgehen.

In Vnà, wo die Neujahrsgeschenke aus Hausgebäck bestehen wie zum Beispiel: »*fuatschas alvadas*« (Aufläufe), »*fuatschas grassas*«, »*biscottins*« (ähnliches Gebäck wie Gugelhopf), braucht eine Familie, die ungefähr zehn bis fünfzehn Geschenke austeilen muß, große Mengen von jeder Sorte. Sowohl für Weihnachten als auch für Neujahr werden dann noch »*batlanas*« (Buttertorten), »*malcorvs*« (Gebäck), »*vaischlas delfier*« (Kuchen, die mit einem Eisen geformt werden), »*sfögliadas*« (Blätterteig) und »*croccants*« (Nußgebäck) zubereitet. Viele Hausfrauen schütteln den Kopf und haben Bedenken, wenn sie sehen, wieviel Mehl verschwindet, wie das gekochte Schmalz im Topf schwindet und die frische Butter abnimmt; aber was hilft's? Es ist einmal so der Brauch, und keine will der andern nachstehen.

Am Vorabend des Weihnachtsfestes wird in der Kirche das Christbäumchen für die Schulkinder angezündet. Sie singen einige Lieder, ebenso die erwachsene Jugend, und der Pfarrer hält eine kleine Rede; danach werden die Geschenke, die aus privaten Beiträgen gekauft werden, an die Schüler verteilt.

Dieses Fest, obgleich erst in neuerer Zeit aufgekommen, ist so beliebt geworden, daß niemand es nur ein einziges Mal missen möchte …

Glisch nuviala en ina stalla
ha vuliu oz si levar;
tgi ch'enquera, la glisch vera
vegn en quella oz anflar.

Quella nescha e sclarescha
El perpeten orient,
Fa clarezia, dat bellezia
Pli che tut il firmament.

La tarlischa fa che brischa
Il carstgaun d'amur tier Diu,
Amicezia stagl giustezia
Nus ha quella parturiu.

La beada glisch tschentada
El pursepi se lai ver,
Ei divina la doctrina
Ch'ella muoss' a nus de crer.

Sco comparan vivas paran
Alla glisch tuttas colurs,
Schi viventa e carschenta
Questa glisch las sias fiurs.

Licht, das wahre, wunderbare,
Ging in einem Stalle auf
Heilge Sonne voller Wonne
Heut beginnet ihren Lauf

Ob den fernen goldnen Sternen
Strahlt's im ewgen Orient
Und entzücket und beglücket
Mehr als jedes Firmament.

Lieb es kündet und entzündet
Froh das Herz in Gotteslieb,
Will sein Leben uns hingeben.
Lieb es aus dem Himmel trieb.

Sehet alle dort im Stalle
Gottes gnadenvolles Licht!
Eilet schnelle hin zur Stelle,
Schauet Gottes Angesicht!

Kniet nieder, singet Lieder
Vor dem menschgewordnen Wort!
Gottes Frieden ist beschieden
Seinen Freunden immerfort.

Der Maurer Joseph und die Rose von Jericho
Eine Kalendergeschichte

Wenn vor dreißig Jahren der Maurer Joseph in meines Vaters Haus kam, sah er sich immer nach uns Knaben um, und wir nach ihm. Er gehörte nicht zu denen, die den Kindern schmeicheln, um sie an sich zu ziehen; er begehrte auch weiter nichts von uns – aber er war eben ein Kinderfreund, und wir Knaben mußten ihn liebhaben, mußten ihm nachlaufen, wenn er kam mit seiner blauen Mütze, mit seinem freundlichen Gesicht und mußten ihm von unsern Sachen erzählen. Joseph war ein gar geschickter Maurer und Steinmetz, freilich nur ein Geselle, aber doch der Kopf und die rechte Hand seines Meisters, und wenn in einer gotischen Kirche was zu erneuern oder zu verbessern war, da war er der Mann. Wenn er im Hause arbeitete, so hatten wir immer viel mit ihm zu reden, zeigten ihm unsere Landkarten, unsere Hefte, unsere Sammlungen. Er fragte dann immer nach einer Karte vom Gelobten Lande, und da die damals in der Schule nicht florierte, so hatten wir ihm keine zu zeigen, und er schüttelte den Kopf ob unserer neumodischen Gelehrsamkeit. Zeigten wir ihm die Grundrisse von Tempeln der Griechen und Römer, so fragte er nach dem Tempel von Jerusalem und wollte dies und das aus der heiligen Stadt und dem heiligen Lande von uns erfahren, wovon wir wenig wußten. Wir hatten auch eine Sammlung aller möglichen ausländischen Pflanzenstoffe angelegt, wie sie im Handel und in der Apotheke gebraucht werden; da fehlte die Baumwolle nicht, wie sie noch in ihrer natürlichen Kapsel steckt, es fehlte weder die Brechnuß noch ein großmächtiges Stück Opium. Aber Joseph wollte Weihrauch, Myrrhen und Aloe sehen; er fragte nach der Rose von Jericho. »Das sind Sachen«, sagte er, »die ich alle sammeln würde, wenn ich nicht ein armer Maurer wäre und statt einem Kämmerlein eine Stube und statt meiner Kiste einen stattlichen Raritätenkasten hätte wie ihr.« Wir lächelten über die beschränkten Wünsche des guten Joseph und meinten im stillen, er werde wohl nie einen solchen Kasten haben und keine Stube, aber unsere Sammlung werde wachsen zu einem großen herrlichen Kabinett!

Aber die Dinge ändern sich! Es kam eine Zeit, wo die Gegenstände, für welche Joseph solche Teilnahme gehabt, auch mir wert und merkwürdig wurden und meine Baumwolle und meine Brechnüsse mir längst verleidet waren. Dem Joseph aber wurde in einer benachbarten kleinen Schweizer Stadt nicht nur ein Zimmer, sondern auch ein kleines Haus zuteil; das erbte er von einem Vetter, und der Vetter hatte auch schon allerlei Merkwürdigkeiten und Altertümer gesammelt. Wir hörten von Josephs gastfreiem Häuschen und seiner Sammlung, die nun zustande gekommen, wie er sie gewünscht.

Mein Bruder und ich, wir waren jetzt Jünglinge; waren rüstige Studenten geworden und machten auch, den Habersack auf dem Rücken, eine fröhliche Schweizer Reise. Es war noch eine Stunde bis Mittag, als wir in ein Städtchen kamen. Der stattliche »Löwen« mit den Wohlgerüchen, die aus seiner Küche hervordrangen, lud uns ein, hier Mittag zu machen. Bis zum Essen wollte uns aber die Zeit lang werden; wir schlenderten um das Städtchen herum; die ehemaligen Stadtgräben waren aufgefüllt und hier Gärtchen angepflanzt. »Wohnt denn an diesem Orte nicht der Maurer Joseph?« rief auf einmal mein Bruder. Wir fragten einen Vorübergehenden; so war's, bald standen wir an seiner Türe, empfingen bald den Handschlag des biedern Mannes und saßen an seinem Tische, der eben gedeckt war für Joseph und einen Gast. Dieser Gast war der Schulmeister, Josephs Herzensfreund, der mit ihm die gleiche Gesinnung und die gleiche Liebhaberei teilte. Es ging nicht lange, so fragte uns der Maurer, wie es mit unsern Sammlungen stehe. Sein Auge leuchtete, als er uns ankündigte, was ihm zuteil geworden. Bald waren wir mit dem Essen fertig und standen in der Kammer, wo Joseph seine lieben Schätze ausgebreitet hatte. Auf dem Tische in der Mitte stand, aus Holz gearbeitet, der Tempel von Jerusalem; Joseph hatte ihn nach Plänen ausgearbeitet, die ihm der Schulmeister mitgeteilt hatte. An der Wand dagegen hing eine Abbildung der Omars-Moschee, die jetzt an der Stelle des Salomonischen Tempels steht. Joseph hatte wirklich recht merkwürdige, das heilige Land und die Geschichte des Reiches Gottes betreffende Dinge beieinander. Sein bester Jugendfreund und Vetter hatte als Missionar das Gelobte Land besucht und ihm Merkwürdiges mitgebracht. Sand aus der Wüste, in welcher die Kinder Israel gewandert, ein Stückchen von dem Felsen des Sinai, Asphalt aus dem Toten Meere. Jetzt öffnete Joseph ein Heft mit getrockneten Pflanzen. Da sah ich Blätter von Kanaans Reben, die Rose Sarons und die Lilie des Feldes. Ein Zweig von dem Ölbaum, der noch am Ölberg in Gethsemane steht; ein Zweig, eine Frucht von den Zedern Libanons.

»Und wo ist denn die Rose von Jericho?« fragte ich, nach welcher Joseph die Knaben so oft gefragt hat; »eine solche ist Euch gewiß auch zuteil geworden.«

»Allerdings«, sagte Joseph, »und ihr sollt sie gleich sehen.« Joseph holte ein Heft mit Zeichnungen; ich meinte, er werde mir eine getrocknete Rose darin zeigen, denn die eigentliche Beschaffenheit der Rose von Jericho war mir nicht bekannt. »Seht«, sagte Joseph, das Heft öffnend, »hier ist die Abbildung des Sodomsapfels. Seht ihn an, wie er so schön ist; so sieht er von außen aus wie eine herrliche, lockende Frucht, wo man gleich anbeißen möchte. Daneben aber ist sein Inwendiges abgebildet, das ist lauter Staub und Moder.« Wir fragten über die nähere Beschaffenheit dieser merkwürdigen Frucht. »Es ist«, sagte der Schulmeister, »ein Kraut, das zum Geschlechte der Nachtschatten gehört und dem Alraun ähnlich und verwandt ist. Dieser Sodomsapfel wächst an den Ufern des Toten Meeres. Oft geschieht es nun, daß die Gallwespe den reifenden Apfel ansticht. Von außen gewinnt er dadurch eher an Schönheit, wird aber inwendig in lauter Staub verwandelt.«

Jetzt aber langte Joseph eine Kapsel hervor, tat sie auf, nahm ein dürres Reis hervor, mit vielen, vielen Ästlein und rief: »Das ist die Rose von Jericho!«

»Dieses dürre Reis«, begann der Schulmeister, »ist nicht so dürr, als ihr meint; während der blühende Sodomsapfel nichts als Staub und Asche in sich faßt und für immer zerfällt, kehrt in dieses dürre Reis, wenn ihr es ins Wasser tut, immer wieder Leben zurück. Schon die Pilger, die vor Jahrhunderten ins Gelobte Land wallfahrteten, haben diese Rose von Jericho als ein merkwürdiges Andenken mit heimgebracht ins Abendland, und noch immer tut sie sich auf im Wasser, und die alten dürren Ästlein strecken sich wieder aus.« Joseph holte Wasser und setzte seine Rose hinein. »Sie regt sich«, sagte er, »nicht gleich und wird einige Stunden gehen, bis sie sich ganz aufgetan hat; aber so lange müßt ihr hier bleiben, ich laß Euch, Ihr lieben jungen Herren, nicht eher fort. Diese Rose«, fuhr er fort, »hat mir auch mein Vetter mitgebracht. Er reiste mit einer kleinen Karawane aus Ägypten durch die arabische Wüste nach Palästina.

Da erhob sich in der Wüste, als mein Freund im Zelte schlief, ein gewaltiger Wind, der dasselbe fast ganz mit feinem Sande überwehte; am Morgen, als er aus dem Zelte herausbrach, fiel diese Jericho-Rose in seine Hand.«

»Den Sodomsapfel«, sagte der Schulmeister, »mag man mit Recht eine Todesfrucht nennen; die Rose von Jericho aber führt den Namen Anastatica oder Auferstehungspflanze, ein Titel, der durch ihren merkwürdigen Lebenslauf gerechtfertigt wird. Sandige Ebenen, dürre Gegenden sind die Heimat dieser Pflanze. Zur Zeit nun, wenn der

Sand der Wüste vom Winde nicht hin- und hergejagt wird, keimt in demselben das Samenkorn der Jericho-Rose. Der dürre Sandboden kann dem aufkeimenden Pflänzlein wenig Nahrung bieten; aber dasselbe zieht sich aus der Luft alle darin befindliche Feuchtigkeit an sich, treibt Blätter und Zweige, setzt sich im Boden fest und bringt weiße, kreuzförmige Blüten und Früchte. Aber kurz ist diese Lebensstufe der Jericho-Rose; wenn sie ein Jahr alt ist, stirbt die Pflanze ab und zieht, als wenn sie tot wäre, alle Zweige und Wurzeln zu einem Knoten zusammen, wie die dort ist. Doch seht, es regt sich schon etwas in den dürren Ästlein. So liegt sie da, im dürren Sande der Wüste, gleich einer modernden Leiche. Wenn nun im August die Winde sich erheben und den Sand weit forttreiben, so wandert auch die dürre, ausgetrocknete, leichte, einen Knollen bildende Pflanze durch die Wüste. Da muß sie oft weite Wege machen, aber sie macht dieselben nicht vergebens, denn sie läßt unterwegs ihre Samenkörner ins dürre Erdreich fallen, aus denen dann in der öden heißen Wüste, wo sonst nichts im Sonnenbrand gedeihen kann, wieder neue, grünende Gewächse emporsprießen. Doch hat sie hiermit ihren Lebenslauf noch nicht vollendet. Der Wind der Wüste hört endlich wieder auf zu wehen, und das lang umhergetriebene, dürre Gewächs bleibt endlich wieder liegen und kommt zur Ruhe. Und zwar, seltsam genug, oft gerade an feuchten Orten wie z. B. an den Ufern des Jordan. Hier ruht die Rose von den Mühsalen der heißen Reise; hier fängt die längst totgeglaubte, ausgedorrte Leiche in der feuchten Luft wieder zu atmen an. Stengel, Wurzeln und Zweige werden wieder weich, dehnen sich aus und schwellen auf; die Saugröhren erwachen wieder zum Leben, ein neuer Saft durchdringt den Stengel; abermals brechen Blüten hervor, die Pflanze gelangt zum zweiten Mal zur Reife. Darum hat sie mit Recht ein weltberühmter Naturforscher *Anastatica* oder Auferstehungsblume genannt.«

»Mich erinnert«, fiel Joseph ein, »die Auferstehungsblume immer an das Volk, aus dessen Lande sie herstammt. Wie sie entwurzelt wird und als dürres Reis lang und weit umhergetrieben, so ist auch das Volk Israel entwurzelt aus seiner Heimat und wie herumgejagt vom Winde der Trübsal durch die weite Welt; aber endlich, nach dem langen, heißen Sonnenbrande, wird es Gott auch wieder führen zu dem wasserduftenden Plätzchen am Jordan, wo es wieder atmen, neu leben wird!«

»So ist's, Meister Joseph«, fügte der Schulmeister bei, »und es tut mir immer weh, daß diese bedeutsame Jericho-Rose so mißbraucht wird zum Aberglauben. Da gehen närrische Leute und stellen sie am Weihnachtsabend ins Wasser und wollen aus der Art, wie sie aufgeht, erkennen, was es für ein Jahr gibt. Für solche Leute ist die edle Pflanze ein Lügenprophet, weil sie's halt nicht anders wollen; denn die Geheimnisse des folgenden Jahres vertraut Gott keinem Menschengeiste, geschweige denn einer andern Kreatur dieser Erde. Das hat er sich vorbehalten, zu geben, wie er will. Etwas anderes kann die dürre Anastatica manchmal leisten, nämlich das Wetter für die folgenden Tage anzeigen; man kann an ihr, wenn man einen Zweig davon vors Fenster hängt, erkennen, ob die Luft feucht oder trocken ist. Wenn sie feucht ist, so schwillt der Zweig an, und der berühmte Naturforscher Plinius hat daher immer einen solchen vor seinem Fenster hängen gehabt.«

»Wir«, fuhr der Schulmeister fort, »wir, der Meister Joseph und ich, legen die Anastatica am Weihnachtsabend auch ins Wasser und sehen es mit Freuden, wie sie die alten dürren Glieder lebendig wieder ausstreckt, und es wird uns dabei auch ganz prophetisch zumute. Denn wir denken dabei, die Menschheit sei auch so eine ausgedorrte Pflanze gewesen, vom Winde herumgeweht, gejagt durch die Sandwüsten des Elends, bis Jesus Christus in dieser Welt geboren wurde, durch den die Menschheit neu blüht und neu blühen wird und zu einem neuen Leben kommt, das nimmer aufhört. Und wo es noch so dürr ist in einem Menschen – Er will ihm neues Leben einhauchen!«

Joseph führte uns nun in sein Gärtlein, wo unter anderem Lilien und Passionsblumen zu sehen waren. Er brachte uns auch in seine Werkstätte. Was er am liebsten macht, das sind Grabsteine, die er mit sinnvollen Bildern versieht. »Das ist meine liebste Arbeit«, sagte er, »es ist mir wohl dabei, so an den Tod gemahnt zu werden.« Dann hatte er uns noch allerlei im Städtchen zu zeigen; eine uralte Stube, eine alte in ein Magazin verwandelte Kapelle. Als wir dann in Josephs Wohnung zurückgekehrt waren, stand die Kaffeekanne auf dem Tische, und wir mußten Kaffee trinken und Käse dazu essen, zur Stärkung auf die fernere Wanderschaft. »Und jetzt noch zur Rose – jetzt wird sie aufgegangen sein!« rief Joseph, und in der Tat, sie hatte ihre Zweiglein weit ausgestreckt!

Jetzt schnallten wir unsere Habersäcke auf den Rücken, und Joseph begleitete uns noch ein rechtes Stück Weg. Die herzlichen Segenswünsche, die er uns mitgab, zeigten uns, daß der arme Maurer nicht bei den Sinnbildern stehen bleibt, sondern durch sie zum Wesentlichen sich hinleiten läßt.

Siebentes Kapitel

DIE STUNDE DER TIERE

Schwester Ursula Steinauer, eine geborene Einsiedlerin (aus dem Ort Einsiedeln im Kanton Schwyz), die um das Jahr 1600 im Kloster Au lebte, hatte, wie das von vielen Heiligen erzählt wird, die Vöglein gar lieb. Sie waren auch ganz vertraut mit ihr, und wenn sie ihnen Brosamen vor das Fenster streute, dann flogen sie in Scharen herbei und pickten ihr sogar aus den Händen. Da sprach einmal die fromme Schwester zu den Vögeln: »Wollt ihr denn nur immer gefüttert sein und nicht auch etwas für den lieben Gott tun, der euch wie mir immer Nahrung gibt? Ihr seid gute Sänger und müßt ihm darum einmal zu seiner Ehre singen.«

Die Vögel kamen dann wirklich an Weihnachten zum Kirchlein geflogen, in dem eine Krippe errichtet worden war, und sangen, pfiffen, zwitscherten so gut sie konnten. Das freute Schwester Ursula von Herzen.

In der heiligen Nacht, gerade wenn die Glocken zwölfe schlagen, bekommen die Tiere im Stall die Fähigkeit zu reden. Solches geschieht wohl zum Dank dafür, daß am Hauch von Kuh und Eselein das Jesuskind sich einst wärmen konnte.

Einmal ging ein Bauer aus den Waldstätten (Innerschweiz) auf diese Stunde heimlich in den Stall, um zu horchen, was sein Vieh etwa verhandeln werde. Da hörte er unter anderem, daß sein Ochse sprach: »Wenn doch unser Bauer wüßte, daß ich ihn in wenigen Tagen als Leiche zum Kirchhof führen muß!«

»Warte«, dachte der Mann erbost, »will dir schon zuvorkommen!« Er ging, holte eine schwere Schlegelaxt, nahm den Stier ungesäumt aus dem Stall und band ihn draußen an die Stütze des Vordachs. Dann zog er zu einem wuchtigen Streiche aus, um den Ochsen mit einem einzigen Schlag aufs Gehirn zu töten. Doch er fehlte, und die stark geschwungene Axt zerschmetterte dem Bauer das Bein, und er verblutete auf der Stelle.

Nicht besser ging es einem Landwirt zu Rohrbach (Kanton Bern) im Amt Aarwangen. Der wußte auch um die geheimnisvolle Gabe, die den Tieren in der Weihnacht verliehen ist, und ging am heiligen Abend in den Roßstall, neugierig, was es da zu hören gebe. Da vernahm er, wie ein Pferd zum andern sagte: »Im neuen Jahr sind wir dann auch nicht mehr lange Gespanen (Gefährten). Eines von uns wird den Meister schlagen, daß er sterben muß, und dasjenige, welches geschlagen hat, wird verkauft.«

Das wurmte den Bauern gewaltig. Im Zorn riß er die Peitsche vom Nagel und hieb damit auf die Rosse ein, so stark er vermochte. Da schlug eines aus und traf ihn an den Kopf. Bald danach war er eine Leiche.

Solche Vorkommnisse haben andern zur Warnung

gedient, und mancher Bauer legt seither am Weihnachtsabend den Kühen ausgewähltes Futter vor, damit sie von ihrem Herrn nur Gutes aussagen.

Jeremias Gotthelf

Merkwürdige Reden, gehört zu Krebsligen zwischen zwölf und ein Uhr in der Heiligen Nacht

Unter den Ziegen bin ich geboren und unter den Kühen aufgewachsen, Schmutzhausen ist meine Heimat, das Fürstentum Dünkellust mein Vaterland. Was man auf den Ofentritten erzählte, war mir alles bekannt, sonst aber meine Bildung nicht weit her. Aber einen großen Drang fühlte ich von jeher in mir: ich vergaß, was dahinten, und streckte mich nach dem, was davornen, und ward eine sehr bedeutende Person. Wie und welche, ein ander Mal. Ich arbeitete, daß man meinen Schweiß zwanzig Schritte weit in die Nase kriegte, und doch kam ich bei unserm Fürsten in Ungunst, andere wurden mir vorgezogen. Um diesem Unglanze zu entgehen und so oft als möglich in dem Glanze zu stehen, der mir gebührte, machte ich mich gerne abseits, suchte Aufträge, die mich aufs Land führten; dort konnte ich mich zeigen, als der ich war, und da warf niemand einen Schatten über mich, und wer für einen Tag verschickt wird und nicht zwei daraus zu machen weiß, der muß ein Lümmel sein. Am liebsten entfernte ich mich über die Festtage. Unser Fürst war noch altgläubig, ich aber über solche altväterischen Dinge hinaus. Man kann sich daher leicht vorstellen, wie peinlich es mir war, tun zu müssen, als sei ich ein Christ, mir, der ich über solche Dinge weit hinaus war. Daher suchte ich mich über diese

Zeiten zu entfernen; auf dem Land sah mir niemand nach, und während die andern vor einem, den sie den Höchsten nennen, knieen, trage ich doch das schöne Bewußtsein in mir, daß ich weithin in der weiten Runde der Höchste sei.

So war ich im vorigen Jahre über die Weihnacht auch verreiset; ich wußte, daß zu Krebsligen Bezirksgericht sei. Ich fand mich dort ein wegen Dringendem, und meine Erscheinung erregte große Freude; sie traktierten mich wie üblich mit gutem Weine, ich sie dagegen mit leutseliger Freundlichkeit, und beidseitig waren wir glücklich und vergnügt dabei.

Meine Anwesenheit entband natürlich den Wirt von der gesetzlichen Ordnung, und es schlug gerade zwölf Uhr, als ich den letzten Bezirksrichter vor der Türe mit freundlichem Neigen verabschiedete und dem zündenden Wirte sagte, er solle nur hineingehen, ich werde gleich nachkommen. Es war eine herrliche Nacht, und die Natur leuchtete sehr hell und kühl, und mir war sehr warm. Romantisch bin ich nicht, aus andern Gründen ging ich etwas nebens Haus.

Dort hörte ich auf einmal gar seltsame Laute; es war, als ob Mäuse pfiffen und gixten, wie sie es tun, wenn man ihnen auf den Stiel trappet; aber die seltsamen Töne, welche hinter einer Ecke hervor aus einem Kellerloch zu kommen schienen, verstand ich. »Es ist unerträglich!« quixte eine dünne Stimme, »will der Gstabi nicht bald ins Nest? Am Tage verfolgen uns Menschen und Katzen, und die Nächte macht man uns immer kürzer. Es wird noch dahin kommen, daß wir verreblen müssen.« – »Rufe doch eine die Polizei!« quixte eine andere. »Du Narr!« quixte eine dritte, »die hat man ja vorgestern wegen Mangel an Platz versteigert und hat verflümert daraus gelöst.« – »Wer ist Narr gnug gewesen, um darauf zu bieten?« – »Die Bauren fraßen sich fast darum«, antwortete ein Stimmchen. »Sie sagen, die Vögel achteten sich ihrer alten Bündengschücher nichts mehr, weil sie daran gewohnt seien, sie müssen neue haben auf die Äcker von wegen den Krähen und Tauben, und so wüßten sie keine bessern als die abgestandene Polizei. Aber packt auf! Er geht hinein!« Ich war nämlich erbittert worden und wollte den Wirt zur Rede stellen, wer so anzügliche Reden führe mit verstellter Stimme. »Und wenn er schon hineingeht, so geht er doch nicht ins Bett«, quixte es. »Der trinkt noch mit dem Wirte ein Gläschen Cognac und frägt nach der Stimmung. Wenn wir etwas wollen, so müssen wir anderswohin, sonst graut der Morgen, ehe wir ein Brösmeli haben.«

Dies hörte ich noch, als ich um die Ecke zur Türe schwenkte, vor welcher der Hund saß und ins Blaue boll. Aber wie versteinert stand ich, als ich in rauhem Basse die Frage hörte: »Warum billst du diese Nacht nicht?« Und durch die Lüfte antwortete eine Stimme: »Wir haben heute geküchelt, und ich habe keine Küchli bekommen; nun werde ich künftig nicht mehr so fleißig sein mit Wachen und Bellen.« – »Bhüt dih Gott, leb wohl, Blaß!« flüsterte eine zärtliche Stimme, und eine große schwarze Katze strich dem Hund um die Beine, während eine kleinere mit aufgehobenem Schweife unter der Türe stand. »Wo zum Schinder willst du hin?« frug der Blaß. »Fort will ich. Seitdem kein Feierabend mehr ist, sind keine Mäuse mehr zu kriegen, und jetzt bleiben unsere Jungfrauen wieder da, und solange die da sind, ists für uns Katzen mit dem übrigen Mausen aus; die pfuschen uns schrecklich ins Handwerk. So will ich fort und an einem bessern Orte mein Brot suchen. Komm mit, Blaß!« Da sah Blaß mich in der Ecke stehen und boll mit fürchterlicher Stimme nach mir hin: »Wottsch furt, du Schelm!« Unwillkürlich fuhrs mir in die Beine, ich sprang der Scheune zu, die nicht weit vom Hause lag. Ein seltsames Tönen stellte meine Flucht. Dieses Tönen war feierlich, grauenhaft, kam vom Roßstalle her, und daraus wickelten sich folgende Worte hervor:

»Zwölfe hats vom Turm geklungen.
Brüder, Schwestern, auf, erwacht!
Seht, die Bande unsrer Zungen
Sind mit einem Riß zersprungen
Vor der unsichtbaren Macht,
Der die Engel einst gesungen
In der Christen Heilgen Nacht!
Auf, erwacht!«

Da fiel mir ein aus meiner Jugend her, daß die Tiere in der Heiligen Nacht eine Stunde sollten reden können. Ich hatte es längst nicht mehr geglaubt, nebst noch vielem andern nicht, und jetzt auf der obersten Stufe der Aufklärung sollte mir so etwas begegnen! Ich wollte mich überreden, es treibe jemand mit mir Schindluder, und es dünkte mich, wenn ich nur die Polizei bei mir hätte. Aber ich konnte nicht ab Platz, und es war mir selbst, als hätten wir sie in den letzten Tagen versteigert. Und kaum hatte ich das gedacht, so erscholl, Welten durchzitternd wie verhaltener Donner, aus gewaltigen Kehlen der Spruch:

»Ja. wir fühlens, luftdurchdrungen,
Daß das schwere Band der Zungen
Mit dem ersten Glockenklang
Gleich des Kornes Hülse sprang.
Ja, wir sind, wir sind erwacht;
Auf, benutzt der Stunde Macht!«

»Lebst du noch, du alter Kratten?« frug aus dem verhallenden Chor eine mutwillige Stimme. »Als wir uns letztes Jahr in Hallau trafen, dachte ich nicht, daß du an deinem Kachelicharren die heutige Stunde erleben werdest.« – »Ich auch nicht«, antwortete das angesprochene Roß. »Aber es ging mir im vergangenen Jahre gut. Jetzt bin ich ein Staatsroß und fordere Respekt.« Da lachten alle, daß der Boden unter den Füßen mir wackelte. »Du ein Staatsroß?« – »Ja. Ein Lohnkutscher sah mich und kaufte mich. Er bedient einen Herrn, der von Rossen nichts versteht, alle verderbt, aber vornehm fahren möchte wie ein vornehmer Herr. Der lag dem Kutscher schon lange an, er sollte doch einen Stumper kaufen, die langen Schwänze könne er nicht leiden, man werde immer gespritzt. Mein Herr wußte, wo der Has im Pfeffer lag, kaufte mich um dreizehn Gulden Reichsgeld und spannt mich nun dem vornehmen Herrn ein als Staatsroß. Er sagte ihm, ich sei ein vornehmer Engeländer, koste siebenundvierzig Louisdors, ein Lord habe mich in Baden verspielt. Nun hat mein Herr Respekt vor mir, fast wie vor einem vornehmen Herrn, macht mit mir Staat im Lande herum, füttert mich brav, hat immer Angst, er könnte mir übertun und siebenundvierzig Louisdors auf seinen Buckel fallen. So habe ichs gut in meinen alten Tagen, schlage alle Tage zweimal aus, dann sagt mein Herr: ›La, la!‹, und wenn es gegen einen Ort, besonders ein Städtchen geht, so setze ich mich in kurzen Galopp, der meinen steifen Beinen am besten zusagt, dann sagt mein Herr: ›Na, na!‹, und wenn er aussteigt, stellt er sich neben mich, um vom Wirt den schönen Stumper rühmen zu hören, und dann erzählt er von den siebenundvierzig Dublonen und dem Engländer, daß ich den Wirt nicht ansehen darf aus Furcht, er lache mir ins Gesicht.«

Ich wußte nicht, träumte oder wachte ich, als mein Roß mich so runtermachte, aber antworten konnte ich nicht. Hingegen hörte ich eine andere Stimme, und die sprach: »Ach, ich möchte doch auch so ein Staatsroß werden für einen vornehmen Herrn, das Musterlimitieren verleidet mir je länger je mehr. Ehedem suchte mein Herr hie und da ein Mädchen mehr, als er sollte, aber, was ich um so mehr zu ziehen hatte, das konnte ich um so langsamer fahren, und die Tagreisen wurden alle Tage kürzer. Jetzt aber fährt mein Herr wie ein Jude und führt neben seinen Musterkarten Päcker zentnerweise mit sich. Er führt einen Zentner Traktätlein mit sich und teilt sie mit gottseligen Reden an fromme Krämersweiber aus, einen Zentner Aargauer Großratsgeschwätz und regaliert damit naseweise Krämer, einen Zentner gut katholischer Schriften und bahnt sich damit Weg, wo man es nicht glauben sollte. Jetzt hat er noch einen Zentner Genferpapier, und auf Ostern hat er zwei Zentner Zürcherschriften bestellt, die noch nicht gedruckt sind, so daß ich mehr zu ziehen habe als ein Kacheler und des Lebens satt bin. Und wenn er sich mit den einen wegen Wieland, mit den andern wegen Frey-Herosé, mit den dritten wegen Scherr, mit den vierten wegen Leu und Papst verdampet hat, so soll ich mit Springen die Zeit einbringen. Wenn ich wüßt, wie machen, ich schmisse meinen Herrn in ein Loch, wo er nicht wieder rauskäme.«

»Ach du meine Güte!« fing eine andere Stimme an, »verständige dich doch mit Wünschen! Gerade so wünschte ich vor einem Jahre, als ich noch bei meinem letzten Herrn war und der mir des Nachts keine Ruhe gönnte und herumsprengte wie ein Nachtgeist, weil er mit den Wirten am besten handeln könne, wenn es Feierabend sein sollte. Da stolperte ich expreß; auf einige Plätze ab kam es mir nicht an, wenn er den Hals gebrochen hätte. Er ist aber nicht dumm, er verkaufte mich einem andern Hause, das einem jungen Reisenden kein kostbares Roß anvertrauen wollte. Das Haus hat seinen Kredit verloren, es lieferte die Ware anders, als die Muster waren, drängte mit Wechseln, überschüttete seine Schuldner mit Waren, bis sie ruiniert waren, kurz, brauchte alle möglichen Kniffe. Als der Kredit abnahm, meinte es, der Reisende sei schuld, und stellte einen andern an, der meint, es sei noch nie so einer gewesen, wie er werden will. Der will nun Absatz zwingen, hält vor allen Krämerladen, bindet mich an den Zaun, denn ins Wirtshaus geht er so wenig als möglich, weil er auch wohlfeiler reisen will als die andern alle. Ist er einmal ausgestiegen, so will er nicht wieder herein.

Er packt alle seine Muster aus, will man nicht von diesem, so soll man von jenem nehmen: hätte man Seidenband nicht nötig, so wäre mit Koriander ein guter Schick zu machen, und mag man nicht Zucker, so hätte er vortreffliches Salatöl, und will man nicht Salatöl, so hat er Muster von extra feinem Teufelsdreck. So geht es oft stundenlang, daß ich manchmal sehe, wenn ich von weitem gegen ein Haus komme, und man hat uns gesehen, wie das zu allen Türen hinausfliegt und niemand daheim sein will. Der Krämer soll über Land sein, die Frau über Feld, der Sohn ist auf dem Acker, die Tochter im Bohnenplätz, und die Magd will nicht wissen, wenn das ein oder andere zurückkommt. Mein Junge will Geschäfte machen und meint, die Magd solle ihm den Weg zeigen in den Bohnenplätz zu der Tochter. Aber die Magd will nicht, sie muß hüten; da steht mein Junge eine halbe Stunde verlegen da, weiß nicht, soll er fahren, soll er warten, erbost guckt der Krämer zur Stalltüre aus, die Krämerin lauscht am Küchenfenster, und ich muß da stehen, im Sommer der Brämen Speis, im Winter erfriere ich, und noch jetzt bin ich an den Füßen nicht erwarmet und kann wieder stundenlang stehen in Eis und Schnee, und am Ende, wenn mein Junge nicht Geschäfte macht, nur das kleine Ordinäri! Es ist ein verfluchtes Leben! Zehnmal lieber wollte ich springen, daß die Funken stöben.«

Da seufzte es tief auf gerade neben dem Redner. »Was seufzest du so hart«, fragte das vorige Roß, »Und wie kömmst du daher? Dem Kreuze nach bist du ja eine Siebentalerin aus dem Bernbiet? Übel muß es dir nicht gegangen sein, denn du bist ja speckfeiß!« – »Ach, sonst ging es mir gut«, antwortete ein niedliches Mährli in der Siebentalersprache, »mein Herr war stolz auf mich, und weiter als bis auf Thun mußte ich nicht springen, und wenn es hie und da nach Bern ging, so kehrte mein Herr so oft ein, daß mir die Reise nicht beschwerlich war. Aber gestern ist es gerade vier Wochen, da wird ihm seine Frau krank, und seither habe ich das elendeste Leben, ich gönnte es keinem Hund. Tag und Nacht geht es von einem Doktor zum andern, sollte immer im Gestreckten gehn, und wenn ich nicht mehr mag, kriege ich gar die Geißel, von der ich früher gar nichts wußte.« – »Dein Herr wird so ein junger Narr sein, der meint, wenn eine Frau gestorben, gebe es keine andere?« – »Selb nicht«, antwortete die Siebentalerin, »er hat sie schon zwanzig Jahre und sechs Kinder von ihr.« – »Was ist denn das für ein Narr? Bei uns im Schwarzwald strapliziert wegen einer kranken Frau keiner sein Roß, je mehr Weiber, desto mehr Ehesteuern, meint man.« – »Ja, das ist darum bei uns nicht so«, sagte die Siebentalerin, »aber nicht von wegen der Liebe, sondern von wegen dem Geld. Von wegen, wenn einem seine Frau stirbt, so muß er alles das vorhandene Gut zu gleichen Teilen mit seinen Kindern teilen, und das kommt manchen unkommod, und mein Herr wäre übel zweg, wenn er teilen müßte.« Da bezeugten sämtliche Rosse ihre Verwunderung, wie dumm die Männer im Siebental sein müßten, daß sie so was täten. Jetzt begehrte aber die Siebentalerin auf und wollte das nicht glauben. Ds Konträri, sagte sie, es gebe im ganzen Kanton nicht durchtriebenere Männer als im Siebental, aber niene so listige und fini Wyber als dort, das sig ebe dr Tüfel. Vor vielen hundert Jahren schon hätten die Weiber gesehen, wie es reiche Männer machen, wenn sie Witwer werden, wie sie d Narre machten, mit dem Reichtum großen Staat und den jungen Mädchen alles anhängten und zuletzt so einen Gauggel heirateten, so daß ihre Kinder unwert würden, nicht mehr Platz im Hause hätten und zuletzt nichts erbten, entweder weil der Vater alles vertan oder die letzte Frau alles ihren Kindern anhängen täte. Da seien die Weiber rätig geworden, den Männern das Nägeli zu stecken und für ihre Kinder zu sorgen und auch für sich selbst, und hätten eine lustige Geschichte ersonnen. Die Männer seien in die Falle getrappet, und zum Landrecht sei erhoben worden, daß bei dem Tode einer Frau das sämtliche vorhandene Gut zwischen Mann und Frau zu gleichen Teilen sollte geteilt werden. »Bald merkten die Männer den Lätsch, den sie am Halse hatten, und wollten ausschlüpfen, aber die Weiber hatten ihn zureitig angemacht, und die Männer mußten warten. Sie wußten sich nicht anders zu helfen, als ihre Weiber recht lieb zu haben, und je reicher um so lieber. Wenn einer der Finger weh tut, so läuft man zum Doktor, und wenn eine Bauchweh kriegt, so spannt man ds Mähri an, und das muß springe, als ob alle vier Beine ab sollten. Nun wurden wir schon am ersten Erlenbacher Herbstmärit mit den Hammen fertig, und seither kränkelt unsere Frau immer mehr und mehr und wird immer magerer, und dem Mann immer ängster, und ich muß immer strenger laufen und kann nicht sagen, er soll doch metzgen lassen, es bessere denn vielleicht wieder. Solang der alte Fuchs in der Nähe lebte, ging es mir nicht so bös, so aber muß ich springen immer weiter. Zu rechten Doktoren hat mein Herr keinen Glauben, es muß ein Gütterler oder ein Hexenmeister sein, und denen fährt er nach wie eine Surrfliege dem Roßmist. Jetzt hat er da von ein paar Hexenmeistern da draußen in dem Stinkland gehört, wo aller Haber nach Sauerkabis riecht, die brauchen kein Gütterli und keine Büppi, auf welche sie die Hand legen, die haben über die Geister Macht und können sie senden, wohin sie wollen, Kranke zu heilen und gesund zu machen. Einen solchen Geist will mein Herr kaufen, und vielleicht soll ich ihn noch heimführen; da wäre erst der Schinder los, und ich riskiere den bösen Luft vom Geiste her, werde geschwollen und muß sterben trotz allem Springen.«

Da seufzte es grimmig und hohl nebenbei, und das Siebentalermähri glaubte, es sei der Geist, und sprang zitternd auf; aber als es genauer hinsah, war es nur eine alte Füllimähre aus einem andern Tal, und als das Siebentalerli schnauzte, warum die Alte so unflätig und grobänisch seufzte, da sagte die Alte, sie dürfe es fast nicht sagen, aber unter guten Freunden wolle sie es doch. Sie schäme sich grusam. Sie sei ihr Lebtag ein ehrlich Bauernroß gewesen, jetzt habe sie letzthin ihres Meisters Söhnen einen gestohlenen Trämel zur Säge müssen führen helfen. Sie hätte es nicht gewußt, sonst hätte sie keinen Strick angezogen und den unsaubern Gesellen mit Schlägen und Beißen Verstand machen wollen. Die Sache sei ausgekommen, und jetzt müsse sie dem Geschäft nachsprengen und habe da den Handel vernommen, es sei ihr geschmuecht worden, und sie dürfte sich fast nicht mehr auf der Straße zeigen, Wenn sie schon nur eine Füllimähre sei, so habe sie doch noch Scham im Leibe. »Aber trotz dieser Scham muß ich jetzt allen denen nachsprengen, von denen mein Meister glaubt, sie können wohlschmeckend machen, was stinkt, und aus Mist Heu. Denn der Meister flucht gräßlich, nicht über die, welche gestohlen oder vielmehr gefrevelt, sondern über die, denen der Trämel gestohlen oder vielmehr gefrevelt wurde, und über die, welche es ausgebracht. Mit List, Geld und Prozedieren will er das Krumme grad machen. Jetzt mußte ich zum Bezirksrichter sprengen, denn wenn einer einem Schelm einen guten Rat weiß, so ist es der. Weit und breit kommen die Leute zu ihm zu Rat, noch viel weiter her als zu einem Gütterler. Sie müssen oft zwei Tage warten, bis sie vorkönnen, und so wird es auch meinem Meister gegangen sein, denn ich sollte um fünfe geschirrt sein und bin es dato noch; die volle Sau von Stallknecht hat gedacht, am Morgen hätte ich meinen schweren Kommet schon an.«

Das letztere vernahm ich nur noch mit halbem Ohr. Als ich vom Bezirksrichter hörte, dachte ich, da sei was zu notieren, woran ich könnte dem Fürsten und andern demonstrieren, wie wohltätig meine Reisen für die allgemeine Wohlfahrt wären und wie nützlich dem Vaterlande meine Popularität; doch stockte meine Hand in der Tasche, als ich dachte, wie aufbegehrisch der Fürst sei, und, wenn er mit Donnerwettern auf den Richter losfahre, was ich mit einer alten Füllimähre gegen einen Rechtskundigen beweisen wolle, die noch dazu in einer halben Stunde kein vernünftig Wort mehr reden könne. Während ich noch mit der Hand in der Tasche tiefsinnigen Gedanken nachsann, begann die alte Mähre erbärmlich zu schreien:

»Ach meine Ohren!
Die sind verloren!
Ach meine Mähnen!
Mit blanken Zähnen
Packt mich und rüttelt,
Reißt mich und schüttelt
Das Ungeheuer,
Der Bläß Allgäuer!«

Eine helle Stimme tönte in das Geschrei:

»Abschaum der Mähren!
Ich will dich lehren
Die Ehr verkehren,
Das Lügen mehren!
Du alte Schelle,
Du Schmach der Ställe!
Ich will dich lehren,
Die Wahrheit ehren!«

Da übertönte das Streitgeschrei ein mächtiger Chor:

»Friede sei in dieser Stunde
Mit der Tiere großem Bunde!
Laßt ihr nicht das Streiten schweigen,
Werden wir den Meister zeigen!
Friede sei in dieser Stunde
Mit der Tiere großem Bunde!«

Und als das Chor, welches nach einer Krauskopfschen Melodie gesungen war, schwieg, sagte mein Pferd: »Bist du auch da, du hässiges Ketzerli vo Allgäuerli, und kannst das Streiten selbst in dieser Stunde nicht lassen, willst du dich denn nie bekehren?« Da sprach das Ketzerli von Allgäuerli mit kräschlender Stimme: »Was bekehren? Das Bekehren ist an euch. Was tut ihr? Eins ums andere verleumdet seinen Herrn. Geht und hört, wie eure Herren euch rühmen, eure Fehler verschweigen und jeder das beste Roß haben will! Jetzt kömmt noch die alte Mähre und verleumdet zu seinem Herrn noch den meinigen, wo doch der humanste Richter ist im ganzen Fürstentum und zu einem jeden Halunk Sorge trägt, als ob er seinesgleichen wäre. Es dünkt mich, wir hätten von wichtigern Dingen zu reden als von solchen Partikularitäten und Persönlichkeiten, und was gehen uns die Richter an? Sind nicht die Stallknechte von ganz anderer Bedeutung für uns, gleichsam unsere Hauptpersonen? Und es hat mich schon lange wundergenommen, daß niemand von denen reden will, und was man gegen die für Maßregeln vorkehren wolle; es ist je länger je weniger dabeizusein, es hat keine Gattig mehr. Es gibt verflucht brave Stallknechte, warum nicht, ich könnte nacheinander ein halbes Dutzend aufsagen. Aber viel andere werden alle Tage voller und nie mehr nüchtern, und dann sind sie die wüstesten Hünde gegen uns, stüpfen uns in den Bauch, schlagen uns aufn Kopf und mißhandeln uns mit dem Gebiß im Maul, daß uns Hören und Sehen vergeht, es ist himmelschreiend! Und immer mehr, scheint mir, schlage ihnen der Wein auf das Gehör, und so viele hören nicht mehr wohl. Ich hörte schon manchmal, daß mein Herr ein ganzes Immi befahl und kriegte nur ein halbes, und wenn der Herr das große Ordinäri befahl, gab man mir nur das kleine. Wenn dann das Stubenmädchen den Herrn fragte, was er für das Roß befohlen, so sagte er richtig: ›Das große Ordinäri‹ und mußte es auch bezahlen. Dann baggelt man allenthalben an Maß und Gewicht. So hat man namentlich in der Schweiz, wo mein Herr oft hinreiset, das Pfund kleiner gemacht und das Immi größer. Wenn nun mein Herr für einen Batzen Brot befehlen tut, so kriege ich richtig drei Bissen weniger, ich habe das schon manchmal gezählt.« – »Aber immer das gleiche Immi?« – »Ds Konträri, es scheint mir, auch das sei kleiner, werden wahrscheinlich verschossen sein, als sie es größer machen wollten, oder sie machen noch immer aus einem Malter achtundvierzig Immi statt nur vierzig. So wird unsere Lage alle Tage schlimmer, und ich möchte zu bedenken geben, was da zu machen sei. Ich habe schon manchmal mit Beißen und Schlagen versucht, die Stallknechte humaner zu machen; aber erstlich sind mir die Ketzere z'gleitig, selbst wenn sie voll sind, es gelang mir selten, einem eins ordentlich abzustrecken, und zweitens mußte ich jeden Versuch zur Selbsthülfe schrecklich büßen. Ich wurde abgeschlagen zuerst und kriegte nichts zu fressen, um mir den Mut zu nehmen, und das nächste Mal, wenn ich wiederkam, wurde ich, sobald der Herr den Rücken kehrte, frisch geprügelt und auf halbe Portion gesetzt. So ist das Schlagen mir verleidet, und doch kann es nicht länger so gehen. Weiß niemand Rat?«

Da sagte das ältere Gummiroß: »Ich habe auch schon lange darüber nachgedacht und wüßte keinen bessern Rat, als wenn man auf irgendeine Weise ein Gesetz bewirken könnte, daß von nun an die Stallknechte zu Stubenmeitlene gemacht werden sollten und die Stubenmeitleni zu Stallknechten. Erstlich gefallen mir die Stubenmeitleni im ganzen genommen selbst besser als die Stallknechte, zweitens würden sie manierlicher mit einem umgehen, und drittens würden unsere Herren viel häufiger daran denken, daß sie ein Roß im Stall hätten, daß sie nachsehen müßten, ob es seine Sache habe, ja, mancher ließe sich aus lauter Zärtlichkeit für sein Roß seinen Schoppen in den Stall zum ehemaligen Stuben-, gegenwärtigen Stallmeitli bringen. Das ist meine Meinung; wenn jemand eine bessere hat, so sage er sie auch!«

Aber da redete keiner verständlich, freudige Töne widerhallten an den Wänden, es war, als ob sie klatschen wollten in voller Herzensfreude. Endlich artikulierte sich ihre Freude:

»Ja, ja, ja, so ist es recht:
In die Stube mit dem Knecht!
Mit der Stubenmagd in Stall
s'ist ein nagelneuer Fall.
Alsdann wirds im Stalle besser:
Hier die Küfer, Saufer, Fresser,
Herr und Roß in einer Hut,
Das tut beiden wohl und gut.

Drum, Brüder, drum faßt frischen Mut!
Laßt fröhlich springen das alte Blut!
Ein neu Gesetz bringt in den Stall
Die Stubenmädchen Knall und Fall
Und macht uns von der Quälerei
Der liebeleeren Knechte frei;
Drum, Brüder, drum faßt frischen Mut!
So ist es recht, so kömmt es gut!«

Die Begeisterung drang immer tiefer in die Töne ein, durch die Töne durch – da schlug es am Kirchturme eins. Und stille wards plötzlich im Stalle, stille ringsum. Ich war wie in einer andern Welt. Ich sah den Mond wieder scheinen, sah, wie der Wirt vorsichtig ums Haus schlich, er wollte mich suchen und hätte mich nicht gern überrascht; und ergriffen, wie ich war, hätte ich gerne ohne ihn mich ins Bett gedrückt. Ich wartete, bis er hinter dem Hause war, aber wie ich zur Vordertüre leise eintrat, kam er zur Hintertüre herein, begrüßte mich mit den üblichen Worten und sagte, es werde mir wohl noch ein Gläschen belieben? Ich dankte, nahm ein Licht und ließ den Wirt stehn, der nun ein Gläschen für mich und eins für sich wird getrunken haben.

Ich aber erlebte eine erbärmliche Nacht. Alles, was ich ehemals geglaubt hatte und jetzt nicht mehr, gramselte mir vor den Augen herum, machte seine Rechte geltend, trieb mir der Hölle heißen Pfahl in die Seele, und ich konnte mich mit nichts wehren als mit einem öden Nichtsglauben, der keine Gründe hatte und vor jedem Gespensterwesen davonfloh und feige sich barg. Und zu der Angst kam die Neugierde, wie die Pferde zu einem solchen Gesetz hätten kommen wollen, und wessen Verwendung sie angesprochen, wem sie die Redaktion übertragen hätten? Dann das Leid über die menschliche Beschränktheit, welche die Ohren, besonders wenn Baumwolle darin ist, nur an einem Orte haben kann. Ich hatte in den Kuhställen brummen hören, grunzen bei den Schweinen, sogar die Hühner schienen leise Gespräche zu führen, aber wegen den Pferden konnte ich die alle nicht hören, und mit Schlag ein Uhr war alles aus. Es plagte mich die Verlegenheit, ob ich etwas von dem Gehörten erzählen solle

oder alles für mich behalten und den Ungläubigen fortspielen. Wo so viel einen Menschen plagt, da kann man denken, wie elend es dem Menschen wird.

Es waren Nadeln im Bette, ich mußte aufstehen. Ich schrieb das Erlebte nieder und alle meine Peinigungen. Ich will es fest verwahren; bei meinen Lebzeiten wird es kaum ein Mensch erblicken, und ob meine Enkel es erblicken werden, hängt von der Weise ab, in der ich sterbe. Aber leben möchte ich noch ein Jahr, um zu vernehmen, wie und was Kühe und Hühner sprechen. Ein Mann wie ich muß alles wissen, und eines jeden Geschöpfes Stimmung sollte er kennen.

Edwin Arnet

Weihnachtslegende vom überfahrenen Hündchen

Jeden Wintermorgen erschien im Sektiererlokal der Lenoniten der Heizer. Der Ofen des Saales befand sich ausgerechnet hinter dem Katheder, war eine mannshohe Säule mit zwei Deckeln, und er glich jenen Öfen, wie man sie in den Bahnhöfen abgelegener Dörfer findet. Jeden Morgen kam also der Heizer, schüttete aus einem Kessel die Kohlenbrocken in den Ofen, lüftete den Saal und schloß nach einiger Zeit wieder die Fenster, die in hohe, kahle, weißgetünchte Wände eingelassen waren. Doch ich will nicht bei der Schilderung des Betsaales verweilen, denn in allererster Linie muß sich der Autor dem Menschen zuwenden ..., obgleich das heute etwas aus der Mode gekommen ist.

Dieser Heizer war ein kleiner Mann von sechzig Jahren, mit kurzen Haaren und einem verwitterten Gesicht, aus dem melancholische Augen blickten. Wenn er die Kohlen in das Ofenloch schüttete, erweckte der Mann den Eindruck eines kräftigen Arbeiters, wenn er aber seine Arbeit beendet hatte und vor dem Fensterglas seine Krawatte mit zwei rissigen Fingern nach dem Halse zuschob, dann hatte er etwas Rührendes, etwas ungemein Kindliches und Zartes, und man war versucht, innerlich zu schluchzen, denn nicht wahr, die Kreatur, die nicht gerade Kampfstellung annimmt, sondern in ihrer Hilflosigkeit und Kindlichkeit dasteht, ist bemitleidenswert; mir geschieht es bisweilen, daß ich über der hilflosen Geste eines Menschen schwermütig werde. Es ist so, als ob der Betreffende von einer Geißel geschlagen würde, von der man nicht weiß, wer sie in der Hand hält.

Dieser Heizer besaß einen Hund, eine gewöhnliche Straßenmischung, ein Bastard sozusagen, wenn man mit Shakespeare reden will. Dieser Hund sah aus, als ob er einen geschwollenen Leib unter einer Last wirrer Haare und Zotteln trüge. Sie hingen ihm auch über die Augen, und die Leute standen still, wenn der Hund über die Straße lief, denn sie konnten es nicht verstehen, daß ein Hund gleichsam ohne Augen seinen Weg durch all die klirrenden und seufzenden Wagen hindurch finden könne. Es fiel auf, daß dieser Hund seinem Herrn auf eine recht merkwürdige Weise gehorsam war. Pfiff der alte Mann, dann wedelte der Hund etwa nicht an seinen Beinen empor, nein, er kam einfach zurück, blieb neben seinem Herrn ergeben stehen und hielt den Kopf ein klein wenig zur Seite geneigt. Er war nicht devot, nicht gemütvoll, wie die Hunde der alten Damen, die für jeden Zucker einen ganzen Zirkus aufführen. Es war ein stiller, ein scheuer Hund, und das machte ihn schön, nur daß eben sehr wenige Leute den Blick für eine solche Schönheit besaßen und den Hund eher komisch fanden. Der alte Mann liebte diese Schönheit wohl, aber auch er zeigte seine Freude nicht, sondern war mit seinem Hund eher streng und kurz angebunden. Aber wenn der Hund abends sich verspätet hatte, ging der Alte ans Fenster und sah nach dem Strand hinab, wo er in dem Schwarz, das die kahlen Bäume und die Uferpfosten einhüllte, seinen Hund suchte. Einmal ging er sogar auf die Straße hinab und pfiff leise, bis ein Student ihn ansprach und fragte, ob er auf ein Hundevieh warte. Sie kamen ins Gespräch, und der Student lachte: »Ist's nicht dieser Hund, wär's ein anderer. Sie lieben ganz einfach die Kreatur gemeinhin, ob sie nun Zotteln oder Zebrastreifen hat. Kommt Ihr Hund eines Tages nicht mehr nach Hause, dann werden Sie ihn laufen lassen; ja Sie kaufen sich einen andern, Sie werden sehen, wie schnell man sich wieder an ein anderes Tier gewöhnt. Es ist die Kreatur gemeinhin, die wir lieben, nicht irgend ein bestimmtes Tier.« Der Student lachte wissend und kichernd und zog sehr selbstbewußt die kalte Nachtluft durch die Nase. Der Alte ging heim und dachte mit seinem abgearbeiteten Kopf über die Worte des Studenten nach. Es war ihm unbehaglich, obgleich er das Gesagte nicht verstanden hatte. Er fühlte nur, es ging gegen seinen Hund, und offenbar sollte sein Hund nicht mehr zählen als alle die andern Hunde, auch jene dort, die ihr Bein vor einem Pfosten nie zum Gruße hoben. Auf alle Fälle war der Alte sehr froh, als er nach Mitternacht vor dem Hause das bekannte Knurren hörte. So schnell war er noch nie in die Hosen geschlüpft und zur Türe hinabgeeilt! Der Hund hatte ein nasses, struppiges Fell, offenbar war er gejagt oder in einem Keller eingesperrt worden. Der Alte wischte das Fell des Tieres mit einem Lumpen ab, gab ihm Milch und legte die Zaine (Korb) mit warmen Wollenlappen aus. Der Hund schlief ein, und der Alte blieb in der Nähe auf dem Stuhl sitzen. Er hörte das Atmen des Hundes, er sah seinen großen Kopf in dem Dunkel, er roch seine Wildheit und seinen stumpfen Schweiß.

Da erinnerte sich der Mann jener Nacht, da er jenem andern, schweren Atem zugehört hatte, dem Atmen seines kranken Kindes. Das lag in seiner kalten Kammer im Bette, war vom Fieber geschüttelt, schlug mit den Zähnen zusammen und suchte mit den kleinen Händchen auf dem Kissen nach irgend etwas, als ob es auf der weißen Wiese des Krankenbettes Blumen mit sehr kurzen Stengeln pflücken wollte. Er war mit seinem Kinde allein, der Arzt hatte ihn verlassen, alles, die ganze Welt, der Himmel, Gott, alle hatten ihn verlassen. Und am Morgen verließ ihn auch das Kind. Es schlug auf einmal die Augen auf, blieb mit einem Blick, den der Herrgott nur einmal erschaffen hat, an seinem Vater hangen, versuchte aus der unendlichen Tiefe des Fiebers ein Lächeln heraufzuholen, was ihm aber nicht mehr gelang, und dann öffnete es die Lippen, die dünnen, ausgemergelten, und wollte etwas sagen. Aber der Tod hatte ihm bereits die kleine Seele weggenommen, und so blieb der Blick erstorben und die Lippen erstarrt, und der Alte spürte, daß sein Kind nie mehr wiederkommen würde, eine, zwei, hundert, tausend lange Ewigkeiten nicht mehr. Ich will die Beerdigung mit dem Pfarrer, den drei Hausbewohnern und einem ganz entfernten, immer auf die Uhr schauenden Verwandten nicht schildern, auch die nächsten Nächte des Vaters nicht, der im Zimmer auf und ab schritt, die Spielsachen des toten Kindes ins Dunkel des Kastens stellte, plötzlich seinen Kopf in jenes Kissen fallen ließ, an dem noch der Geruch des Kindes war. Ich will weiterfahren und nicht dabei verweilen, den Schmerz, die Schwermut und die Verlassenheit des alten Vaters zu schildern, denn jener Schmerz gehört nur dem, der ihn erleidet, und sobald man Schmerz erzählt, wird er literarisch, und die Leser meinen, es handle sich um den Schmerz gemeinhin, so wie jener Student auch gemeint hat, der Alte liebe die Kreatur gemeinhin und nicht einen ganz bestimmten Hund.

Der Alte hielt seine Verlassenheit schließlich nicht mehr aus. Er suchte nach einem Gefährten, mit dem er reden, ja, mit dem er sich vielleicht über sein Kind unterhalten konnte. Und eines Tages lief ihm der Hund zu, struppig und wie mit tausend Peitschen geschlagen. Er nahm ihn auf, nicht nur in die Kammer, sondern in sein Herz, ja, man wird den Kopf schütteln, auch in sein ganzes Wesen. Er dachte an seinen Hund, sobald er in der Stadt alle die Öfen geheizt hatte. Er freute sich auf seinen Hund, so wie sich ein Student auf ein neuerschienenes Werk, eine Dame auf ihr Reitpferd, der Händler auf eine große Bestellung freut. Nein, alle diese Vergleiche sind falsch: er flüchtete zu seinem Hund, er hatte ein tiefes Heimweh nach ihm, es war sein letztes Ziel. Er griff in den Schmutz von Kehrichteimern hinein, wenn er einen Knochen entdeckte, und wenn ihn jemand dabei ertappte, da ertrug er die Scham lächelnd, und er ging mit dem Knochen rascher seinem Hause zu.

Einmal nahm er am Gottesdienst der Sekte teil, deren Saal er geheizt hatte. Die Leute hatten den Kopf geneigt, der Vorbeter sprach sein Gebet, das Harmonium spielte. Es wurde feierlich, und der Alte hatte ein Gefühl von Heimweh, Glück und Schwermut. Mitten in diesem schönen Gefühl fiel ihm sein Hund ein, der jetzt allein zu Hause unter dem Tische saß. Ein grenzenloses Mitleid stieg ihm gegen die Gurgel. Mitten im Gesang verließ er heimlich und still das Lokal und eilte nach Hause. Einfachen Menschen kann so etwas begegnen, aber sie haben das Pech, daß kein Poet in ihrer Nähe steht, der die Tiefe dieses Gefühls ermessen könnte. Und die andern, die Zeugen solcher Szenen sind, finden das ganz einfach komisch.

Es war an einem Novemberabend, als der Alte vor seinem Hause einen Menschenhaufen erblickte. »Ah, da kommt er«, rief ein junger Mann und führte den Alten zu seinem Hund, der auf dem Straßenpflaster lag, den Kopf vor sich auf den ausgestreckten Pfoten, die Augen klein und unregelmäßig geschlossen; unter dem Fell rann ein kleiner Blutfaden hervor, dünn und bereits kallig (eingetrocknet) geworden. »Es tut mir leid«, sagte ein gutgekleideter Herr, »aber der Hund ist mir in die Droschke hineingesprungen.« Der Alte hörte nichts mehr, er stand klein und unbeholfen vor seinem Hund, zupfte am Kragen, und aus seiner Brust stieg ein dumpfer Laut, fast wie Knurren oder heiseres Räuspern.

Nachts dachte er darüber nach, wie er seinen Hund bestatten könne. Es gab keine andere Art als das Verscharren, das gemeine, hinterhältige, unfeierliche, schäbige Verscharren. Der Alte schüttelte fortwährend seinen Kopf, und am frühen Morgen legte er die Leiche in einen großen Korb, den er in das Lokal der Lenoniten trug, wo es noch dunkel war und nach den nassen Kleidern und Galoschen des Vorabends roch. Er nahm den Hund aus dem Korb – wie schwer war er geworden – und legte ihn auf den Teppich hinter dem Katheder, und dann ging er zum Harmonium, hob den Deckel über der Tastatur und drückte zwei Töne miteinander. Sie waren wohlklingend, und er wiederholte sie immer wieder, langsam, gedehnt und so, bis er eine Feierlichkeit aus den Tönen steigen fühlte. Dann schloß er das Harmonium wieder, legte den Hundekörper wieder in den Korb hinein und trug ihn vor die Stadt hinaus, wo Birken eine kleine Allmend umstanden, dünn und karg. Da grub er ein Loch, rund und säuberlich, und stellte den Korb mit dem Hund hinein. Er deckte das Ganze wieder zu und legte einige Blumen auf den verscharrten Boden. Dann ging er heim.

Und es wurde Dezember. Die Schneeflocken schwebten zärtlich herab, als ob sie Angst hätten, der Erde weh zu tun. Der Alte suchte auf der Allmend zwischen den Birken das Grab seines Hundes, er scharrte den Schnee mit den Füßen weg, aber er fand die Stelle nicht mehr. Es war schon dunkel, und es sah aus, als ob ein Meer von Nebel die Erde mit einer zweiten Sintflut ertränken wollte. Da stand plötzlich eine Frau neben ihm, die er nicht anzusehen wagte, denn er wußte, daß es ein Engel war, und kein einfältiger Mensch wagt einen Engel anzuschauen. Sie sagte: »Laß deinen Hund schlafen, da du aber einsam bist und nach einem Freund suchst, komm mit mir in den Stall.« Er ging mit und die Frau führte ihn in einen Stall, in dem ein weißes Pferd stand. Es hatte den Kopf gesenkt und war wie von Sorgen beladen. Als die Frau etwas aufhob, was wie eine Kerze oder wie eine Lichtschale aussah, wendete das Pferd seinen Kopf, und der Alte sah zwei Tieraugen, in denen alle Schwermut der Erde zusammenfloß. In diesem Augenblick war es dem Alten, als ob er nicht mehr allein wäre. Er wäre gerne neben dem Pferd ins Stroh gesessen und hätte gerne den Abend hier verbracht, von dem er plötzlich wußte, daß es der Heilige Abend war. Aber die Frau führte ihn wieder aus dem Stall heraus und hieß ihn mit ihr in die Stadt zu gehen. Dort hatten sie, da es spät war, bereits die letzten Bäumchen an die Mauer des Kaufhauses gelehnt. Hinter der Orgel der leeren Kirche saß der alte verlassene Organist, dessen Hände langsam über die braunen Tasten hinzitterten.

Überall hatten die Menschen die Gardinen geschlossen, hinter denen man den zarten Schein von Christbäumen sah, nur ein Fenster war noch hell erleuchtet, das Fenster des Spielwarenladens. Die Frau sagte zu dem Alten, dem der Wind den Hut vom Kopfe geblasen hatte: »Sieh hier diese Stofftiere! Viele haben heute in dieses Schaufenster hineingeblickt, aber keiner hat diese Tiere so verstanden wie du.« Und richtig, der Alte sah die Stofftiere, diese Katzen, Eselein und Hunde eines nach dem andern an, und es war ihm, als ob unter der Stoffhaut dieser Tiere ein geheimes Blut pulste. Er suchte nach einem Hund, der seinem toten Hündlein gliche. Aber es war keines da, und der Alte wußte es auf einmal, daß kein Toter ersetzt werden kann. Was lebt, lebt nur einmal, und was stirbt, stirbt nur einmal. Einmal glaubte der Alte in einem Tier seinen Hund zu erkennen, aber die Augen waren anders, es fehlte ihnen der Glanz des Zutrauens und der stille Schein der Scheu und vielleicht auch der Angst. Da die Türe zu dem Laden offenstand, ging er hinein. Die Regale waren fast ausverkauft, nur auf einigen Tischen und in ein paar wackeligen Kästen lagen noch ein paar Windrädchen, Puppen und Stofftiere, schief hingelegt, von weihnachtseiligen Angestellten liegengelassen. Der Alte stand besonders lange vor dem Tisch mit den Stoffhündchen. Eines glich seinem toten Hund, und drum strich er nun mit seinen alten, großen Händen darüber hin, aber es war bloß Filz, und die Augen bestanden aus gläsernen Kügelchen. Es geschah, daß der Alte das Stoffhündchen in die Hand nahm, es vor seinen Mund hielt und ihm seinen Atem einblies, so wie Gott der Herr einmal der Kreatur den Atem eingeblasen hatte. Der Atem machte den Filz ein klein wenig warm, und die Augen des Stoffhündchens liefen an, aber lebend wurde es nicht. Der Alte sah, wie die Frau lächelnd zu ihm über den Tisch hinübersah, und er sagte: »Ich bin so allein.«

»Streichle noch einmal diese Spielsachen«, sagte die freundliche Frau.

Er streichelte der Reihe nach die Hündchen, das Eselein, die Katze, das Windrädchen und die Eisenbahn, und kaum war seine Hand darüber hinweggestrichen, begannen die Tiere sich zu regen und das Schwänzchen zu ringeln. Das Windrädchen drehte sich wie in einem geheimen Winde, und die Eisenbahn begann leise mit feinem Räuchlein zu fahren. Die Farben der Filze fingen an zu leuchten, die Glasaugen zu funkeln, die Rädchen zu blitzen, kurz und gut, je kleiner die Sachen waren, desto schöner und leuchtender wurden sie. Da ging eine andere Türe auf und herein kam das Kind des Alten, und an einem Seilchen lief hinter ihm der Hund drein. Das Kind trug noch das Totenhemdchen, und der Hund war dort ein wenig struppig, wo der Wagen über seinen Leib hingefahren war.

Draußen begannen die Glocken zu läuten, und man hörte auch das Orgelspiel des einsamen Organisten, und zur gleichen Zeit verließ das weiße Pferd seinen Stall, um, von den Glocken und Orgeln gerufen, nach dem Städtchen zu traben.

Achtes Kapitel

WEIHNACHTEN DER DICHTER

Jeremias Gotthelf

Wie Käthi die Weihnacht feiert und am Neujahr sich labet

So kam Weihnacht heran, ein großer Tag im Volksleben wie im Leben der Menschheit. Es ist der Tag der Kinder. Durch ein Kind ward die sündliche Welt gesühnt und geheiligt; darum bringen die Erwachsenen den Kindern Gaben dar, Dankopfer, sichtbare Zeichen heiliger Gelübde, an den Kindern zu vergelten, was ein Kind an ihnen getan. Die Kinder freuen sich inniglich, es ist ein Gefühl in ihnen, daß sie die Heiligen der Eltern seien. Wo keine Kinder sind, fehlt oft der kindliche Geist, der nach oben zieht; nur zu gerne bemächtigt sich die Materie in hunderterlei Gestalt der Menschen und zieht sie nach unten. Kinder bleiben die Mittler zwischen Gott und den Menschen, verbinden und sühnen die Menschen miteinander. Ohne Kinder wäre die Welt eine Wüste, die Wandernden würden erst zu Tieren werden, dann verschmachteten. Wo Kinder nicht eine Gabe Gottes sind, jedes ein Zug nach oben, wo Kinder erst eine Last sind, später Diener der Selbstsucht werden sollen, welche sich auch auf hundert Weisen formiert, da ist dem Volke der Himmel verhüllt, bei den Wurzeln fault es an. Weihnacht ist alten Leuten, was den Weisen im Morgenlande der Stern war, der ihnen erschien, der Stern, der ihnen den Heiland verkündete, sie auftrieb aus ihrer Ruhe, daß sie Schätze zusammenrafften, sich auf die Beine machten, um den König der Ehren zu suchen, ihn anzubeten. Weihnacht ist ihnen die heilige Nacht, welche sie weiht und stärkt, getrost zu treten in die Nacht des Todes; denn sie verheißt ihnen, daß in der Todesnacht ihnen das ewige Licht geboren wird, welches leuchtet zur Seligkeit. Und mit dem Kindlein, welches geboren wird, steigt die Sonne höher, die Nacht nimmt ab statt zu, der Tag mehret sich, und lieblicher wird es auf Erden. Aber der Tag nimmt wieder ab, steigt nicht für und für, bis er die Nacht verdrängt hat; die Nacht dehnt sich aus und geht dem Tag ans Leben, und wohl uns, daß das Jahr zu Ende geht, ehe die Nacht den Tag verschlungen, ein neues Jahr an die Stelle des alten tritt. Wie die Jahre sich ablösen, lösen die Geschlechter sich ab, und wohl uns; wie jedes Jahr von vorne beginnen muß, so jedes Geschlecht, so jeder Mensch, das vergesse man nicht! Und wie die Nacht ihre Grenzen hat und der Tag die seinen, so hat bei den Menschen die Barbarei ihre Grenzen, und wohl uns, wenn die Finsternis den Tag verschlungen, die menschliche Weisheit über alle Schranken steigt, zur Torheit wird, sagt Einer Halt, und zwischen Tag und Nacht ordnen sich die Grenzen wieder, wie eben Einer sie geordnet haben will.

Käthi freute sich immer sehr auf diesen Tag, aber wir möchten fast sagen, mit Furcht und Zittern, es war ihr geistiger Lostag. Der Bauer hat viele Lostage im Jahre, Tage, deren Beschaffenheit ihm deuten auf künftige Witterung, den Ertrag der verschiedenen Ernten. So zum Beispiel deuten vom kürzesten Tag weg die ersten zwölf Tage auf die Witterung der zwölf Monate; wenn an Alt- und Neulichtmeß die Sonne scheint, so wird jede Frucht reif, bis in den hintersten Bergwinkel hinein; wenn es am Agathetag schneit, so schneit es noch vierzig Male. Geht am Gregorstag (12. März) der Nordwind, so gibt es eine schlechte Heuernte; ist es am Urbanustag schlecht Wetter, so ist die Weinernte schlecht, und die Waadtländer schleppen ein Bild, welches den heiligen Urbanus vorstellt, im See herum, um ihm seine schlechte Vorsorge einzutränken. Solche Lostage sind eingestreut ins ganze Jahr. Fromme Frauen aber haben einen geistigen Lostag, und das ist Weihnacht. Wenn die zwölfte Stunde der Nacht geschlagen hat, oder wenn sie später erwachen durch die Nacht, so schlagen sie die Bibel auf und das Psalmenbuch, legen in beide ein Zeichen; und wenn der Tag anbricht, lesen sie

die aufgeschlagenen Stellen, das Kapitel und den Psalmen, und je nachdem sie lauten, verheißend oder drohend, klagend oder lobpreisend, gehen sie freudig oder zagend ins neue Jahr hinein, Trübes gewärtigend oder Heiteres hoffend. Diese Sitte hatte auch Käthi, und wenn sie in der Nacht die heiligen Bücher aufschlug, erbebte ihr Herz in heiligem Schauer, als ob sie eine Offenbarung Gottes empfangen sollte. So hatte sie auch diesmal getan, und als sie am Morgen die bezeichneten Stellen aufschlug, fand sie in der Bibel bezeichnet das siebente Kapitel im Buche Hiob, allwo es heißt: »Hat nicht der Mensch eine bestimmte Zeit auf Erden, sind nicht seine Tage wie die Tage eines Taglöhners? Wie sich ein Knecht sehnet nach dem Schatten und ein Taglöhner auf seinen Lohn wartet, also habe ich eitle Monat zum Erbteil bekommen, und mühselige Nächte hat man mir bestellt. Wann ich mich lege, so spreche ich: ›Wann werde ich aufstehen?‹ Und wann der Abend dahingeflogen ist, so werde ich satt von Hin- und Herwälzen bis an die Dämmerung. Mein Fleisch ist angezogen mit Würmern und Schollen des Staubes; meine Haut ist aufgerissen und zerflossen. Meine Tage sind leichter denn ein Weberspul und vergehen ohne Hoffnung. Gedenk, daß mein Leben ein Wind ist, und daß meine Augen nicht wiederkommen werden, zu sehen das Gute. Und daß mich auch das scharfsichtigste Auge nicht mehr sehen wird, ja, wenn auch deine Augen nach mir sehen werden, so werde ich nicht mehr sein. Eine Wolke vergehet und fähret dahin; also, wer ins Grab hinunterfähret, kommt nicht wieder herauf. Er kommt nicht wieder in sein Haus, und sein Ort kennet ihn nicht mehr. Darum will auch ich meinem Munde nicht wehren, ich will reden von der Angst meines Geistes, ich will klagen von der Betrübnis meiner Seele. Bin ich denn ein Meer oder ein Walfisch, daß du mich also verwahrest? Wann ich spreche: ›Mein Bette wird mich trösten, mein Lager wird von meiner Klage etwas benehmen‹, so erschreckest du mich mit Träumen und betrübest mich mit Gesichten, daß meine Seele wünschet, daß ich erhenkt werde, und den Tod mehr als mein Gebein. Ich verachte das Leben, ich werde nicht ewiglich leben. Höre auf von mir, denn meine Tage sind eitel. Was ist der Mensch, daß du ihn groß achtest, daß du dich mit ihm bekümmerst? Und daß du ihn alle Morgen heimsuchest, daß du ihn alle Augenblicke prüfest? Wie lange willst du dich nicht von mir wenden, wie lange nicht von mir ablassen? Habe ich gesündigt, was soll ich dir dann tun, o du Menschenhüter? Warum machest du mich zum Zweck, auf welchen du anlaufest, und bin mir selbst eine Last? Und warum vergibst du mir meine Übertretung nicht und nimmst nicht weg meine Missetat? Denn also würde ich nun in der Erde liegen, und wenn du mich schon frühe suchtest, so würde ich doch nicht da sein.«

So las Käthi, und ihrer Seele ward bange. Also sollte die Hand Gottes noch schwerer auf ihr liegen, bis sie zu sterben wünsche, ihr einziger Trost der sei, nicht mehr zu sein. Was wohl kommen werde, dachte sie, obs der Hunger sei oder Johannesli sterben müsse oder eine grausame Krankheit sie überfalle? So dachte sie und weinte sehr, aber stille, daß Johannesli nicht erwachen möchte. Da dachte sie an das Psalmenbuch, daß da vielleicht ein Trost für sie sein möchte; sie streckte ihre Hand darnach aus; aber die zitterte sehr, daß sie die Stelle fast nicht finden und aufschlagen konnte. Endlich schlug das Buch auseinander, und vor ihr lag der zweiundvierzigste Psalm, und in Angst zuckte ihr Herz, denn sie las:

Ich erhebe meine Seele
Mit Verlangen, Gott, zu dir,
Wie nach einer Wasserquelle
Ein Hirsch schreiet mit Begier.
Nur nach dir, o Lebensgott,
Dürstet sie in ihrer Not.
Ach, wann werd ich dahin gehen,
Wo ich kann dein Antlitz sehen?

Meine Nahrung ist das Klagen
Und das Weinen. Mir zum Spott
Hör ich meine Feinde fragen:
»Wo ist er, wo ist dein Gott?«
Traurig denk ich an die Zeit,
Da ich mich in Gott erfreut;
Da ich dankend ging, den Herren
Mit den Frommen zu verehren!

Seele, was willst du dich kränken
Und voll banger Unruh sein?
Hoff auf Gott, er wird dir schenken
Seines Trostes Gnadenschein.
Hoff auf ihn mit Zuversicht,
Denn sein holdes Angesicht
Gibt dir Freude, Heil und Leben!
Du wirst ihn mit Lob erheben.

Meine Seele ist betrübet,
Doch ich denke stets an dich,
Gott, den meine Seele liebet,
Siehe doch mit Gnad auf mich!
Wenn das Elend mich umringt,
Wenn das Unglück auf mich dringt,
Will ich gläubig zu dir beten,
Du, o Gott, wirst mich erretten.

Zu dir ruf ich nie vergebens;
Deine Güte, deine Macht
Will ich rühmen, Gott des Lebens,
Und dich preisen Tag und Nacht.
Wie, vergissest du mich gar?
Soll ich trauern immerdar,
Wenn die Feinde spottend sagen:
»Ist dein Gott auch zu erfragen?«

Meine Seele, sei nur stille,
Bleib getrost und zage nicht!
Hoff auf Gottes Gnadenfülle
Und sein liebreich Angesicht!
Du wirst in der Ewigkeit
Gott und seine Freundlichkeit,
Seine Hülf- und Liebesproben
Einst mit frohem Danke loben.

So las sie, und ihr Herz bebte fort; doch rieselte durch die bittere Angst ein süßer Trost, daß, was kommen möge, Gott bei ihr bleiben und alles zum Besten lenken werde, so daß ihre Seele wieder froh werden und Gott loben und preisen könne, daß er sie so geführt und nicht anders. Und sie betete innig zu Gott und dankte ihm für alles Gute, so er ihr bis dahin erwiesen, und bat, daß der Kelch nicht zu bitter sein oder an ihr vorübergehen möge, »doch nicht mein Wille geschehe, sondern dein Wille!«, daß, komme was da wolle, keine Kreatur, keine Drangsal, keine Not sie von seiner Liebe scheiden möge, sondern daß sie ihrem Heiland eigen bleibe im Leben und im Sterben, mit Leib und Seele, in Zeit und Ewigkeit.

Johannesli erwachte, während das Licht noch brannte; die Weihnachtsfreude hatte ihn geweckt. Die glücklichen Kinder, sie werden durch Freude und freudige Erwartungen aufgeweckt, das Alter durch Bangen und Kummer. Wer erinnert sich nicht an die goldenen Tage, wo er nicht schlafen konnte, weil am Morgen Bescherung war, eine kleine Reise bevorstand oder was Neues ins Leben trat! Das waren die Tage, wo die Menschen uns noch nicht Spießruten jagten durch Examen, Gott es noch nicht nötig fand, uns zu examinieren, ob wir fromm und standhaft genug für das ewige Leben seien. Freilich war die Bescherung, welche Johannesli zu hoffen hatte, nicht groß, nicht viele Kreuzer kostete sie; aber auf die Größe, auf die Kostbarkeit kommt es nicht an, ob die Freude groß oder klein sei, sondern auf das Gemüt, welches sie empfängt, so wenig als das sogenannte Glück bedingt wird durch sogenannte große Glücksgüter. Das wahre Glück, welches das Wasser nicht nimmt, der Hagel nicht verhagelt, hat einen ganz andern Grund. Splendide, große, stolze Herren und Damen sieht man dick in Palästen und auf Schlössern; aber glückliche, he – das ist was anders! Gar mancher Herr mit sieben Sternen auf der Brust und gar manche Dame, splendid und elegant vom Teufel, rauschen daher, als ob die Glücksgöttin ihre Patin wäre, und machte der Schönlein ihnen ein Loch ins Herz, so täte lauter Gift und Galle herausspritzen und kein einzig Tröpflein Glück und Friede. »Chlei Ding freut dChing«, sagt das Sprichwort. Wohl denen, welche in ihren Kindern den Sinn bewahren, daß kleine Dinge sie freuen, wohl denen, welche in ihren Herzen den Sinn bewahren, daß auch sie freut, was die Kinder freut; denn den Kindern gehört das Himmelreich, und wenn wir nicht wie sie werden, so haben wir nur Teil an der Welt, und die Welt ist eng, und der Sinn, der die Welt liebt, ist unersättlich und findet kein Genügen, und wo kein Genügen ist, da ist kein Glück, da ist keine Freude.

Was aber Johannesli für eine Freude hatte über seine Bescherung, so wird sie wirklich selten gefunden auf Erden. Die Bescherung bestand aus acht Nüssen, welche einen Kreuzer gekostet hatten, einem bezuckerten Schäfchen, dessen Schwanz ein Pfeifchen war, es kostete zwei Kreuzer, einem Lebkuchen für zwei Kreuzer, summa summarum fünf Kreuzer; dabei lag noch ein Semmelring, sogenannter Weihnachtsring, welchen die Bäckerin Käthi geschenkt hatte. Das war eine unendliche Freude, ein Glück über alle Worte, und auch Käthi nahm teil an diesem unendlichen Glücke, während immerfort Tränen ihr über die Backen rieselten und sie denken mußte: »Ach Gott, du armes Bubi, wenn du wüßtest, was ich, und wo bist du wohl übers Jahr?«

Als der erste Rausch des Kleinen vorüber war, der graue Tag durch die Fenster guckte, rief der Kleine: »Großmüetti, habe dir auch was, rate mal!« Aber die Großmutter konnte nicht raten, da holte der Kleine in großem Triumphe zwei Eier, welche in der Großmutter Abwesenheit gelegt worden waren, und welche er versteckt hatte, um ihr auch eine Freude zu bereiten. »Sieh, Großmüetti, sieh, zwei Eier, und wie schöne und wie große! Daraus machst du heute Eierbrot zum Kaffee, und dann kannst den Leuten sagen, daß ich dir auch das Weihnachtskindlein habe kommen heißen.«

Ach, wie manches Kind bittet so innig: »Vater, laß mir doch das Weihnachtskindlein kommen!« und wie manches Kind danket innig, daß ihm dieser Wunsch erfüllt worden, und die Eltern freuen sich der Freude der Kinder, und ihr Gewissen rühmet sie, daß sie den Kindern gute Eltern sind, so viele Freuden ihnen bescheren. Aber Leute, klebt nicht an Zeichen, treibt nicht Kindisches, gedenket an das, was das Zeichen bedeutet, und an das Himmelreich, welches vom wahren Weihnachtskindlein den Kindern beschert wurde, und welches Vater und Mutter ihren Kindern öffnen sollen, das wahre Weihnachtsgärtlein, in dessen Mitte der Tannenbaum voll Lichter und ohne Schlange. Das Weihnachtskindlein kommen heißen in Zuckergebäcken und buntem Spielzeug und das wahre Weihnachtskindlein, das vom Himmel kam und zum Himmel führt, verleugnen, den Kindern es verbergen, goldene Schäfchen bescheren und um das Lamm, welches der Welt Sünden trug, sie betrügen, heißt das nicht den Kindern Steine, Schlangen bieten, Brot und Fische ihnen vorenthalten, mit Kindischem sie kindisch machen, die Augen blenden für das Ewige, den Stamm verstümmeln, der zum Himmel wachsen soll, zum Zwergbaume, der nicht von der Erde will? Das Weihnachtskindlein kommen lassen und die Kindlein nicht weihen in der heiligen Nacht dem ewigen Heiland, der um ihretwillen ein Kind geworden, das heißt, geblendet und kindisch geworden zu sein, die Augen versengt zu haben an der Afterweisheit des Tages, wie die Mücken die Flügel am Lichte versengen, dasselbe für die Sonne haltend, welche sie geboren.

So war es aber bei Käthi wirklich nicht, sondern sie mußte dem Kinde erzählen vom rechten Weihnachtskindlein, das in Bethlehem geboren worden in einem Stalle und gelegt ward in eine Krippe, und wie die Engel des Himmels den Hirten es verkündet und die es angebetet hätten und die Engel gesungen in der Klarheit des Himmels das himmlische Lied: »Ehre sei Gott in der Höhe, Friede auf Erden und den Menschen ein Wohlgefallen!« Wie dann die Weisen aus dem Morgenlande gekommen, der Melchior, der Balthasar und der Kaspar, mit Kamelen und Elefanten und ganz schwarzen Mohren, und Gold, Weihrauch und Myrrhen gebracht und das Kindlein auch angebetet hätten. Wie ihnen dann ein Engel im Traume erschienen, vor Herodes sie gewarnt hätte, sie schnell in ihr Land geeilt, und wie Joseph auch gewarnt worden durch einen Engel und schnell ein Eselein gekauft hätte und mit der Mutter und dem Kinde geflohen sei ins Ägypterland, wo früher die Kinder Israel als wie in einem Diensthause gewohnt hätten viele hundert Jahre lang. Und wie dann der grausame, gewaltige König Herodes von Jerusalem gekommen sei mit all seinen Soldaten und das Kindlein gesucht, welches der neugeborne König der Juden sein sollte, und wie er, da man es ihm nicht gezeigt, weil es nicht mehr da war, alle Kindlein habe töten lassen in und um Bethlehem, und wie ihn darauf eine schreckliche Krankheit elendiglich zu Tode gemartert, dieweil Gerechtigkeit im Himmel sei.

So erzählte die Großmutter, und Johannesli weinte fast vor Zorn und Wehmut und meinte, wenn er dabei gewesen, so wäre es nicht so gegangen, er hätte dem bösen König den Kopf abgeschlagen und den kleinen Heiland zum König gemacht, daß er nicht in Ägypten hätte fliehen müssen und bös haben dort und zimmern nachher. So verfloß ihnen der Morgen, da Käthi diesmal schlechten Weges wegen nicht in die Kirche sich wagte und ja auch den Heiland zu Hause hatte und nach ihrem Vermögen mit dem wahren Christkinde das Kind zu bescheren suchte. Auch war wohl der Gedanke im Hintergrunde, sie wollten beieinander sein, solange sie könnten; es wisse kein Mensch, wie lange es währe, sie habe Ursache zum Glauben, nicht mehr lange; und wenn es auch nicht im Februar sei, so sage das Sprichwort: »Was der Hornung nit will, das nimmt der April.« In ganz eigener Weichheit durchlebte Käthi den Tag; es war ihr immer, als müsse sie noch was Besonderes erleben, und als nichts kam, war es ihr wie einem, der noch jemanden erwartet; sie durfte nicht einschlafen, aus Furcht, sie möchte es dann nicht hören, dann nicht bereit sein. Aber es ging Käthi wie vielen: wenn man erwartet, kommt nichts, während das Unerwartete unverhofft kommt.

Ein Sprichwort sagt: »Wo man Gott eine Kirche baut,

da baut der Teufel eine Kapelle daneben«, und ein ander Sprichwort sagt, alle Gleichnisse täten hinken. Indem wir die Wahrheit beider Sprüche und namentlich auch des letzteren erkennen, sagen wir doch, an das erste Sprichwort mahnten uns Weihnacht und Neujahr, die erstere an die Kirche, das letztere an die Kapelle. Wir wollen hier nichts Gelehrtes anbringen und von den Römern reden, und warum das Jahr am ersten Januar anfange, während die Sonne das neue Jahr bereits acht Tage vorher begonnen hätte, sondern wir wollen ganz einfach dabei bleiben, zu sagen, daß das Neujahr eine Lebensstation sei, eine alte geschlossen werde, eine neue beginne, und zwar so eine ziemliche Station, nicht bloß von drei oder vier kleinen, das heißt preußischen Meilen, sondern eine von zirka 8790 großen Stunden. Diese Station ist nicht bloß lang, sondern sie geht durch unbekannte Gegenden; durch Kornfelder und Schlachtfelder kann sie gehen, durch üppige Gegenden oder wüste Steppen, durch stürmische Meere, über schauerliche Abgründe, rechts der Tod, links der Tod, oder über Blumenteppiche, umgaukelt von Freuden ohne Zahl vom Anfang bis ans Ende. Ohnmächtige Geschöpfe sind die Menschen, feige von Natur obendrein, möchten aber doch gerne stolz sich geben, die Helden machen, Herren ihres Geschickes scheinen. Sie gaukeln daher ordentlich ins neue Jahr hinein, besteigen, mit Blumen bekränzt, unter fröhlichem Singen und Läuten den Reisewagen, und in lustigem Galopp tanzen sie in die neue Station hinein, und vor lauter Galopp und Singen und Jubilieren kommen sie Tage, Wochen nicht zu sich; sie tun, als ob es das ganze Jahr durch auf der ganzen Station also gehen müßte, in lauter Saus und Braus und *dulci jubilo*. So tun sie; aber innerlich ists ihnen wie einem Drescher oder einer Kuhmagd, welche mörderlich Zahnweh haben, aber schrecklich Angst, den Zahn ausziehen zu lassen, und weil es sein muß, eine Flasche Branntwein trinken, um Courage zu kriegen und keinen Schmerz, wenn der Zahn rausgerissen wird; sie taumeln stumm ins neue Jahr hinein, um die Angst vom Leibe zu kriegen, daß wieder eins dahinten ist und ein neues da, von dem sie nicht wissen, geht es für sie zu Ende, oder brechen sie in irgendeinem Abgrunde den Hals, oder verschmachten sie in dessen Wüsten. Sie stoßen den Kopf bis an den Hals in Rauch und Staub der Welt, verkleben die Ohren mit Musik, verkleistern die Augen mit Geschenken und rasen herum wie toll in Wein und Branntwein, in Pasteten und Braten. Ans Kindlein, das sicher durch alle Stationen leuchtet, der Menschen Bürde trägt, die Türe des Himmels öffnet, denkt keiner; in den Himmel will nämlich vorläufig keiner, sondern eben nur lustig leben auf Erden. Darum wird mit dem Neujahr die Weihnacht verschwendet, und statt dem Himmelskinde zu folgen, wird zu einem Kind der Welt der Mensch neu gesalbet und geschmiert, und zwar sehr oft von Obrigkeits wegen. Es ist oft, als ob die Obrigkeit Angst hätte, das Volk könnte ihr zu gut, zu fromm, zu christlich werden, als meine sie, sie müsse dem Teufel Gelegenheit machen, so recht mal wieder im Volke zu fischen und zu krebsen und Rekruten zu machen auf jegliche Weise. Wenn wirklich am Schein was Wahres sein sollte, so wird wahrscheinlich eine solche Obrigkeit meinen, ein christlich Volk könnte am Ende Ärgernis an ihr selbsten nehmen, sich ihrer schämen, wie bekanntlich liederliche Mütter sich über die Fehltritte ihrer Töchter eben nicht härmen, sondern sogar mit vieler Schadenfreude sich daran freuen.

Wenn der Rausch vorbei ist, ach, da sitzt mancher nackt und bloß im Schnee, hat weder Brot für sich noch für seine Kinder und mancher keinen Mut mehr fürs ganze Jahr, mancher keine Kraft mehr fürs Leben, und mancher alle Freude verhudelt fürs ganze Leben. Da ist vor dem Neujahr keine Polizei mehr, und nach demselben ist keine, und jeder Wirt stellt das möglichste an, die Leute anzulocken und auszubeuten. Meint man endlich, der letzte Atemzug sollte vertanzt, der letzte Kreuzer ausgepumpt sein, so gehts von vorne los, es kommt das sogenannte alte Neujahr, das heißt das Neujahr nach dem alten Kalender, und noch einmal muß es angesetzt sein und versucht, was noch möglich sei. So wird die Weihnacht durchs Neujahr verschwendet und alles versucht, den Menschen nicht bloß nicht zu sich selbst kommen zu lassen, sondern ihn so recht planmäßig zu berauschen, um ihn glücklich über die Stelle, wo er sich vielleicht bekehren könnte, unbekehrt hinüberzubugsieren.

Nun, so gings bei unserer Käthi nicht zu, sie ging ohne Rausch bang ins neue Jahr hinein. Es war stürmisch, ungestüm Wetter, fast bis Neujahr. Als am Silvester mit allen Glocken das alte Jahr eine Stunde lang ausgeläutet wurde, da mußte Käthi weinen. Es war, als scheide sie von einem Freunde auf Nimmerwiedersehn. Alles Böse, was dasselbe gebracht hatte, war vergessen, und nur des Guten gedachte Käthi, an die ungestörte Gesundheit, den schönen Verdienst, die vielen guten Leute, und es war ihr fast, als sollte sie von dem allem Abschied nehmen. Dazu plagte sie das Buebli, wie sie morgen neujahren wollten. Andrese Anne Bäbi hätte gesagt, sie hätten Wein und Wecken und zwei Arten Fleisch, und von allem bis sie nicht mehr möchten. Darum müßten sie auch Fleisch und Wein haben. Käthi mochte trösten, wie sie wollte, das Buebli blieb auf seinem Sinne, und Käthi brachte es nicht übers Herz, die wenigen Batzen, welche sie im Körbchen hatte, während noch gar nichts im Hochzeitsstrumpf war, für Leckerbissen auszugeben. Betrübt ging sie ins Dorf, Milch zu holen, Johannesli an der Hand, der in einem fort an ihr war, auch zum Metzger zu gehen und ins Wirtshaus. Am Wirtshaus hatte er es akkurat wie ein alter Kutschengaul, er ward stettig und wollte nicht vorüber, wie auch Käthi sich schämte und ihm zusprach, er sollte nicht so tun, sie hätte ja kein Körbchen, wie er sehe, um was heimzutragen, und wenn sie was wollten, so könnten sie es morgen noch immer holen. Aber Johannesli ließ sich nicht abbringen. Kinder haben viel Instinkt für günstige Augenblicke und große Standhaftigkeit, sie zu benutzen; sie sind sehr oft viel nachhaltiger und durchgreifender als große Staatspersonen. Da kam plötzlich eine Stimme: »Was gibts, Käthi, will der Bub dir einen Schoppen zahlen?« Käthi weinte fast und erzählte. Die dicke Wirtin lachte und sagte: »Der Bub hat recht, er wird wissen, was Zwängen ist, und meinen, wenn alle Leute neujahreten, so hätte er auch das Recht dazu.« Sie hieß sie hineinkommen, und Käthi trug ein Stück Braten heim und einen Schoppen Wein, hatte es aber sehr ungern, sowohl weil der Bub so wüst getan, als weil die Wirtin glauben konnte, das sei ein abgekartet Spiel gewesen, um was zu erhaschen auf eine unschuldige Manier.

Am Morgen um fünf wurde Käthi geweckt durch das Läuten aller Glocken, da wiederum eine Stunde lang das neue Jahr eingeläutet wurde, das heißt feierlich begrüßt im Namen Gottes, und den Menschen verkündet, daß sie es mit Gott beginnen sollten, damit sie es auch mit Gott endigen könnten. Dieser feierliche Ruf, zu wachen und zu beten, mahnte manchen trunkenen Zecher, das Wirtshaus zu verlassen, ehe es Tag werde, und die Töne geleiteten den Wandernden; aber er hörte sie kaum, ins Herz drangen sie ihm nicht, er betete nicht, er stolperte, er fluchte; so beschaffen war sein erster Gang im neuen Jahre! Wie wird wohl sein letzter sein im begonnenen Jahre?

Käthi wachte auf schweren Herzens, es war ihrer Seele so bange, sie wußte nicht warum; ihre Gebete waren unaussprechliche Seufzer. Es war ein trüber, stürmischer Tag. Indessen ging Käthi dennoch zur Kirche oder vielmehr in die Predigt, am Neujahr hätte Käthi dieses nicht gerne unterlassen. Im Winter ward die Predigt zumeist in der geräumigen, warmen Schulstube gehalten, was den alten Gliedern und kühlem Blute der Alten besonders zuträglich war, und denen namentlich, welche weder Wärmflaschen noch Mäntel vermochten, sondern höchstens über ein dünnes Hemdchen ein dünnes Röckchen.

Der Pfarrer hatte den Text Matthäi 7,24–27: »Darum ein jeglicher, der diese meine Rede höret und tut sie, den will ich vergleichen einem klugen Manne, der sein Haus auf einen Felsen gebaut hat. Da nun ein Platzregen herabfiel und Wasserflüsse daherkamen und die Winde bliesen und an dasselbe Haus stießen, da fiel es nicht; denn es war auf einem Felsen gegründet. Und wer diese meine Rede höret und tut sie nicht, der wird verglichen werden einem törichten Manne, der sein Haus auf den Sand gebaut hat. Da nun ein Platzregen herabfiel und die Wasserflüsse daherkamen und die Winde bliesen und an dasselbe Haus stießen, da fiel es und tat einen großen Fall.«

Der Pfarrer begann zu predigen, und es war Käthi anfangs, als tue er ihr Herz auf und predige aus demselben; es war ihr ganz wunderlich, und oft wußte sie lange nicht, rede sie laut oder predige der Pfarrer. Er sprach, wie er erwacht sei vom Glockengeläute, welches rufe, zu wachen und zu beten. Wie ihm da bange geworden sei, sprach er, wie die leibliche Not und die geistige Not sich vor seinen Geist gestellt, wie er habe fragen müssen: »Wie soll das enden?« daß er habe ausrufen müssen: »Ach Herr, wie ist meiner Seele so bange!« Und er nannte alles, was ihm bange gemacht, und wie leibliche Augen da keinen Ausgang erblickten, und wie der Mensch in seiner Ohnmacht sich nicht zu helfen wüßte, nichts könnte als beben und zittern, des geistigen und leiblichen Unterganges gegenwärtig.

Nun aber sei einer, der nicht ohnmächtig sei, sondern allmächtig; wie sein Wesen unveränderlich sei, so sei es auch sein Wille und die Ordnung, welche dieser Wille geschaffen. Er sei der Fels der Welt, und während alles um ihn in ewigem Wirbel sich drehe, stehe derselbe für und für und in alle Ewigkeit, und wem die Welt zu zersplittern scheine, so sei es nur ein Abschäumen des Unreinen, eine Läuterung, in welcher untergehe das Tote, ausgehauen werde das Faule, weggespült die Schlacken der Welt und ausgewaschen die Geschwüre der Zeit. Was im menschlichen Lebenskreise nicht von Gott sei und auf Gott ruhe, das gehe unter, und nur das bleibe, was in Gott und mit Gott sei. Nun zeigte der Pfarrer an, einzelnen Menschen, wie die zerstört würden, welche durch wilde Triebe sich treiben ließen oder segeln wollten nach den Eingebungen eigner Weisheit, welche am Ende nichts sei als die Selbstsucht mit einer Schlangenzunge, am gefährlichsten dem, der sie besitze, wie dagegen der Einfältige und Unmündige, der in treuem Glauben fromm wandle in des Herrn Wegen, mit Ehren bestehe, ein Ende nehme im Frieden und nicht mit Schrecken. Der Pfarrer zeigte an Häusern und Familien, wie die, welche in Gott gegründet seien und ihm treu blieben, mit Ehren beständen, feste Wurzeln schlügen und wahrhaft würden, was die Welt vornehm nennt, hochgeehrt von der Welt und Gott lieb, und zwar von Geschlecht zu Geschlecht; und wie Häuser und Familien fielen und desto größer der Fall sei, je höher sie stünden, sobald sie von Gott ließen, die Liebe wiche, der Teufel einzöge mit Hochmut und Hartherzigkeit, mit Hoffart und Üppigkeit, mit der ganzen Fleischeslust. »Ja«, sagte der Pfarrer, und sein Auge flammte wie ein Prophetenauge, »wie es Häusern und Familien geht, geht es Regierungen und Regenten, nur die, welche Gott erkennen und auf ihn bauen, bestehen; verlassen sie Gott, so verläßt sie Gott, und sie tun einen großen Fall. Und warum bangt uns?« fuhr er fort. »Eben, weil wir so viele Menschen, Familien, ja Regierungen und Regenten nicht stehen sehen auf dem Felsen, der nicht fällt, sondern wirbeln im Wirbel der Welt, dieser Wirbel immer wilder aufkocht, je nicht in denselben sich stürzen, je größer Gewühl und Gedränge von Unglücklichen in diesem grausen Wirbel ist. Es wird uns, als ob alles zugrunde gehen müßte, alles verschlungen werden würde von der Finsternis und den Schatten des Todes. Und es werden viele zugrunde gehen, Menschen, Familien, Regierungen voran; vielleicht bricht die Zeit einer großen Läuterung an, vielleicht will Gott mit Wasserwogen und Meeresfluten ausspülen die Geschwüre der Welt. Aber bangen wollen wir nicht; weinen dürfen wir über Jerusalem, daß es nicht erkennt zu rechter Zeit, was zu seinem Frieden dient; aber zagen wollen wir nicht, und wenn die Flut unsre Leiber verschlingt, so vergessen wir nicht, daß, wer dem Herrn lebt, auch dem Herrn stirbt, und daß er in die Hölle führt und wieder heraus. Vielleicht, daß er auch mir drohend den Finger aufhebt, damit man umkehre und sich bekehre, wie er es den Kindern Kains tat, daß unsre Lage eine Bußpredigt ist, wie Jonas den Niniviten eine hielt? Vielleicht, wir wissen es nicht! Aber das wissen wir, daß was Gott tut, wohl getan ist, und daß er die Niniviten nur deswegen schonte, weil sie Buße taten im Sacke und in der Asche. Nun, wem das Herz klopft in Sündenangst, wer sich bewußt wird, sein Fuß stehe nicht auf dem ewigen Fels, der tue Buße im Sacke und in der Asche, er suche den, der sich finden läßt von allen, die ihn ehrlich suchen! Und wer sich bewußt ist, ergriffen zu haben den ewigen Fels, der traue Gott und zage nicht! Der Herr der Ewigkeiten ist auch der Herr des betretenen Jahres; was er verhängt, wird zur Seligkeit dienen denen, die ihn lieb haben und seine Gebote halten, und wer in diesem Jahre sterben sollte, wird des Herrn bleiben, wenn er dem Herrn gelebt hat. Darum, was kommen mag, laßt uns des Herrn harren unverzagt; sei in seiner Hand die Rute der Züchtigung oder der Zweig des Friedens, so laßt diese Hand uns verehren in tiefer Demut; es ist die Hand, die segnet und selig macht die, welche Treue halten und die Liebe bewahren!«

So sprach der Pfarrer, und wenn auch Käthi die Beine zitterten, so ward ihr doch wohl; im Herzen blühte ihr die Ergebung auf, welche das Größte trägt und vollbringt, die

Ergebung, welche mit ganzem Herzen sagen kann: »Der Herr hat es gegeben, der Herr hat es genommen, der Name des Herrn sei gelobt!«

Solch ein kräftig Wort am Neujahrstage ist wohl das vornehmste und beste Neujahrsmahl, und Käthi empfand es auch und empfand es fort und fort, trotz dem seltenen Mittagsmahle, welches auf schönem, reinem Tischtuche stand: Braten, Wein und süße Äpfelschnitze, ein wahres Herrenfressen! Johannesli lebte schrecklich wohl daran und konnte den Braten nicht genug rühmen, und doch klagte er zwischendurch, er könne ihn nicht beißen, und Schinken wäre viel kommoder; besser, hätte er gerne gesagt, aber er war auch schon angesteckt vom Weltgift, welches das Rare und Teure für das Beste hält. Und was er den Wein rühmte und dabei heimlich darüber grännete und am Ende sich nicht enthalten konnte, die Großmutter um einen Schluck Milch zu bitten! Der Wein sei viel besser, wohl hundertmal, aber er könnte ihn sturm machen, sagte der kleine Diplomat. Nachmittags hatte Käthi Besuch, erhielt Kram, ein sogenanntes Gutjahr von Johanneslis Pate. Es bestand in einem Hemde, ein Paar Strümpfen und einem großen Neujahrring, und für die Großmutter war ein halb Pfund Kaffee dabei, eine köstliche Bescherung für eine alte Frau, welche den Kaffee so liebt und doch die Bohnen zählt, welche sie zu jedem Kaffee braucht. Dabei aber stürmte es schrecklich draußen, es war, als ob ein schrecklich Gewitter heraufziehen wolle mit Blitz, Donner und Hagel.

Eine schreckliche Vorbedeutung am ersten Tage des Jahres! Die Fenster klirrten, die Hütte wankte, Nacht ward es draußen, und drinnen betete Käthi emsig, denn Angst hatte sie wieder ergriffen; sie bangte sehr, denn das Bangen ganz zu überwinden und das Zagen, daß es nie wieder kommt, wenn stark an ihm des Herrn Hand rüttelt, ist keinem Menschen gegeben. Endlich ließ der Sturm nach, Tag ward es wieder, das schwarze Gewitter jagte nach

Osten. Käthi trat vor das Häuschen, ein milder Sonnenblick empfing sie auf der Schwelle, und als sie sich umwandte, dem jagenden Gewitter nachzusehen, sah sie gen Morgen hin das Gnadenzeichen des Herrn, einen prächtigen Regenbogen, am Himmel stehn. Unaussprechlich war der Eindruck auf Käthi, verstummt blieb sie stehn, sah mit gefalteten Händen zum Himmel auf; sie wußte es nun, Gott verließ sie nicht, und breche auch Sturm und Gewitter los, so komme doch die Gnade nach.

Das seltsame Zeichen in dieser Jahreszeit am Neujahrstage ward von vielen Menschen bemerkt; aber wir zweifeln, daß dasselbe auf viele einen Eindruck gemacht habe wie auf Käthi. Um die Zeichen Gottes wahrzunehmen, muß man eben ein auf Gott gerichtetes Auge haben, und um sie zu empfinden, muß man haben ein gottergebenes Herz. Ganz hell ward es Käthi im Gemüte, und sie erzählte eben Johannesli eine schöne Geschichte von einem Knaben, welcher in der Jugend gestohlen worden, endlich aber wieder ein großer Herr geworden sei, als Andrese Anne Däbi kam und sie einlud, diesen Abend mit ihnen zu neujahren, wie man zu sagen pflegt. Es ging Käthi wieder wie gestern vor dem Wirtshause: wie sie sich auch sträuben mochte, Johannesli ward Meister. Kurzweilig verging der Abend, und es war Zeit, auseinanderzugehen, ehe man daran dachte. Die Zeit recht kurz zu machen, ist eine Kunst, und recht kurze Zeit zu haben, ein Glück.

Joseph Viktor Widmann

Öhmchens Weihnachtsbaum

Es war kurz vor Weihnachten; Frau Hermine Öhmchen, ein rosiges Weibchen, seit vier Jahren verheiratet, erwartete ihren Gatten, der die Teestunde nicht leicht versäumte; sie saß beim Schein der Lampe am gedeckten Tisch, mit einer Stickerei beschäftigt. Die beiden Kleinen hatten ihr Abendbrot längst bekommen; sie mußten früh zu Bett und waren schon eingeschlafen. Schlag halb acht Uhr erschien Öhmchen. Aber mit verdrießlichem Gesicht trat er in die Stube und warf seine Bücher unsanft auf einen Nebentisch. Erstaunt blickte Hermine auf. »Was ist dir über den Weg gelaufen, Karl?« fragte sie den Gatten, der sich, wie erschöpft, ihr gegenüber in einen Lehnstuhl fallen ließ.

»Ach!« jammerte Öhmchen; »meine Schüler; verdammte Jungen! Treiben jeden Schabernack in der Stunde, während ich ihnen den Livius einpauke. Benützen meine Kurzsichtigkeit, um in aller Stille auf den hintern Bänken Karten zu spielen; haben sogar die Tintenfässer ausgespült und dafür Malaga hineingegossen, den sie während der Stunde einander zutrinken. Natürlich mußte mir die ganze Klasse bis sieben Uhr sitzen, als ich's entdeckte; ich aber saß mit ihnen! Diese Rangen …«

»Laß sie«, ermunterte Frau Öhmchen ihren Mann, »du warst, wie du mir oft erzählt hast, in deiner Jugend gerade so einer. Aber nun gib mir deine Tasse und denke nicht mehr an die Schule.«

Öhmchens Stirn glättete sich aus Gefälligkeit für seine Frau; aber der Ärger saß tief. Nachdem die Ehegatten ihr Abendessen beendigt hatten, kam daher der Konrektor immer wieder auf die bösen Schuljungen zu sprechen, bis seine Frau zuletzt ausrief: »Lieber Mann, laß uns doch lieber von unsern eigenen Jungen, die da drüben so friedlich schlummern, ein Wörtchen sprechen! In vier Tagen ist Weihnacht; wir haben noch keinen Tannenbaum bestellt. Nun steht die Bude des alten Moppliger, der schon meinen Eltern die Weihnachtsbäume geliefert, an deinem täglichen Schulweg. Wie wäre es, wenn du morgen einen Baum besorgtest, so was recht Schönes, einen großen Baum, der vom Boden bis fast an die Decke reicht, so was zu drei bis vier Franken?« »Was?« fuhr Öhmchen auf. »Drei bis vier Franken für den Weihnachtsbaum zahlen?«

»Was hast du dagegen?« fragte seine Gattin erstaunt. Sie hatte an ihrem Gemahl niemals die kleinste Anwandlung von Geiz bemerkt, oft sogar die Anlage zur Sparsamkeit an ihm vermißt; übrigens waren sie wohlhabende Leute, die über derartige Auslagen sonst nie ein Wort verloren.

Aber in Öhmchens Herzen saß der Groll über seine Lateinschüler und regte den friedlichen Mann zu ungewohnter Heftigkeit auf; eine unglücklicherweise in diesem Moment sich seinem Geiste vorstellende Idee nahm alsobald von ihm Besitz, und er rief: »Was ich dagegen habe, fragst du? Nun! Einfach, daß ich nicht einsehe, warum man kaufen soll, was man selbst schaffen kann.«

»Du kannst doch keine Bäume schaffen wie der liebe Gott am vierten Schöpfungstag«, antwortete lächelnd Hermine.

»Aber holen kann ich sie im Wald, selbst schneiden oder fällen, wie ich will«, erwiderte der Konrektor.

»Ich glaubte, das sei verboten«, war Herminens richtige Antwort.

Aber da gerade hatte ihr Gatte sie erwartet, um in einer prächtigen Phrase seinem innern Groll Luft zu machen.

»So?« rief er. »Verboten. In der Tat! Es gibt derartige die Urrechte des Menschen verkümmernde Satzungen. Aber, liebes Weib! Wir leben in einer großen Zeit, deren Flügelschlag du über deinem Haupte spürst ...«

Hermine sah empor und wollte schon sagen, sie spüre nichts, als der Konrektor über die Brille weg sie zürnend anblitzte und fortfuhr: »Metaphorisch gesprochen, Hermine! Natürlich metaphorisch! Ich meine nicht, daß du den Flügelschlag spürst in physischer Sinnlichkeit …«

»Bitte! Laß solche Ausdrücke«, bemerkte Hermine errötend.

»Also, in Gottes Namen, unbildlich!« rief der Konrektor und sprach weiter: »Der Wald gehört wie Luft und Licht zu den unveräußerlichen Lebensgütern, auf die der Mensch nach dem Naturrecht urewigen Anspruch hat. Mögen sinnlose Faselhanse wie unsere modernen Gesetzgeber ein solches Naturrecht beschränken – es bleibt doch in Bestand. Und den will ich sehen, der einen Vater zu hindern wagt, für seine Erzeugten zum Weihnachtsfest einen Tannenbaum aus dem Wald zu holen.«

»Aber Männchen …«

»Nichts da! Hermine! Hier handelt es sich um ein Prinzip.«

»Das sagst du allemal, wenn du dir etwas in den Kopf gesetzt hast.«

»Hermine! Und wenn ich, wie Schiller sagt, mein gutes Recht oben von den Sternen herablangen müßte, ich könnte nicht anders. Morgen nachmittag ist keine Schule; da werde ich dem nächsten Forste zuschreiten zur Ausübung meines Naturrechts.«

Bei diesem Beschluß blieb's; die seufzende Hermine wußte ja schon, daß sie mit Widerspruch nichts ausgerichtet hätte. Unter diesem Eindruck verfloß ihr aber der Abend nicht besonders angenehm. Still legte sie ein Buch vor sich hin, in das sie während der Arbeit zerstreut blickte. Der Konrektor aber entwarf sich für seine Ausübung des Naturrechtes einen wahren Schlachtplan. Erste Frage: Welcher Wald? Um die Stadt herum stehen nur große Waldesriesen zum Schmuck der Promenaden. Man sollte wirklich eine Karte der weiteren Umgebungen der Stadt besitzen. Ins Notizbuch einschreiben: Morgen früh Karte in der Buchhandlung kaufen. Übrigens erinnerte sich

Öhmchen, daß gleich hinter der ersten Eisenbahnstation gegen Norden vor der Stadt ein bedeutender Wald – das Schwarze Holz – sich ausdehnte. Nachsehen, wann der Eisenbahnzug abgeht. Kein Eisenbahnbüchlein im Hause? Nein. Zweite Notiz: Eisenbahnbegleiter in der Buchhandlung kaufen. Jetzt entsteht die Frage: Womit fällt man den Baum? Messer? Beil? Säge? Vermutlich Säge. Keine im Hause. Morgen in der Eisenhandlung eine anschaffen; man braucht so was immer; am besten gleich ein ganzes Werkzeugkistchen anschaffen. Dritte Frage: Was für ein Anzug? Die schwarzen Kleider würden von dem fetten Fichtenholz – siehe Hallers »Alpen«: »Wo fetter Fichtendampf die dürren Balken schwärzt« – klebrig werden und ganz zugrunde gehen. Aber ein graues Überhemd? Hm! macht unkenntlich; ungeheuer romantisch. Notiz: Morgen früh eines anschaffen bei Naphtali, wenn er so was hat. Wird's wohl haben; hat alles. Dazu ginge gut eine kurze Forstmannspfeife – nein! nicht Forstmannspfeife; »Forstmann« ist eine unangenehme Vorstellung, wenn man in den Wald geht zur Ausübung eines Naturrechts. Sagen wir einfach kurze waidmännische Holzpfeife. Furchtbar gemütlich; holländischen Knaster, Oldenkott daraus rauchen. Notiz: Beides morgen früh anschaffen. Ganz Wilddieb! Hm! Dieb, Wald, Raubmordfälle. Waffe könnte nicht schaden. Hirschfänger?

Nein, kommt einem beim Gehen zwischen die Beine. Aber beim Trödler prangt in der Auslage eine große Reiterpistole, Feuersteinschloß; interessant; hat andern Charakter als diese neuen Revolver, die ein ordentlicher Lateinprofessor nicht begreift. Karl Moor hatte eine solche Pistole im Gürtel stecken. Muß doch einmal diese Schillerschen Sachen wieder lesen. Hermine liest ohnehin. Ah! Da sind die Bände; aufs Geratewohl etwas aufschlagen: »Der Verbrecher aus verlorener Ehre«. Auch gut. Lesen wir das.

So ungefähr folgten sich die Gedanken in Öhmchens

Kopf, bis das Lesen in Schillers bekannter Erzählung ihn ganz in Anspruch nahm.

Zwischen der Lektüre sah er einmal auf und sprach zu Hermine in sanftem Ton: »Was meinst du, Kind, wenn du das Spirituslämpchen anzündetest unter dem Wasserkessel? Ich möchte nicht ungern ein Glas Grog trinken.«

»Ist es dir nicht zu spät?« wandte Hermine schüchtern ein, setzte aber zugleich das Lämpchen in Brand und holte Rumflasche, Zuckerbüchse, einen silbernen Becher, das Geschenk anhänglicher Schüler, und sonstiges kleines Zubehör, bei alledem innerlich erstaunt über dieses seltene Gelüste ihres Mannes. Öhmchen war aber schon so ganz Waldmensch geworden, daß ihm in seiner lebhaften Einbildungskraft fast vorkam, er sei den ganzen Tag im feuchten Moor herumgewandert und brauche etwas gehörig Erwärmendes; unter allen Umständen mußte seiner Meinung nach so ein heißer Grog für die Unternehmung des folgenden Tages prophylaktisch wirken. Demgemäß tat er reichlich Rum in den Becher und schlürfte, immer nachgießend, manchen guten Zug des angenehmen Getränks, von dem er Herminen vergeblich anbot; Frauen nehmen in solchen Fällen aus Prinzip nichts. Unterdessen war die Stunde des Zubettgehens gekommen, der Grog hatte Öhmchen schläfrig und etwas schwerfällig gemacht. Bald herrschte tiefe Stille im Haus; die Lichter waren gelöscht, und Schlaf deckte alle Bewohner.

Die Phantasie hält sich nur bei denjenigen Begebenheiten auf, an denen das Gemüt den vollsten Anteil nimmt, und überspringt oft lange Zeitabschnitte, wenn dieselben ohne hervorragende Merkmale wie graues endloses Papier sich dehnen. So ging es Öhmchen. Der nächste Vormittag mit den gewöhnlichen Schulstunden ging ihm unbemerkt vorüber. Er konnte sich auch nicht mehr besinnen, wie er sich von Hermine verabschiedet hatte. Er ward seiner sozusagen erst bewußt, als er sich aussteigend auf der Eisenbahnstation »Zum Schwarzen Holz« befand. Die bewußten Gegenstände hatte er alle bei sich, das Werkzeugkistchen in der Linken, Landkarte und Eisenbahnbüchlein in einer Rocktasche, unter die Weste geknöpft die unbequeme Pistole, die Holzpfeife im Mund – sie wollte aber nicht brennen – und das graue Überhemd unterm rechten Arm in einem Paket. Ohne sich um den auf der Station noch wartenden Zug weiter zu bekümmern, schritt Öhmchen dem winterlichen Walde zu, erpicht, sein »Naturrecht« auszuüben, zugleich aber etwas ärgerlich, daß die Pfeife nicht brennen wollte. Dreimal stellte er sein Werkzeugkistchen mitten auf den Weg und holte die schwedische Schachtel hervor, deren Zündhölzchen ganz prächtig flammten, da es windstill war. Aber sobald er an der Pfeife zog – wobei er deutlich spürte, daß sie Luft hatte –, ging sie ihm immer auf unerklärliche Weise aus, und er bekam keine Ahnung von dem Oldenkott, auf den das mit Nerven begabte Kamin seines Gaumens so lüstern war.

Etwas verdrießlich hierüber, gelangte er nun vom äußern Waldsaum in den eigentlichen Wald. Niemand begegnete ihm; er warf also rasch das graue Überhemd über seine Tuchkleidung und wanderte nach einem abermals vergeblichen Versuch mit der Pfeife trotzig weiter, immer tiefer in den Forst. Endlich stand er auf einer Hügelwelle mitten im Wald; große und kleine Tannen umgaben ihn, und bald fiel sein Auge auf einen zum Weihnachtsbaum wohlgeeigneten Nadelholzwildling. Rasch machte er sich an die Arbeit, holte die funkelnde neue Handsäge aus dem Kistchen und begann kräftig zu sägen. Merkwürdigerweise kostete ihn das Sägen gar keine Mühe; dagegen machte es einen erstaunlichen, den ganzen Wald erfüllenden Lärm und wollte nie ein Ende nehmen. Nach seiner Berechnung hätte er schon die dickste Tanne durchsägen können in der Zeit, die er mit der Arbeit zubrachte. Indessen, da die Arbeit ihn durchaus nicht ermüdete, fuhr er wohlgemut fort, und der Lärm der Sägetöne, ähnlich dem Schnarchen des schlafenden Polyphem, dauerte fort. Auf einmal bekam er einen leichten Stoß an die Schulter. Verwundert sah er auf und bemerkte anfänglich niemand in der Nähe; als sich aber der Stoß wiederholte, sah er zu seinem Erstaunen, daß ein Dachshund neben ihm stand, ihn bei der Arbeit anglotzte und öfters mit der Schnauze stieß. Eigentlich kam es Öhmchen vor, es sei der Dachs eines Nachbars. In der Vorstadt, wo Öhmchen wohnte, war nämlich der Dachs damals das klassische Tier; jeder Hausbesitzer hielt mindestens einen rotgelben Dachshund, viele aber hatten deren zwei, drei, vier. Denn da diese Hunde auch in weiblichen Exemplaren vorhanden waren, trat alljährlich eine beträchtliche Vermehrung der Dachskolonie ein; überall in den Häusern baten alsdann weichherzige, meist blondhaarige Gemüter, man möchte die netten Hündchen nicht ersäufen; dieser und jener Nachbar nehme gewiß eines an Kindes Statt an. Da irgendein vornehmer Herr der erste Dachshundbesitzer gewesen, galt der Dachs als irgendeine Art aristokratischer Auszeichnung in jenem Stadtteil, und niemand wies trotz hoher Hundesteuer das bellende Geschenk zurück. Einer dieser Dachshunde stand jetzt vor Öhmchen; aber vielleicht war es keiner von diesen zur wohlhabenden, obschon arbeitslosen Klasse gehörenden Bourgeois des Hundegeschlechts; vielleicht gehörte er einem den Wald durchstreifenden Jäger, einem Forstmann an? Aber nein! Als Öhmchen, einen Augenblick sich aufrichtend, um sich blickte, rückte richtig das vereinte Dachsvolk seines Quartiers wie Soldaten, die in der sogenannten Jägerkette gegen den Feind vorgehen, in langer Linie hinter den Bäumen an und kam, übrigens lautlos, unheimlich, auf ihn zu. Sie umringten ihn, sie schnappten nach ihm. Daß er ihre Adresse kannte, sie bei den stolzen Titeln ihrer vornehmen Eigentümer, bei den schmelzenden Frauennamen ihrer schönen Herrinnen rief, nützte gar nichts. Sie waren so wütend über ihn, daß er endlich aus dem Werkzeugkistchen ein Beil hervorholte und nun, blind dreinhauend, ein, wie ihm vorkam, furchtbares Blutbad unter den Hunden anrichtete.

Plötzlich donnerte ihn eine Stimme an: »Was machen Sie hier? Ich verhafte Sie!« und der Förster stand vor Öhmchen. Es war ein großer Mann in grauer Jagdjoppe; aber er hatte die maliziösen Züge eines persönlichen Feindes des Konrektors. Es war ganz die Physiognomie des Professor Hohlnuß, mit dem er sich über einer Stelle im Livius tödlich entzweit hatte. Boshaft grinste ihn der Förster an. »Sie treiben Holzfrevel, Herr Öhmchen?« näselte er mit dem verhaßten Stimmorgan des philologischen Gegners.

Im ersten Augenblick, als Öhmchen noch geglaubt, er habe den echten Förster sich gegenüberstehen, war kalter Schreck in seine Glieder gefahren, und sein »unveräußerliches Naturrecht« war ihm sehr veräußerlich vorgekommen. Als er aber jetzt eine ihm zwar rätselhafte, aber mit teuflischer Berechnung durchgeführte Hinterlist seines Feindes zu erkennen glaubte und der vermeintliche Förster aufs neue Hand an ihn legte, da war er seiner nicht mächtig. Zornglühend riß er die Pistole aus seiner Weste, das Pulver der Pfanne blitzte auf, ein Schuß dröhnte, und – der Förster wälzte sich in seinem Blute, während Öhmchen, erstarrt über die grauenvolle Wirkung seines Jähzorns und jammernd, ebenfalls zu Boden sank.

Jemand schüttelte ihn jetzt, und eine Stimme, die nur die Stimme Hermines sein konnte, sprach zu ihm: »Männchen, was jammerst du so? Was schreist du?«

»Ich habe einem Menschen das Leben geraubt«, antwortete Öhmchen kraftlos.

»Das tut man sonst im Bett nicht«, sprach dieselbe freundliche zarte Stimme mit einem Anflug von Lustigkeit, der ihr den Zwitscherton eines muntern Vogels verlieh. Zugleich beugte sich Hermine über den noch immer nicht recht zum Bewußtsein gelangten Öhmchen, schob den einen ihrer jugendlichen Arme unter seinen Nacken und nötigte so den Mann, mit dem Kopf eine etwas höhere Lage auf dem Kissen einzunehmen. »Öhmchen!« sagte sie, »was hast du nur geträumt? Erst schnarchtest du entsetzlich wie eine Sägemühle; ich hab' dich mehrmals gezupft.«

»Der Dachs!« dachte Öhmchen aufatmend.

»Dann machst du ein Höllengepolter mit den Füßen an der Bettwand, wirfst die metallene Wärmflasche auf den Boden und, verzeihe mir, brüllst wie ein am Opferaltar getroffener Stier!«

»Das Bild ist homerisch«, sagte der sich erholende Öhmchen. »Von Agamemnon wird es gebraucht. Übrigens habe ich einfach dumm geträumt.«

»Das macht das späte Grogtrinken«, sagte lächelnd Hermine. »Wahrscheinlich«, antwortete Öhmchen. Hierauf sagten beide eine Zeitlang nichts.

Später einmal flüsterte Öhmchen seiner Frau ins Ohr: »Jetzt sag mir einmal genau, wo dein Moppliger seinen Christbaumstand hat.«

Sie sagte es ihm genau. Darauf schliefen sie wieder ein, Öhmchen noch ganz müde vom »unveräußerlichen Naturrecht« und den damit verbundenen Gemütsbewegungen. Ein traumloser Schlaf stellte ihn wieder her.

Daß er am nächsten Morgen die bewußten Gegenstände ungekauft ließ, könnten nötigenfalls Buchhandlung, Eisenwarengeschäft und so weiter bezeugen.

Am Weihnachtsabend leuchtete ein auf gewöhnlichem Weg erworbener Weihnachtsbaum im Hause des Konrektors. Unter demselben lag, damit die Lateinschüler nicht mehr unbemerkt in seinen Stunden Karten spielen möchten, neben andern Geschenken eine schärfere Brille. Und erst unterm Baum gestand Öhmchen seiner Frau den ganzen Verlauf des verzwickten Traumes. Zu ihren Füßen spielten indessen die beiden Kleinen, zu ihren Füßen lag aber auch mit blauem Halsband – ein roter Dachshund, den vor einer Stunde ein freundlicher Nachbar dem Konrektor als Weihnachtsgeschenk hatte zuführen lassen.

Robert Walser

Zwei Weihnachtsaufsätzchen

I

Ich weiß nicht, ob die Straßen des Städtchens, worin sich zutrug, was ich hier phantasiere, schneeweiß waren oder nicht, ob's schneite, oder ob dies nicht zutraf. Ein Dörfchen sah wie ein Zuckerbäckerkunstwerk aus, so tief lag es in der Verschneitheit. Ein benachbartes jedoch hatte kein Flöckchen bekommen. Glich dieser Umstand nicht beinahe etwas Wunderbarem? Ob nun nicht eine Weihnachtsgans erwähnt werden dürfte, die von Kindern mit Interesse in Augenschein genommen wurde? Einem unfolgsamen Knaben wurde bedauerlicherweise noch kurz vor Einweihung des Heiligen Abends die Elastizität des Möbelklopfers zu schmecken gegeben. Oh, wie still war's in den kurzen, langen, krummen und schnurgeraden Straßen. Stiller als alle Stille zu sein vermag, die man sich vorzustellen fähig ist, war das Benehmen einer um ihren Herzensfreund in stundenlanger Wortlosigkeit verharrenden Einsamkeitsüberantworteten. Irgendwo wurde ein Weihnachtsbaum angezündet, und wie sehr es Tatsache ist, daß ich dies scheinbar überaus präzis, doch stimmungsvoll sage, so sähe ich nicht ein, was mich hinderte, auszusprechen, daß, als die gleichsam helläugigen Lichterchen zu flackern und strahlen anfingen und es in der Stube nach Wünschen duftete, die ihre Köpfchen aus den Bettchen verständlichen menschlichen Sehnens streckten, ein Liebhaber in einem Kämmerchen die Beute der Angesammeltheit seiner Wehmut wurde. Anstatt die Schnippischkeiten seiner Angebeteten in jeder Hinsicht entzückend schön zu finden, stellte er ein Geschluchz und eine Händeringerei an, die man am liebsten in einem Gedicht hätte wiedergeben mögen. Ein ritterlicher Kniender schnürte einer geduldig diesen Dienst Entgegennehmenden die Schuhe zu. Doch rasch zu den Prachtsgeschenken, die in jeder Art Form unter den silberflitterumwickelten Zweigen ausgebreitet lagen. Das Familienoberhaupt war Notar, dessen Töchter beim Gedanken, sie seien heiratsfähig, konventionell kicherten. Die männliche Nachkommenschaft schaute mit einer etwas doch schon beinahe allzu pyramidalen Seriosität in die lieblich-glitzernde Weihnachtsbäumlichkeit hinein. Jetzt trat das Christkindchen herein.

II

Weihnachtsabend war's, die Stadt lag klug und schön da. Einige Verspätete sorgten, daß sie raschmöglichst mit Bäumchen in der Hand nach Hause kamen. Kinder dachten, an Türen stehend, über Bettelmöglichkeiten nach. Die Münsterglocken fingen an zu tönen. Die beiden Domtürme verkörperten einen kraftvollen Historizismus. Stubenmädchen mit Schürzen traten aus Läden heraus. Indes sich in Kaffeestuben noch Gäste aufhielten, saßen in einem Industriequartierzimmer der kränklichzarte Durchgeistigte und die womöglich noch empfindsamere und auf Bildung usw. erpichtere Leichtinwallunggeratende, sich anscheinend vorzüglich unterhaltend, beisammen. Wenn irgendeiner über das noch durch keinerlei Baumeistertätigkeit oder Hausaufrichtung gleichsam entlandschaftete Land oder Feld mehr oder weniger einsam und eifrig wanderte, konnte er blätterlose Bäume in konzertdirigentenhafter Gestikulierung dastehen sehen. Das Mitglied einer jüngeren Dichtergruppe war's, dem derartige poetische Beobachtung aus der Fülle vorhandener Unwillkürlichkeit zweighaft entstieg. Sprach ich nicht schon von einer Räumlichkeit vorstädteligen Charakters? Schön, und nun komme ich auf ein Zimmer Nummer Zwei zu sprechen, das sich unmittelbar ans erste anlehnte, worin sich eine die Tiziangemäldehaftigkeit selbst zu sein scheinende, mithin unerhört schöne Schuhmacherstochter von einem in feinsinnigen Dingen Beginnenden den Hof tapfer und zugleich schüchtern machen ließ. Er verstehe famos vor Frauen zu knien, besaß er die Höflichkeit und gleichzeitig die Dreistigkeit zu beteuern. So möge er ihr von dieser Art Können einmal einen Beweis ablegen, ermunterte ihn die Liebesszenenliebhaberin. Da die Wohnung aus drei Gemächern bestand, so wird nun vielleicht hervorzuheben gestattet sein, daß sich im dritten Zimmer ein Entwickelter von einer aufs entzückendste im Unentwickeltheitszustand Befindlichen Natürlichkeitsunterricht erteilen ließ.

Nunmehr klingelte es mit einmal an der Türe der verschwenderisch mit dem dringend erforderlichen Luxus ausgestatteten Dreizimmerwohnung, und die sich darin Aufhaltenden fragten sich, wer dies wohl sei, und kamen herbei, um dem Einlaßwünschenden sorgfältig zu öffnen. Da war's niemand Großartigeres als in der Tat bloß das liebe Christkind.

Cécile Ines Loos

Der Weihnachtsengel

Als ich vier Jahre alt war, sah ich ihn zum erstenmal. Er saß auf einem grünen Samtfauteuil im Salon. Vor mir türmte sich eine Masse von weißen Schleiern auf, in der ich nach und nach zwei Hände entdeckte, ein wenig knochig zwar und rötlich, und die eine trug einen Verlobungsring. Aus der ungeheuren Fülle dunkler und künstlich frisierter Locken schaute ein Gesicht hervor wie aus einem Wald. Auch dieses war rötlich in der Färbung, mit einer gewissen auffallenden Schräge in den Wangen, einer Hakennase und munteren Kugelaugen. Indessen ist es meist nicht so wichtig, wie die Sache aussieht, sondern nur, was sie vorstellt. Hätte man mir gesagt, das Fräulein sei verlobt mit Herrn Soundso, ich hätte das ohne weiteres geglaubt, aber nun war das der Weihnachtsengel oder das sogenannte Christkind. Schließlich aber ist man auch nicht umsonst ein Kind unter Erwachsenen, und ich fühlte deutlich meine Pflicht, diesen Engel sofort und spontan jubelnd als solchen zu verkünden. Statt dessen sagte ich etwas kleinlaut und gegen meine Vernunft: »Ist das nicht das Fräulein Soundso?«

»Aber Kind, aber Kind«, sagten die Erwachsenen mit sanftem Vorwurf, gleich im Chor.

»Denke doch auch!« – Innerlich blieb ich zwar sicher, daß dies niemals ein Engel, sondern eben das Fräulein Soundso war. Hätte nicht ein richtiger Engel mich auf diese verfängliche Frage hin mit gebogenem Zeigefinger an sein Herz gerufen und gesagt: »Fürchte dich nicht, mein Kind, ich bin der Engel Gabriel!»? Und wieso wäre dieser Engel ausgerechnet in meiner Abwesenheit in unsern Salon geflogen, und weshalb mußte Anna, die an der Tür stand, so furchtbar lachen, als ich den Satz mit dem Fräulein hervorbrachte? – Das hätte ich wissen können. Aber wie gesagt, ich war noch zu jung, um tödlich sicher zu sein in meiner Wahrnehmung. Und so wollte ich wenigstens den Abgang des Engels kontrollieren, dessen Ankunft sich mir so geheimnisvoll verborgen hatte. Im positiven Fall, daß es sich doch um einen Engel handelte, war ich bereit, die unglückliche Verknüpfung mit dem Fräulein Soundso sofort zu revidieren. Ich fühlte deutlich, daß ich eine Bresche in den guten Glauben an die sichere Welt eines Kindes in diesen Kreis der Erwachsenen geschlagen hatte. »Sag jetzt schön dein Verschen auf«, mahnte die Stimme der Großmutter, »und vor allem: Tritt nicht so nah an den Engel heran, das sind himmlische Wesen!« Mein Verstand war noch klein und nur ungefähr so breit wie eine Nadelspitze. Ich hatte einige Mühe, meine Argumente in Schach zu halten, während ich voller Gottvertrauen und fehlerfrei mein Verschen hersagte. Ich glaube sogar, es ging jenen Theologen nicht unähnlich, als sie sich eines Tages darum stritten, wie viele Engel auf einer Nadelspitze Platz hätten. In meinem Fall waren es mindestens dreitausend, wenn ich sie hätte ausbreiten dürfen.

Aber der Engel auf dem grünen Samtfauteuil? Weshalb glaubte ich nicht an den falschen Engel?

Weil ich unbedingt an den richtigen Engel glaubte. Aber war der nicht dennoch da? Und zwar trotz des Fräulein Soundso? Der richtige und der wahre Weihnachtsengel, der zu allen Kindern kommt?

In die tiefe Stille von zwölf Menschen, samt dem Christkind und mir, sagte ich feierlich mein Verschen auf: »Ich bin noch klein, mein Herz ist rein« …

Und es war doch der wahre Engel, der mich ansah. Von den Kerzen tropfte das Wachs, und die Lampen im Zimmer sind verlöscht. Ein Zweiglein knistert, im Dunkeln leuchten rote Kugeln. Ein goldenes Reh an einem silbernen Häklein schaukelt leise hin und her, als käme es durch den Tann geschritten. Hinter dem Reh folgt ein kostbarer Schlitten, und darin sitzt das Weihnachtskind. Rechts und links von seinem Weg stehen Engel Spalier und tragen gelbe Kerzen in den Händen. Das ganze Zimmer ist lauter Duft und Glanz. Meine Mutter singt am Klavier: »Stille Nacht, heilige Nacht …« und wir singen mit. Leise und ungesehen ist der Weihnachtsengel aus dem Salon verschwunden. Ich habe ganz vergessen, seinen Abgang zu kontrollieren.

Dann gab es auch in der Kirche ein Weihnachtsfest. Nun ging ich bereits zur Schule, und von einem Betrug war keine Rede mehr. Schulkinder wissen, was Weihnachtsengel sind und Osterhasen. Eine Dame der Bekanntschaft hatte mich mitgenommen. Wir saßen zusammen auf der Empore. Geschenke wurden ausgeteilt an irgendeine Schulklasse. Das Christkind würde persönlich erscheinen. Ein riesiger Tannenbaum stand kerzengeschmückt im Chor. Draußen wurde es Nacht, und plötzlich kam der Engel herein. Ein Herr im Frack gab ihm den Arm, und ich glaube, es war der Turnlehrer. Mit Schwung steuerte er das Christkind an seinen Platz unter dem Baum. Mein Bewußtsein war nun doch nicht mehr nur so breit wie eine Nadelspitze. Ich konnte schon etliches vertragen. Vielmehr war das Terrain meines Denkens schon eher eine Plattform wie etwa der Bahnhof meiner Heimatstadt. Auf diesen Perrons wälzte ich meine Argumente wuchtig hin und her wie eine Kegelkugel. Ich trug nun weißwollene Strümpfe wie andere Schulkinder, und sie reichten bis ans Knie. Dort blieb ein Stück Haut leer und unbedeckt. Ich saß neben der Dame und pflanzte meine Hände solid auf meine nackten Knie: Fleisch von meinem Fleisch und Blut von meinem Blut. Auf Meinungen von Damen gab ich nichts mehr. Wieso hatte es der Weihnachtsengel nötig, sich von einem Herrn im Frack hereinführen zu lassen? Konnte er denn nicht selber fliegen, frei durch die Luft …? Mit den Händen auf den Knien fühlte ich die unvergängliche Sicherheit eines Erzengels in mir. Vor dem Tannenbaum breitete er die Schleppe aus. Eine Lehrerin reichte ihm aus dem Waschkorb ein Geschenkpäcklein nach dem andern und rief laut den Namen des betreffenden Kindes. Wozu brauchte ein Engel einen Korb, und konnte er nicht selber rufen, fragte ich mich. Können ihm die Geschenke nicht von andern Engeln unsichtbar übergeben werden? Nein, das war kein Engel. Das war ein Mensch! Grob rollte die Kegelkugel des Bewußtseins hin und her …

»Siehst du die goldene Krone des Christkindleins?« fragte freundlich die Dame neben mir. »Und seine weißen, zarten Hände? Hörst du seine himmlische Stimme, wenn es dem Kind das Geschenklein gibt?« Ich hörte nichts. Ich sah nichts. Sie hoffte, daß ich es glaube. Von der Schule her hatte ich schon eine gewisse Haltung gewonnen dem Leben gegenüber. Nun rückte ich nicht mehr mit dem blöden Argument hervor: »Ist es nicht am Ende das Fräulein Soundso?« Ich kannte sie nicht, und es war mir egal. Vielmehr lächelte ich verbindlich und glaubte alles. Die Dame war entzückt. »Gelt, so ein schönes Weihnachtskind hast du noch nie gesehn?« Ich saß da in meinen weißen Wollstrümpfen und hielt mich an meinen bloßen Knien. Die kamen mir vor wie Türme des Glaubens. Fleisch von meinem Fleisch und Blut von meinem Blut.

Der Engel schwebte am Arm des Turnlehrers hinaus. Vor der Kirchentür machte er eine Extrakurve. Durch einen Spalt sah man noch Locken und Schleier. Draußen war es stockdunkel, die Orgel spielte leise, als ob sie träumte.

Tausend Engelein mit bloßen Füßen begleiten das Christkind zur Tür hinaus. In ihren Händen tragen sie Glöcklein und Trompeten und silberne Triangel. Ich glaube fast, irgendwo schreit noch das Eselein. Plötzlich riecht es nach Heu und Kerzen und Äpfeln. Leise, im Luftzug der offenen Tür, drehen sich große, bunte, gleißende Kugeln wie Welten, und vom hohen Wipfel der Tanne fließt das Licht eines mächtigen Sterns herab. Nein, das Christkind und der Stern sind keine Märchen. Ebensowenig wie die Sonnenblumen, die sich nach dem Lichte drehen, und ebensowenig wie die Mondstrahlen, die über die Wellen eilen. Sie sind nur andere Wirklichkeiten als diejenigen, die wir meistens meinen. Duft ist etwas, und Glanz ist etwas, und Liebe und Freude. Wenn ich an die Argumente denke, so glaube ich noch heute, es haben mindestens dreitausend auf einer Nadelspitze Platz. Aber der höheren Wirklichkeit gegenüber haben sie nichts zu bedeuten. Ich glaube nicht einmal daran, daß man durch Argumente einen Krieg ungeschehen machen kann. Wollte man ihn auf sein Entstehungsmoment untersuchen, so brauchte es soviel Zeit, daß längstens wieder ein neuer Krieg ausbrechen könnte. Ich glaube, es würde eine endlose Zeit vergehen, bis allen endlich alles klar wäre. Und der Sinn des Lebens ist anders. Was wir einander schenken und geben, schafft eine andere Welt, als was wir bloß erraffen und erzwingen vom andern. Das eine ist die Welt des Göttlichen in uns, das andere die Welt des Bösen.

Neben mir sitzt ein Kind. Wir haben den Tannenbaum angezündet. Die Lampen sind gelöscht, und die Kerzen flimmern lockend im Dunkeln. Ein wenig Wachs tropft der Puppe auf die Nase. Im Hintergrund spielt eine kleine Musik und begleitet die Stille. Das Kind legt beruhigt seine kleinen Rosafinger in den Schoß und sagt: »Jetzt ist es endlich allen wohl.« Durch den Tann schreitet das goldene Reh. Am Häklein zieht es den Silberschlitten nach sich. Das Christkind sitzt darin, und rote Kerzen stehn Spalier. Oder fahren wir vielleicht alle mit: du und ich, ins Weihnachtsland? Und könnte es am Ende nicht so herauskommen, daß eines Tages all die geahnten und lieben Dinge die strahlende Wirklichkeit wären und dafür alles das, was wir jetzt gelten lassen müssen und uns sogar davor fürchten, daß es ewig gelte – uns nur noch vorkommen könnte wie ein ferner, finsterer Tann, den wir für immer verlassen? Und das Ende wäre Friede auf Erden!

Von Weihnacht zu Weihnacht ein Stückchen näher …

Francesco Chiesa

Die Salzsäule

Seit Stunden schon wanderte die heilige Familie in der Wüste, stumm, traurig gestimmt durch die Häßlichkeit der Gegend, die sich dürr, unförmlich und grau vor ihr dehnte, von spitzem Kieselgeröll überdeckt. Kein Baum weit und breit, kein grüner Halm; nur da und dort verkrüppeltes Dorngebüsch, das sich wie verschüchtert zwischen dem Gestein duckte; und der gute alte Joseph, das Gewand in Fetzen und die Lenden blutig geritzt, mühte sich vergebens, das matte Eselein zu schnellerer Gangart aufzumuntern, indem er es am Zügel riß,

Da plötzlich blieb der Heilige stehn, denn vor ihm, wie durch Zauber der trostlosen Erde entwachsen, ragte die Gestalt eines Weibes; aufrecht, glanzvoll, blendend weiß! Es schien noch jung und schön, von hohem Wuchs, sorglich in seine Gewänder gehüllt und den stolzen Blick starr zurückgewendet nach einer Niederung, wo dunkle, tote Wasser brüteten. Der gute Alte wandte sich mit stummer Frage rückwärts, seiner göttlichen Gemahlin zu. Und diese sagte nach kurzem Besinnen:

»Ich wette, das ist Lots Weib! Du weißt, jene Frau, die der Herr zur Salzsäule werden ließ, weil sie, seines Gebotes nicht achtend, sich zurückwandte nach der Stätte, zu der sie nicht hinschauen sollte.«

Der heilige Joseph netzte seinen Finger mit Speichel und berührte damit die Statue; dann legte er ihn an die Zunge und sprach, völlig überzeugt:

»Sie ist's, wahrhaftig, sie ist's!«

Einen Augenblick verweilten beide noch in der Betrachtung des strahlenden Bußbildes, das nun schon Jahrhunderte lang mahnend dastand, und im gütigen Herzen der Maria regte sich inniges Mitleid. »Oh, Herr!« flehte sie, die sanften Augen zum Himmel erhoben, »oh, Herr!

Erbarme dich dieser Armen, die schon so lange ihre schwere Buße trägt! Verzeih ihr!«

Noch hatte die Jungfrau ihre Bitte nicht vollendet, als fern am Horizont eine kleine, goldige Wolke erschien, die, eilig die Lüfte durchsegelnd, sich über die Statue senkte und so gewaltige Fluten über sie ausströmte, daß das uralte, glasharte Salz in wenigen Minuten sich löste und zerfloß.

Spurlos verschwand die Wolke wieder, und da bemerkte die heilige Familie, wie auf der Stelle, wo das Salzbild gestanden, sich eine Wasserfläche breitete, aus der die Sonne wundersame Spiegelbilder sog! Dann, wie sie immer heißer darauf niederstrahlte, begannen die Wasser zu rauchen, zu dampfen, die Dämpfe verdichteten sich mehr und mehr und vereinigten sich schließlich zu der gleichen Frauengestalt, die zuvor daselbst gestanden; doch nun war's kein Salzbild mehr; dieses Weib lebte, atmete, sprach! Energisch schüttelte es ein letztes Staunen von sich ab, ordnete ruhig Haar und Gewand, betrachtete einen Augenblick die heilige Familie und frug dann:

»Wer seid ihr?«

Maria erzählte ihr nun ausführlich von den Grausamkeiten des Königs Herodes, von dem Traum, der sie gewarnt, und von ihrem Vorsatz, in Ägypten Schutz zu suchen. Dann hub Maria sachte einen Zipfel des Schleiers empor, der ihr vom Haupte bis zu den Füßen niederwallte, und entblößte die Züge des göttlichen Knaben, der friedlich in ihren Armen schlummerte,

»Dieser wird die Welt erlösen!« sagte sie zärtlich und feierlich zugleich, Lots Weib runzelte die Brauen, als verstehe es nicht der andern weissagendes Wort.

»Ja«, wiederholte die göttliche Mutter, »dieser ist der Erlöser der Welt, der Messias, den die Menschen so lange schon erwarten und der vorher verkündet wurde von Jeremias, von Jesaias, von Micha ...«

»Daß du's nur weißt«, unterbrach sie die andere; »ich

gehöre zur Genesis, und da wirst du wohl kaum verlangen können, daß mir die Propheten bekannt seien!«

Maria begriff die Unmöglichkeit, diesem selbstherrlichen Weibe, das so fest entschlossen schien, sich keinen Schritt vom ersten Buch der Heiligen Schrift zu entfernen, das Neue Testament zugänglich zu machen. Doch sofort verzieh sie ihm wieder, als sie bemerkte, mit wie großem Wohlgefallen die Auferstandene das Himmlische Kind betrachtete, während ein beinahe sanftes Lächeln den Eindruck der finstern Augenbrauen milderte.

»Ein schöner Knabe ist's!« sagte sie, »doch du, du bist die unvorsichtigste aller Mütter. Wie kann man sich nur mit einem so kleinen, nur wenige Wochen alten Kinde auf die Reise begeben, ohne das armseligste Tuch, es darin einzuschlagen, ohne eine Wiege für seinen Schlummer! ... Und ohne auch nur eine Menschenseele zu kennen, die euch aufnimmt bei schlimmem Wetter, die euch Nahrung reicht, wenn euch hungert! Und wessen Gast werdet ihr denn sein, drüben auf ägyptischem Boden? ...«

»Das wissen wir nicht«, erwiderte Maria, »der Himmlische Vater wird uns die gastliche Schwelle schon weisen.«

»Und die Straße, die nach Ägypten führt? Kennt ihr denn die wenigstens?«

»Nein«, gab Maria zur Antwort, »doch auch das ist nicht nötig, denn der Himmlische Vater geleitet uns ja!«

Die Patriarchin umfaßte die törichten Reisenden mit einem herb-mitleidigen Blick.

»So höret«, sagte sie, »in meiner Jugendzeit bin ich zweimal in der großen Wüste zu Sur gewesen. Noch erinnere ich mich des Weges, trotz der vielen Jahre, die seitdem verflossen sind, und wenn es euch recht ist, so führe ich euch dorthin.«

Maria willigte ein mit huldreichem Lächeln, Joseph nicht ohne leichten Spott. Dem alternden Gatten fehlte es nicht an einer gewissen listigen Gutmütigkeit, auch mochte er gelegentlich ganz gerne mit zufälligen Arbeits-

oder Reisegefährten plaudern. Und so begann er im Weiterschreiten mit Lots Weib, das den Zügel des Eseleins erfaßt hatte, ein Gespräch zu führen, während er gleichzeitig darauf bedacht war, mit einer Haselgerte die Fliegen vom Rücken des Tieres zu verscheuchen.

»Ein paar Jahre sind's her«, hub er an, »da arbeitete ich in meinem Gewerbe im Hause des Eleazar zu Kapernaum; und da habe ich mancher Unterhaltung dieses weisen Pharisäers mit seinen Freunden beiwohnen dürfen. Eines Tages fiel das Gespräch auch auf dich, Lots Ehegemahl, und das hat mehr als eine Stunde gewährt, denn ein besonderer Punkt, soweit ich mich erinnere, gab den gelehrten Herren gar viel zu schaffen: warum nämlich Gott dich in eine Salzsäule umgewandelt statt in ein Standbild aus Marmor, aus Lehm oder – aus Holz, würde ich gesagt haben! Mein Brotgeber erklärte die Sache insofern, als er daran erinnerte, wie du mit Vorliebe die täglichen Speisen allzusehr schärftest, so daß der Patriarch die traurige Gewohnheit annahm, über die Maßen zu trinken. An jenem letzten Tag besonders sollst du, wie es scheint, die Gerichte derart versalzen haben, daß der arme Lot, von rasendem Durst gepeinigt, eine außergewöhnlich große Menge Flüssigkeit zu sich nahm, worauf er die Besinnung verlor, … und nun geschah eben, was geschah …«

»Was ist denn geschehen? … Sprich dich nur aus!« mahnte das Weib hochmütig,

Maria, in ihrer klugen Weise, zupfte Joseph rasch und heimlich am Gewande; dieser begriff den Fehler, den er begangen, und suchte nun seine schnelle Rede zu zügeln.

»Oh, nichts«, murmelte er, »Lot hat dann eben einige Stunden länger geschlafen, das ist alles!«

»Meine Schuld war das nicht«, beharrte die Patriarchin, »keine Rede davon, daß ich die Gerichte über Gebühr gesalzen hätte; bedarf es doch keineswegs nur stark gewürzter Speisen, um euch Männer zu übermäßigem Trunk zu verleiten!«

»Unter jenen Gelehrten war auch einer«, fuhr Joseph fort zu erzählen, »der erklärte den Fall in völlig verschiedener Weise. Er sagte, dein Unrecht sei im Gegenteil gewesen, daß du das Mahl der beiden Engel, die am Vorabend der Flucht eure Gäste gewesen sind, zu sparsam mit Salz versehen habest!«

»Ich gab genau so viel Salz hinzu, wie sich's gehörte, an jenem Abend wie auch sonst!« entgegnete sie.

»Du schienest jedoch zu finden, daß Lot den beiden himmlischen Pilgern einen allzu herrlichen Empfang bereitet habe!«

»Und ob! ... Da kamen eines Abends zwei Jünglinge an unsre Türe, die wir nie gesehn, nie gekannt! Es mögen ja Engel gewesen sein, wie du sagst, doch auf dem Gesicht stand es ihnen nicht geschrieben; ebensogut konnte es sich um zwei Strolche handeln ... Sie schauen, sich ihnen zu Füßen werfen und ihre Gewänder küssen, das war gleich Eins für meinen Eheherrn! Außer sich, rein toll vor Freude schien er! ... Und keine Speise war gut genug für die beiden Fremdlinge; keine Hand rein genug, ihnen die Füße zu waschen, kein Linnen würdig, den Schweiß von ihrer Stirn zu trocknen! ... Was Wunder, wenn alles in meinem Innern zu kochen anfing? ... Immerhin sagte ich keine Silbe; vor fremden Leuten, wer es auch sei, ist es nie ratsam, einen Hausstreit zu führen. Allerdings war mein Gesicht nicht allzu freundlich; und sicherlich habe ich nicht in Versen zu ihnen geredet, wie mein Mann es tat! Kein unhöfliches Wort jedoch entfuhr meinen Lippen: ich gehorchte und schwieg in der Absicht, am folgenden Tage dann, wenn jene beiden lästigen Eindringlinge wieder fort sein würden, meiner Meinung freien Lauf zu lassen. Doch dann kam der Augenblick, da ich mich nicht mehr zu beherrschen vermochte; als nämlich ein Haufe wahnwitziger, verruchter Menschen sich vor unser Haus drängte und wüst zu lärmen begann! Da hat mein Gatte, wahnwitziger und verruchter als jene noch, den Mut gehabt, ihnen unsre beiden Töchter feilzubieten, wenn sie nur zum Lohn die kostbaren Gäste in Frieden lassen wollten! … Ah! … ich gestehe dir, in jenem Augenblick gab es kein Zurückhalten mehr für mich, und in wenigen Minuten habe ich mich dann auch für die ganze Zeit, in der ich mir Schweigen auferlegen mußte, gründlich entschädigt! Nun sag mir offen: war's da nicht mein gutes Recht, empört zu sein?« …

Joseph, der ein vorsichtiger Mann war, fand es ratsam, der Zürnenden Frage unbeantwortet zu lassen, und fügte nur hinzu: »Ein jeder hat wohl seine Plage … allein, wie kamst du nur auf den unseligen Gedanken, dich noch einmal umschauen zu wollen, damals, am Tage eurer Flucht? … Was glaubtest du denn hinter dir andres zu sehen, als Feuer und Flammen?« …

»Nicht aus müßiger Neugier hab' ich zurückgeschaut«, erwiderte Lots Weib, »was kümmerten mich jene Elenden und ihr qualvolles Geschick? … Ganz plötzlich, ich kannte ja doch die Schwäche meines Gatten, stellte ich nämlich an ihn die unerwartete Frage: Hast du auch daran gedacht, die Türen alle gut abzuschließen? … Wo sind die Schlüssel? … Zuerst verharrte er sprachlos, im Gesicht jenen Ausdruck alberner Verdutztheit, den die Männer annehmen, wenn sie bei einem Versehen ertappt worden sind, und schließlich mußte er eingestehen, daß er wirklich Türen und Fenster weit offen gelassen hatte! … Nun wirst du doch zugeben, daß ich allen Grund hatte, mich umzuschauen!«

»Zu welchem Zweck denn aber?« bemerkte Joseph, »du wußtest doch, daß die Stadt dem Untergang geweiht war und daß kein Stein unversehrt auf dem andern bleiben würde? …

»Ich wußte … ich wußte …!« murrte die Patriarchin. »In keinem Fall«, schloß sie mit erhobener Stimme, »läßt man bei seiner Abreise das Haus sperrangelweit offen!«

Joseph fand im Augenblick nichts, was er dieser mit solchem Nachdruck ausgesprochenen Weisheit entgegenzusetzen vermocht hätte, und so schritt man denn eine ganze Weile schweigend nebeneinander hin.

Inzwischen begann die Landschaft ringsum sich etwas weniger trostlos und verwildert zu zeigen, und unerwartet befand man sich auf einem hübschen Fußweg, der durch das Gestrüpp führte und sich zu einem blühenden Talgelände niedersenkte, aus dem der sanfte Silberglanz der Oliven emporschimmerte. Lots Weib wollte rasch entschlossen in den Fußpfad einlenken, doch das Eselein fing an zu bocken und gab nicht nach. Da rief Maria:

»Nein, nein, liebe Frau! Das ist nicht unser Weg!«

»Doch, er ist's, dessen bin ich gewiß. Am Ende der Schlucht befindet sich sogar eine köstliche Quelle, an der du unter dem Schatten der Bäume deinem Kinde in aller Ruhe Nahrung reichen kannst!«

»Unser Weg aber führt nicht dorthin«, wiederholte die Jungfrau. Lots Weib ließ sich nicht von seiner Meinung abbringen, und noch heftiger am Halfter ziehend, suchte es wenigstens das Eselein zu überzeugen, da die Tiere uns wohl zuweilen vernünftiger scheinen als die Menschen, oder doch meistens weniger störrisch! …

»Schau hin«, schmeichelte die Frau wohlmeinend, »sieh dort unten das fette Gras!« Doch das Tier hob mit einer heftigen Bewegung den Kopf und entriß ihrer Hand den Zügel.

Die heilige Familie schritt nun quer über die schöne, lockende Straße und verlor sich von neuem ins dornige Gestrüpp.

Zwei- oder dreimal wandte Joseph sich zurück, um nach dem Weibe der längst entschwundenen Zeit zu schauen: noch stand es aufrecht, wie verwundert, inmitten des Weges, regungslos, als wäre es wieder zur Salzsäule erstarrt.

»Eine gute Frau ist sie«, sagte Maria, »nur … fehlt's bei ihr am Glauben!«

»Alles will sie besser wissen, sogar das, was allein unsern Herrgott angeht!« fügte Joseph hinzu.

Und das Eselein senkte den Kopf als Zeichen der Zustimmung.

Cécile Lauber

Die beiden Engel

Es mag seltsam erscheinen, daß der Liebe Gott dem Teufel Ismagor, auf dessen Ersuchen hin, in der Heiligen Nacht freien Ausgang gewährte. Bosheit und Gefährlichkeit dieses Geistes waren ihm natürlich bekannt, weshalb er denn auch den guten Engel Milador vor sich berief und ihn mit geheimen Befehlen dem andern nachsandte. Wir müssen annehmen, daß der Herr seine bestimmten Zwecke verfolgt hat; vielleicht war er aber auch selber gezwungen, gewissen Gesetzen zu gehorchen, denn es heißt, er habe, als Ismagor vor ihn hintrat, das große Buch auf seinen Knien gehalten, in das die Lebenskurven eingetragen sind, und habe mit traurigen Augen, tief aufseufzend, zwei Kreuze unter einen steilen Doppelbogen gesetzt.

Ismagor aber flog aus, unternehmungslustig und unbeschwert. Er kreiste über der Erde und wählte eine dicht bewaldete, hüglig-gebirgige Gegend aus, die ebensogut dem Lande Bayern als der Schweiz angehören konnte. Nicht weit entfernt von einer größeren Ortschaft, am Rande eines Waldsees und ganz in das vereiste Schilf hineingeschmiegt, entdeckte er die armselige Hütte eines Fischers und Taglöhners und ließ sich alsbald nieder, um durch das mit Eisblumen halb zugefrorene Fensterchen zu spähen.

Die Frau lag krank auf ihrem armseligen Bett und weinte, und der Mann kauerte auf einem Schemel daneben und sah verdrießlich und ratlos aus. Die Frau hatte ihm vor einigen Tagen ein totes Kind geboren, lag jetzt mit blauen Beinen da und durfte sich nicht rühren, weil eine einzige Bewegung ihr den Tod bringen konnte. Nun weinte sie unaufhörlich und bedauerte ihren Mann, daß sie ihm nicht helfen, nicht einmal für ihn kochen, ihm keinerlei Freude bereiten könne, und dieses Klagen war für ihn das Unerträglichste von allem.

Plötzlich sprang er auf und schwor bei allen Heiligen, daß sie heute abend noch ihr Weihnachtsbäumchen haben solle, genau wie alle andern, und daß er es ihr beschaffen werde, wenn sie nur eine kleine Weile allein auskommen könnte. Damit wandte er sich dem Wandhaken zu, wo seine Geige hing; denn in früheren Zeiten hatte er sehr hübsch gespielt und dabei manch gutes Stück Geld verdient. Nun fiel ihm ein, daß ein alter Brauch darin bestand, vor den Fenstern, hinter denen ein Christbaum glitzert, Weihnachtsweisen vorzutragen, was jeweilen ein Geldgeschenk eintrug. Das wollte er heute vornehmen, daraus der Frau ein Bäumchen kaufen, es anzünden, um endlich wieder ihr Gesicht lächeln zu sehen. Die Frau aber wußte nicht, sollte sie sich freuen über die Liebe, die er ihr antun wollte, oder sich fürchten, daß er die Geige vom Nagel hob, war sie doch die Hauptursache all ihres Elends gewesen. Sie hatte den Mann in die Wirtschaften geführt und zum Trunk verleitet. Er war dabei immer tiefer gesunken, hatte Schulden gemacht, auch gelegentlich in seinem Elend da oder dort etwas mitlaufen lassen, und die Frau hatte ihre Kräfte aufgebraucht, um für sie beide zu sorgen, zurückzubringen oder sonstwie wieder gutzumachen, was er verbrochen hatte. Eines Tages aber, es mochte etwas mehr als ein Jahr her sein, war er von der Heilsarmee aufgefischt worden, und diese hatte ihn mit so viel Erfolg zu beeinflussen vermocht, daß er die Geige an den Nagel hing und sich an eine ordentliche Arbeit gewöhnte. Und es war auch höchste Zeit gewesen; denn fast von der

Stunde an fühlte die Frau, die sehr an ihrem Manne hing, wie die Kräfte sie verließen. Sie schleppte sich noch eine Weile weiter, wurde bettlägerig, gebar das tote Kind und lag nun da, hilflos und in der Seele beschwert, als hätte sie mit Absicht und bösem Willen ihrem Mann das Leben sauer gemacht.

Darum wußte die Frau im Augenblick gar nicht, wie sie sich verhalten sollte. Sie wollte ihrem Mann nicht in den Entschluß fallen, fürchtete aber doch, ihn zu billigen. In dieser Not nestelte sie ein Kreuzchen los, das an ihrem Hals hing und keinen Wert darstellte, aber ein heiliges Zeichen war. Sie befestigte es an seinem Handgelenk und sagte, er möge es nicht von sich lassen und im Schutze dieses Zeichens hingehen, um bald wieder zu ihr zurückzukehren, mit oder ohne Weihnachtsbäumchen; auf das käme es ihr dann nicht an.

Und der Teufel vor dem Fenster, der sich sehr gefreut hatte, als er den unglücklichen Mann nach der Geige greifen sah, fluchte verdrießlich und konnte nun nicht, wie es seine Absicht gewesen war, als Weggeselle zu Martin stoßen, sondern mußte des heiligen Zeichens wegen im Abstand hinter ihm herschleichen.

Der Fischer und Taglöhner Martin begab sich geradewegs nach der kleinen Stadt, stellte sich vor ein Weihnachtslicht und begann fromme alte Lieder vorzutragen. Er berauschte sich dabei so sehr an dem langentbehrten, süßen Klang seiner Geige, daß er ganz verzückt und hingegeben spielte und seine Zuhörer derart begeisterte, daß sich schon nach kürzester Zeit seine Taschen füllten. Und nun wandte er sich dem Weihnachtsmarkte zu.

Er kaufte vorerst einen goldenen Flitterstern, viele kleine, glitzernde Kristallzapfen und eine Schachtel bunter Kerzen. Und eben wollte er sich den Bäumchen zuwenden, als ihm ein Stand auffiel, an dem zu äußerst billigen Preisen wollene Vierecktücher für Frauen und Seidenkrawatten für Männer feilgeboten wurden. Er stand unwillkürlich still, und der Alte, der die Waren anpries, streckte ihm rasch ein Tuch entgegen, das aufs Tüpfelchen genau jenem glich, das seine Tilde letztlich für ihn hatte hergeben müssen. Dabei nannte der Verkäufer eine Summe, die gerade noch dem Rest von Martins Barschaft entsprach.

Der Kauf dieses Tüchleins kam Martin wie ein Wink aus einer andern Welt vor; und das war er auch wirklich, jedoch leider aus der wenig guten Welt; denn an Stelle des richtigen Verkäufers, der für einen Augenblick sich entfernt hatte, war der Teufel Ismagor getreten, der wohl wußte, mit was er den armen Mann ködern konnte. Martin hatte denn auch kaum das Tuch eingehandelt, als ihm der Alte eine flammendrote Seidenkrawatte unter die Augen hielt, eine von der Sorte, die er ein Leben lang begehrt, aber nie besessen hatte, und sie schien ihm spottbillig zu sein; jedoch seine Taschen waren jetzt leer. Aber Martins Blicke konnten sich nicht mehr von dem Seidenzeug lösen. Er sagte:

»Die Krawatte hätte ich für mein Leben gern; aber ich habe kein Geld mehr. Ich will in die nächste Straße laufen und vor ein paar Fenstern spielen, um mir den Betrag zu verdienen. Bevor eine halbe Stunde um ist, dürfte ich zurück sein. Habt die Freundlichkeit und hebt mir den Schlips bis dahin auf.«

»In einer halben Stunde findet ihr weder mich noch die Krawatte mehr hier«, antwortete der Mann mit einem listigen Lächeln. »Da ihr mir aber schon etwas abgekauft habt, und es mir scheint, sie müßte an euerm Hals besonders gut stehn, mache ich euch einen Vorschlag. Ihr tragt da ums Handgelenk ein sauberes, kleines Kreuzlein. Es wird so gut wie keinen Wert haben, aber ich nehme an, es ist gesegnet. Nun habe ich daheim ein liebes kleines Mägdelein, sehr kränklich. Wenn ihr mir das Kreuzchen schenkt, daß ich es ihr bringe, sollt ihr die Krawatte umsonst mitnehmen; denn ich hoffe, schon von der

Freude allein wird mir das Kind gesund, und ihr habt nicht nur ein glänzendes Geschäft, sondern obendrein noch eine gute Tat getan.«

Nun hätte es Martin einfallen sollen, daß sich der Alte geweihte Zeichen in jeder Kirche beschaffen konnte; aber das rote Licht der Krawatte verwirrte seinen Sinn. Er löste unbedenklich das Kreuzchen von seinem Handgelenk, obwohl ihm dabei war, als höre er seine Tilde mahnend rufen: »Gib es nicht weg!« Er log sich aber vor, sie sage: »Freilich, gib es nur weg!« Und schon legte ihm der Alte, boshaft kichernd, die Krawatte um den Hals und hielt ihm dabei einen Spiegelscherben unter die Nase. Alsbald erwachte in Martin das wilde Blut. Er nickte sich zu und lachte sich an und ihm schien, hinter seinem Spiegelbild würden die Lichter der alten Pintenbuden aufglitzern, jener, in denen er früher gespielt hatte. Ein wütender Durst schoß ihm in die trockene Kehle, und er sagte sich, es könne ihm ja keiner verwehren, nun noch ein halbes Stündchen irgendwo aufzuspielen und ein Gläslein Branntwein hinunterzustürzen, bevor er sich auf den langen, vereisten Heimweg mache. Daß es dabei ein bißchen später würde, das möchte ihm Tilde wohl verzeihen. Vielleicht verschlief sie das Warten, oder sie jammerte ein wenig an die leeren Wände hin, und er kam noch rechtzeitig genug, um es anzuhören.

So befand sich denn Martin wenige Minuten später in einer Wirtschaft, wo allerlei Volk zusammenkam und man bereit war, ihn für die erste Runde freizuhalten, wenn er etwas Lustiges vorspielen wollte, da sie nun genug frommen Gesang hinter sich hätten.

Unter den Gästen war auch ein junger, toller Bursche mit einer Baskenmütze, auf deren beiden Seiten zwei steile Locken hervorquollen; der wollte durchaus einen Tanz haben in der Heiligen Nacht; und er schenkte Martin so lange ein, bis dieser sich dazu bereit erklärte. Und wenn der betrogene Tropf jetzt noch sein Kreuzlein am Handgelenk getragen hätte, er wäre wohl im Stand gewesen, die Locken für das zu erkennen, was sie waren, nämlich für zwei harte, stoßende Hörner.

Anfänglich, als der Trank dem Taglöhner das Herz aufgehn machte, erzählte er jedem, der es hören mochte, wie tugendsam, gesittet und enthaltsam er das letzte Jahr zugebracht habe; jedoch wie sehr das im Grund seiner Natur zuwiderlaufe. Er spüre, wie das Gekünstelte nun von ihm abfalle, und aus ihm wieder der alte, flotte Kerl hervorgehe, als der er immer gegolten habe. Mit fortschreitender Trunkenheit geriet Martin aber mehr und mehr in eine weinerliche Verfassung. Er begann von daheim zu sprechen, wo seine kranke Frau Tilde auf ihn warte, wegen der er ausgezogen sei, um ihr ein Christfest zu bereiten. Nun aber habe er dem Wirt nicht nur das Neuverdiente wieder abgegeben, sondern dazu auch noch den Weihnachtsstern, die Kristallzapfen und das bunte Vierecktuch verpfändet; er besitze nichts mehr als die rote Krawatte und die Kerzchen, die ihm auch nicht viel nützten, da er ja kein Bäumchen für seine Frau habe. Aber jetzt wolle er aufbrechen, sich auf den Heimweg machen und ihr wenigstens ein Kerzchen neben dem Bett anstecken, wenn die Glocken zur Mitternachtsmesse läuteten. Als Martin so weit war, nahm er seine Geige unter den Arm und schritt zur Tür. Aber da kam ihm der Bursche mit der Baskenmütze nach und raunte ihm ins Ohr, er solle nur hintenherum durch die Baumschule gehn, da würde er die allerperfektesten Tännchen in Auswahl finden und könne sich ruhig eines schneiden, es würde ihm keiner in der Nacht ein Stück Geld abverlangen. Und während er so sprach, band er ihm die rote Seidenkrawatte auf neue Art um den Hals, daß der Knoten festsaß, das eine Ende aber wie ein feuriges Fähnchen über den Kragen hinausflatterte.

Martin ging. Mit seinem dumpfen Kopf gehorchte er dem Rat des Teufels und nahm den Weg durch die Baumschule, die an vereister, abschüssiger Halde aufwuchs. Er torkelte durch die engen Baumreihen, suchte nicht lange, sondern griff weit ausholend nach dem größten. Dabei glitt er aus und fiel so ungeschickt, daß sein zauberhaft geknüpftes Krawattenende sich verfing, der Knoten sich als eiserne Faust um seinen Hals zuschloß, und die Geige aus den erschlafften Armen eines Erwürgten zur Erde glitt.

Indessen hatte Tilde, die arme Wöchnerin, Stunde um Stunde dagelegen, manchmal freudig auf Martin hoffend, manchmal etwas schlummernd, und dann wieder durch das Geräusch vermeintlicher Schritte heftig aufgeschreckt. Der Ofen war ausgegangen und gleichzeitig mit der Körperwärme verließ sie auch die frohe Zuversicht. Kälte und wachsende Angst krochen in ihr verzagtes Herz. Sie betete und betete, aber das Gebet wollte nicht helfen; und nun fingen schon in der Ferne überm Wald die Mitternachtsglocken zu läuten an mit ihren großen, jahrhundertealten Stimmen. Da glaubte die Frau plötzlich durch das gefrorene Scheibenfensterchen einen tanzenden Lichtschein wahrzunehmen, der sich ihrer Hütte näherte. Er hielt an vor ihrer Tür, und sie ließ einen schwachen Freudenschrei fahren, als Martin eintrat, ein strahlendes Bäumchen vor sich hertragend, das wunderbar geschmückt war mit einem goldenen Flitterstern an der Spitze, mit glitzernden Eiszapfen und vielen bunten Kerzchen. Ja, ihr Martin kam herein, näherte sich sittsam ihrem Bett, hauchte einen kühlen Windkuß über ihre Stirne, stellte das Bäumchen auf den Tisch und begann gar freundliche und zärtliche Reden zu führen, wie sie dergleichen noch nie aus seinem Mund gehört hatte. Ihr wurde so wundersam zumute, Tränen der Rührung tropften ständig über ihre Wangen, und sie wußte sich kaum zu fassen vor Ergriffenheit; denn Martin versprach ihr Gesundheit und malte ihr die Zukunft aus in Farben der Freude und der Hoffnung. Aber nach einiger Zeit begann sein lispelndes Reden Tilde zu langweilen und zu befremden. Sie vermißte seine vertrauten, derben Ausdrücke, und es keimte der Argwohn in ihr, das Wesen an ihrer Seite könnte vielleicht gar nicht ihr angetrauter Mann, sondern ein Engel aus dem Himmel sein, was in der Heiligen Nacht nicht allzusehr zu verwundern wäre. Und mit dieser Vermutung ging die gute Frau nicht falsch; denn an ihrem Lager saß Milador, der Engel, der sich doch wohl nicht ganz geschickt aufführte, denn Tilde begann sich mehr und mehr nach ihrem Mann zu sehnen. Als nun ihr Argwohn wuchs und es ihr an Mut gebrach, zu fragen, verfiel sie auf eine List. Martin besaß einen sehr schlechten Zahn, der aber erst sichtbar wurde, wenn er lachen mußte. Darum versuchte Tilde ihn nun zum Lachen zu bringen.

»Martin, Lieber!« sagte sie. »Mir ist so wundersam zumute, als könnte ich alles tun, was mir nur einfällt. Reich mir die Geige, ich will sie versuchen. Weiß Gott, vielleicht verstehe ich zu spielen.«

Der Engel gehorchte, und die Frau nahm das Instrument verkehrt in den Arm mit den Saiten nach unten, strich mit dem Bogen über das leere Holz und ließ dabei so jämmerliche Töne hören, daß der Engel laut lachen mußte.

Da setzte sich die Frau mit einem Ruck im Kissen steil auf, um dem Lachenden in den Mund zu starren. Aber sei es nun, daß ein Mensch den Anblick eines Engels nicht aushalten kann, sei es, daß durch die verbotene, brüske Bewegung ein Klümpchen gestockten Blutes in ihr Herz geschwemmt wurde, dieses stand still, und die Frau sank, ohne einen Laut von sich zu geben, entseelt in ihr Kissen zurück.

Mit den letzten Glockenklängen schwebten zwei Engel in den Himmel zurück, der eine weinte, der andere strahlte vor boshaftem Vergnügen.

Friedrich Glauser

Weihnachten in der Legion

Unser Bataillon wurde von Sebdou nach Géryville strafversetzt, weil zuviel Desertionen vorgekommen waren. Géryville liegt zweitausend Meter über dem Meer. Bis Bouk-Toub fuhren wir mit dem Zug. Am 22. Dezember stiegen wir in Bouk-Toub aus, nachmittags um drei Uhr, schlugen die Zelte auf, aßen und gingen dann schlafen. Am nächsten Tag machten wir dreißig Kilometer und kampierten am Abend bei einer einsamen »Ferme«. In dieser Nacht fiel starker Reif, und am Morgen waren die Alfagräser weiß und glitzerten in der Sonne. Am 24. Dezember marschierten wir weiter. Die Landschaft war öde und kahl, die Straße stieg unmerklich; aber es wurde kälter, ein dürrer Wind verfolgte uns, und am Abend gegen fünf Uhr, gerade als wir die Zelte aufschlagen wollten, brach ein Schneesturm los. Es war gut, daß wir ein paar Alte unter uns hatten, die uns zeigten, wie man auch im stärksten Wind Zelte aufschlagen kann. Wir wären sonst nicht damit zustande *(wohl: zurande)* gekommen. Uns fror in den Zelten. Die Köche hatten kein rechtes Feuer machen können. Der Reis war nur halb gar, das Fleisch fast roh. Es tröpfelte durch die Zelttücher; der Wind wurde immer bösartiger. Und da sagte Korporal Ackermann, ein blonder Deutscher: »Heut' ist Weihnachtsabend.«

Wir wußten es schon; aber wir hatten nicht dergleichen getan; denn es war uns ohnehin schon elend genug zumute. Und darum fluchten wir auch und ärgerten uns über den Ackermann, daß er uns in all dem Elend noch an Weihnachten erinnerte. Wir lagen unter den tröpfelnden Zelttüchern, immer sechs in jedem Zelt, die Russen hatten sich zusammengetan, die Deutschen auch; wir waren nur vier Schweizer in unserer Kompagnie, und auch wir waren in einem Zelt.

Es war einer unter uns, der alte Guy, der hatte schon zehn Jahre Dienst; er hatte den großen Krieg mitgemacht, die Médaille militaire hatte er auch. Zweimal war er Sergeant gewesen, dann kassiert worden – ich glaube, weil er manchmal zuviel trank und dann jähzornig wurde. Der alte Guy lag neben mir. Er meinte, wir sollten beide Decken und die Kaputten *(Armeemäntel)* über uns breiten, es werde dann weniger kalt sein. Er hatte noch einen Schluck Wein in seiner Feldflasche; den teilte er mit mir, und dann gab er mir auch noch eine Zigarette. Er sprach französisch. Ich glaube, er stammte aus den Freibergen.

»Du bist nicht so dumm, wie die andern, und wirst mich nicht auslachen«, sagte er zu mir, »vielleicht kannst du mir das erklären. Ich hab' in meinem Leben dreimal den gleichen Traum gehabt, und ich möchte wissen, ob du auch drüber lachen wirst ...« Er machte eine Pause. Ich sagte ihm, ich würde sicher nicht lachen; auch ich hätte manchmal merkwürdige Träume gehabt.

»Aber meiner ist so ...« sagte der alte Guy, stützte sich auf den Ellbogen und wandte mir das Gesicht zu. Der Schnee draußen warf einen ganz milden Schein herein. Im Gesicht des alten Guy waren die Furchen deutlich zu sehen.

»Ich träume, es ist eine Nacht wie heute. Und ich seh' eine große Ebene, der Himmel ist dunkel. Ich bin den ganzen Tag marschiert, neben einem Wagen, der nur zwei Räder hat und von sechs Ochsen gezogen wird. Aber die Rasse der Ochsen, die ich im Traume sehe, habe ich nie in der Wirklichkeit gesehen. Und auch das Kleid, das ich trage, kenn' ich nicht. Es ist ein dicker Pelz; aber um die Waden habe ich lederne Gamaschen, die vorn mit Metall beschlagen sind – Bronze. Dann hab' ich merkwürdige Waffen: einen langen Stecken mit einer eisernen Spitze und an der Seite ein flaches, zweischneidiges Schwert.

Am Abend kommen wir in ein kleines Dorf. Wir ziehen in eine Art Festung ein, wo wir andere Kameraden treffen. Wir haben Proviant mitgebracht, der wird in einem Keller verstaut. Und dann geh' ich ins Dorf. Das Dorf ist wie die Araberdörfer hier. Am Ausgang des Dorfes steht ein großer viereckiger Bau; in einer Ecke aber ist eine Hütte mit einem Strohdach. Die Leute weichen mir alle aus, sie haben Angst vor mir, das spür' ich, und es ist mir gar nicht recht, daß sie Angst haben.

Wie ich in den Hof eintrete, kommt ein alter Mann mit einem langen Bart auf mich zu. Er erzählt mir, vor ein paar Tagen sei eine Frau mit ihrem Manne hier eingekehrt. In der ersten Nacht habe sie ein Kind bekommen. Die Leute seien arm, sehr arm, das Kind liege auf dem Boden, auf Stroh. Er, der alte Mann, habe seinen Leinenmantel gegeben, um daraus Windeln zu machen. Er lächelt dabei, der alte Mann. Es ist der Besitzer der Herberge, denk' ich. Kamele stehen herum. Irgendwo schreit ein Esel. Der Himmel ist finster, nur ein Stern glänzt.

Der alte Mann streckt die Hand aus und sagt, ich solle auch etwas für die armen Leute geben. Da meine ich, ich wolle das Kind ebenfalls sehen. Ich weiß nicht warum; aber im Traum spür' ich, daß ich dies Kind sehen muß. So führt mich der alte Mann zu jener Hütte. Ein magerer Ochse steht darin, in einer Ecke säugt ein Schaf sein Lamm. Neben der Krippe kauert eine junge Frau, und auf dem Stroh, vor ihren Knien, liegt ein kleines Kind. Ich trete näher. Da schlägt das Kind die Augen auf, streckt mir die Hände entgegen, und ich hebe es auf. Die Mutter lächelt und nickt. Und während ich das Kind in den Armen halte, weiß ich, daß ich ganz wunschlos glücklich bin und daß ich diesen Augenblick nie vergessen werde … im Traum nicht, in der Wirklichkeit nicht, oder war auch der Traum Wirklichkeit? Was meinst du?«

Der alte Guy schwieg lange. Ich wußte nicht was antworten. Ich hatte mir immer die römischen Legionäre ähnlich wie ihn vorgestellt, die Züge sehr hart wegen der Runzeln, aber um die blauen Augen etwas Kindlich-Erstauntes, Erwartungsvolles, wie sie damals nach Rom gekommen sind und Dienst genommen haben, die Männer von Gallien und Rätien, und dann verschickt wurden bis in die äußersten Provinzen des großen römischen Reiches. Ein wenig wie wir.

»Ich hab' oft gedacht«, sagte der alte Guy, »ich hab' doch die Weihnachtsgeschichte gelesen wie alle, ob ich das nicht alles zusammengeträumt habe – zusammenphantasiert mein' ich. Aber dann ist alles so deutlich, und besonders der alte Mann, der seinen Leinenmantel herschenkt, davon erzählt doch das Neue Testament nichts ...« Die Stimme des alten Guy ist immer schwächer geworden. Er hustet. »Das Kind«, sagte er, »weißt du, ich war nie verheiratet. Aber das Kind... Ich hab' nie so ein Kind gesehen.«

Ich habe nichts darauf gesagt.

Der alte Guy hat sich auf dem Marsch eine Lungenentzündung geholt und ist im Lazarett in Géryville gestorben. Ich bin sicher, es waren nicht nur Träume. Vielleicht wandern wir manchmal zurück, vielleicht kommen wir immer wieder als dieselben auf diese Erde. Diesmal hat der alte Guy kein Kind gefunden, das er hat auf die Arme nehmen können und das ihn glücklich gemacht hat.

Albin Zollinger

Ein Weihnachtswunder im Schulzimmer

Nun aber erlosch das Licht.

Im völligen Dunkel ging eine Musik, so mondgesponnen zauberhaft, daß man sie ordentlich sah, und verdichtete sich zum Gesang, der von Hirten kam, sie lagerten auf einmal da in einem schwarzen Rahmen voller Lichtglast, eine Heide wurde erkennbar, ein Feuerchen brannte, und Lämmer weideten unterm Himmel. Von der Seite trat groß und dunkel ein Mantelmann am Stabe herzu, er trug eine Kerzenlaterne und sprach auf die Hirten herunter, immer im Gewebe von Saitenklang, das sich freilich langsam verflüchtigte. Die Unterhaltung lebte von Ernst und drolligstem Kinderspaß, das Hündlein am Boden hatte sich erhoben und an die Rampe begeben, von der aus es auf die Zuschauer blickte, wedelnd und leise winselnd, indem es Verwandtschaft erkannte. Es fuhr erschrocken herum, als die Szene mit eins von grünlichem Glanz aufbrannte, die Hirten sich auf die Erde warfen und ein Ausruf der Bewunderung aus dem Dunkel anbrandete. Der allerschönste weiße Engel war herniedergefahren, der vorderste ihrer vielen, deren Schein aus der Höhe strahlte. Nachdem er, ein wenig wie die Mutter über Bettchen, gesprochen hatte, erhob er sich in die Schwebe, zeigte nach Bethlehem hinüber und stieg in den Himmelsgesang, der zusammen mit Glocken herunterjubelte.

Die Hirten standen noch mit der Hand an der Stirne, als der Seitenvorhang sich von einem stillen Zuge bewegte, der farbenprächtig, in Silber und Edelstein funkelnd, hervortrat. Die Heiligen Drei Könige kamen zu Fuß, ihr Dromedar schien denn auch gar zu höckrig, ging einen verdächtigen Paßgang, der Heiterkeit in den Reihen erweckte. Von den Fürsten war einer schwarz, einer braun und der dritte zitronengelb im Gesicht; der an der Spitze schwang seinen Filigrankessel in blauem Rauch, der Mohr trug ein Körbchen mit Früchten, der Mandarin ein bemaltes Kästchen. Die Wanderung geschah wie im Traume, ging an den Schäfern nichtachtend vorüber in den heiteren Grund der Landschaft; die Hirten brachen desgleichen dahin auf, ein wenig dem Hündchen zum Verdrieße, es bellte am Halsband nach dem Saal zurück.

Damit aber das Spiel nicht abriß, sank ein Vorhang im Mittelgrund nieder, fechtende Kriegsleute drangen hervor, ein Weinberg von Lanzen neigte sich in die Szene.

Und Bettelkinder, Weiber, die sich die Haare rauften, wurden hereingeschoben; eisenrasselnd trat ein Herodes auf, von dessen Wort der Tumult sich legte. Er dräute aber entsetzlich, verhieß, die Welt in Schutt und Asche legen zu wollen, und das Volk lag am Rande wie vordem die Hirten auf Knien. Als er in der Weise wetterte, kam ein Bote gelaufen, der ihm die Geburt des geweissagten Weltkönigs meldete. Der Gewalthaber schlug eine furchtbare Lache auf, drehte sich auf der Ferse, daß sein Mantel zur Scheibe um ihn aufstieg; mit Gelächter ging er ab, sein Lachen verklang nicht anders als der grausige Triumph der Hölle. Rechts und links hatten sich die Schafhirten einerseits, die Landsknechte anderseits aufgestellt und einen Wechselgesang erhoben. Dazu klangen das eine Mal die Glocken, das andere Mal Schwerter auf Schilden. In der Zeit war der Weihrauch des Arabers bis in den Saal vorgedrungen, er verbreitete eine Luft von Morgenland und stimmte die Gemüter auf Andacht, die nun vonnöten wurde, da hinterm Vorhang der bethlehemitische Stall erbaut worden war und das Christkind leibhaftig, nach einem Augenblick des Dunkels, in seinem Nestchen aus Stroh und Lichtbündeln lag. Hirten wie Krieger knieten, die Könige knieten, nur die heilige Mutter saß und sang ihrem Kindchen ein Wiegenlied auf dem Grunde von himmlischem Wohllaut, in dem das Gebälke brummte. Die Welt schien die Sprache verloren zu haben, alles zog sich in Behutsamkeit und scheuer Bedeutung dahin, der Abgrund der Nacht schwieg still, nur ein Gaul nebenan schlug einmal mit seinem Hufe am Holz auf. Das stumme Spiel erhielt ein wenig Bewegung, als König um König sich vorschob, dem Heiland seine Gaben darzubieten; nur sein Händchen wurde sichtbar, ein winziges Händchen, das sich vergnügend seine rosigen Fingerlein spreizte.

Die Verzauberung in ihrem Jenseits beisammenzuhalten, blieben die Weltlichter ausgedreht; ein Chorgesang füllte den Zwischenraum, ein Kinderjubel im Dunkeln. Sie bauten etwas im Singen, arbeiteten bis in das Morgengrauen, in dem sie sich mählich verzogen, so daß, als eine Wüstensonne aufging, nur das Kindlein an seinem Orte mit Maria und Josef zurückblieb. Der Sand wogte unabsehbar, die Palme trieb als ein Trümmer. Josef trippelte sorglich umher, lief zum Eselchen hinter die Kulisse, wühlte im Sande nach Wasser und fing an, den Mut zu verlieren. Maria im Spiel mit dem Kinde gab seinen Klagen nur halbes Gehör, seine triftigsten Begründungen vermochten sie nicht zu ängstigen. Er sah nach dem Horizonte aus, als befürchtete er ein Wetter; wirklich erhob sich ein Donnerrollen, ein Lärm von Waffen und Stimmen, die Familie zog eilig weiter. Aus dem Dunkel tauchte sie anderswo in der Einöde wieder auf, bei einer grauen Agave, in deren Schatten der Vater sein Tuch ausbreitete. Die Drohung am Himmel wiederholte sich, die Flucht ging von Stätte zu Stätte. Josef schmollte ein wenig, verwies der Mutter ihre Heiterkeit und ersah kein Ende der Irrfahrt. Als das Eselssäcklein leer war, schwang er's, den Tränen nahe; Maria streckte ihre Hand aus: »Zeige doch einmal her!« und wußte noch eine Rinde Brot drin zu finden. »Diese Wüste, diese Wüste!« klagte Josef aus seinem Bart hervor. Maria sah sich groß in der Sonne um. »Ich sehe nur Gottes Lächeln«, sprach sie. »Bis dahin, Maria, bis dahin, wo meine Umsicht vorgesorgt hat! Das Kindchen wird uns verschmachten.« »Das Kindchen? Das Kindchen?« Sie sah es an: »So zeige ihm deine Allmacht!« und führte sein Händchen ans Gefelse, dem alsbald ein Quell entsprudelte. Josef fuhr mit dem Munde danach. »Das eine Mal mag's gelungen sein«, murrte er, sich die Barthaare wischend. Aber das Himmelskind bewog mit seiner Berührung auch die Palme, sich aus ihrer Höhe zu neigen; Josef fehlte nur ein Hackbeil. Maria drückte die Palmnuß mit der Hand wie einen Schwamm in die Schale aus. Josef, die Augen mit der Hand beschattend, rief plötzlich froh erschrocken: »Sinai, Berg des Gesetzes, Berg der Errettung!« »Sinai, mein Sinai!« jubelte Maria zärtlich mit dem Kind an der Wange.

Arnold Kübler

Frohe Weihnachten! (1941)

Fröhliche Weihnachten allen unsern lieben Leserinnen und Lesern! Wir bieten Ihnen zum erstenmal das festliche Weihnachtsheft unserer schweizerischen Monatsschrift dar und möchten, beim Alltäglichen anfangend, vor allem feststellen, wie bevorzugt wir alle, Land und Leute, Zeitungsmacher und Zeitungsleser, doch sind, daß wir alle Hilfsmittel, Unterlagen und Einrichtungen noch unversehrt und ungeschmälert besitzen, welche nötig sind, um Weihnachten mit so einem festlichen Heft einzuleiten oder anzukündigen. Weit herum in der Welt fehlt es am Notwendigsten, und die Menschen, aufgejagt von ihren Wohnstätten, irren in fremder Umgebung. Es ist nicht begreiflich noch erklärlich, warum diese Bevorzugung uns zuteil wird, und niemand wird das Verdienst nennen können, dem wir sie zu verdanken haben. Freilich, es gibt auch in unsern Städten und Bergen manche Familie, bei der Mangel und Armut eingezogen sind oder drohend vor der Türe stehen. Dringend ergeht an alle Wohlbewahrten der Ruf nach Beistand und Bruderhilfe für die Schwächern. Es gibt aber Hände, die zu schenken und helfen zögern, es gibt Menschen, die kleinmütige Helfer sind, weil das Gespenst der Armut, ja der Gedanke an einige ernste Einengungen sie selber schreckt. Diese Ängstlichen oder Verhärteten werden sich's aber nicht nehmen lassen, Weihnachten zu feiern. Da müssen sie dann, bei richtiger Betrachtung der Dinge, die Fragwürdigkeit des irdischen Besitzes empfinden, denn Hab und Gut gelten nicht viel vor dem, was in der Christnacht sich ereignet hat. Die Armut gehört zur Heiligen Nacht von Bethlehem, die Krippe, die Hirten, das Stroh; wir alle singen ergriffen seit unsern Kindertagen von den ärmlichen Umständen bei Christi Geburt, denn die Seligkeit, die mit ihm zu den Menschen kommt, ist ja nicht an die Dinge gebunden, welche wir in der Regel für ein standesgemäßes Leben mit allem Komfort für nötig erachten. Die Heilige Nacht ist der Anfang eines Reiches, das nicht auf die Güter dieser Welt gestellt ist. Das Himmelreich ist inwendig in uns, und die Liebe zu den Menschen ist der Weg zu ihm hin. Die Verkündigung von diesem Reichsanbruch und dessen Preis ist nun fast zweitausend Jahre alt, und mancher Kluge hat schon bemerkt, daß seine allgemeine Verwirklichung etwas lange auf sich warten lasse, aber ebenso bemerkenswert ist's, zu sehen, wie die Hoffnung auf dieses Reich, wie der Glaube an sein Kommen und der mutige Streit für seine Wahrheit in zweitausend Jahren aus der Welt nicht mehr verschwunden, ja aus ihr gar nicht wegzudenken ist. Sein Kennzeichen ist ja, daß es jederzeit anbrechen kann in uns selbst, die Weihnachtsfeier ist der Hinweis darauf, daß der Weg zur himmlischen Seligkeit uns jederzeit offensteht, Weihnachten ist kein historisches Erinnerungsfest, sondern lebendige Gegenwart für den, der sich recht ergreifen läßt. Darum ist es ja das Fest der Kinder und das Fest des unverlierbaren Kinderglaubens, der in jedem Erwachsenen zu seinem Heile auch noch lebt. Die Fröhlichkeit an Weihnachten ist nicht die Fröhlichkeit irgendeines andern hohen Tages im Jahr, es ist eine mächtigere, weltüberwindende, tiefe Fröhlichkeit, eben immer noch jene der Nacht von Bethlehem, jene der Engel, jene der Hirten, jene der Heiligen Drei Könige. Fröhliche Weihnachten!

Friedrich Dürrenmatt

Weihnacht (1942)

Es war Weihnacht. Ich ging über die weite Ebene. Der Schnee war wie Glas. Es war kalt. Die Luft war tot. Keine Bewegung, kein Ton. Der Horizont war rund. Der Himmel schwarz. Die Sterne gestorben. Der Mond gestern zu Grabe getragen. Die Sonne nicht aufgegangen. Ich schrie. Ich hörte mich nicht. Ich schrie wieder. Ich sah einen Körper auf dem Schnee liegen. Es war das Christkind. Die Glieder weiß und starr. Der Heiligenschein eine gelbe gefrorene Scheibe. Ich nahm das Kind in die Hände. Ich bewegte seine Arme auf und ab. Ich öffnete seine Lider. Es hatte keine Augen. Ich hatte Hunger. Ich aß den Heiligenschein. Er schmeckte wie altes Brot. Ich biß ihm den Kopf ab. Alter Marzipan. Ich ging weiter.

Charles Ferdinand Ramuz

Weihnacht im Dorf

So bewegt sich das Jahr langsam weiter durch die klaren Wintertage, mit den kleinen Arbeiten, die es zu verrichten gilt. Der Schnee ist jetzt vor den Häusern festgetreten, während er sich dahinter in großen Haufen auftürmt. Die Wege sind deutlicher zu sehen, dann werden sie wieder zugedeckt, und die Dächer setzen dicke Mützen auf. Hie und da eine Spur im Schnee, wo ein Hase oder Fuchs gelaufen ist. Die Frau vom Justin ist schwanger, man hat es der Glöcknersfrau schon angekündigt. Die alte Catherine rührt sich nicht mehr von ihrem Platz neben dem großen Ofen, sie hustet und schläft den ganzen Tag. Die Kinder gehen in die Schule, manchmal tritt auch der Pfarrer dort ein. Jeden Morgen und jeden Abend das Hin und Her der Laternen, im Wald fällt man Bäume, die Säger arbeiten mit ihrer Säge. Wenn die Nacht herabgesunken ist, herrscht rings um das Dorf eine solche Stille und eine so große Einsamkeit, als wäre alles in alle Ewigkeit tot und gestorben. Manchmal geht ein bleicher Mond auf und zieht mit langsamem Schritt durch die weite Öde des Himmels; der Mond ist aus Eis, und alles unter ihm ist aus Eis. Ein Strahl, der über die ungebrochenen Flächen gleitet, läßt die unbeweglichen Weiten schwach aufleuchten, und alles ist noch lebloser. Sogar das Gefunkel der Sterne ist schwächer, und sie zittern nicht mehr. Nichts als ein bläulicher Staub, die großen weißen Linien der Grate und die unbestimmte Leere der tiefen Schluchten, in die der matte Schein nicht eindringt.

Man hat das Quietschen der Schweine gehört, es ist Schlachtzeit. Eines Morgens ist alles hergerichtet. Das Tier wird hinter dem Haus abgestochen. Die langgezogenen Schreie ziehen durch die verwunderte Luft, ein pfeifendes

Schreien, das sich hebt und senkt; sie ersticken, verstummen einen Augenblick und enden mit einem letzten schluchzenden Laut. Später sieht man den Mann und die Frau mit einem großen, hölzernen Eimer zum Brunnen gehen; sie holen die weißen Gedärme hervor und ziehen sie in der Luft zu ihrer ganzen Länge aus.

Auch ein Maultier hat man geschlachtet. Da es zu nichts anderem mehr zu gebrauchen war, wird es jetzt gegessen. Ein Maultier kostet viel Geld, ein gutes Maultier ist soviel wert wie ein Pferd, manchmal sogar mehr. Dieses hier ist viele Jahre lang unter dem fest angeschnallten hölzernen Packsattel über die schmalen Bergpfade gewandert, wo kein anderes Tragtier durchkommen kann. Bald hat es Holz getragen, bald Dünger oder Korn, oder den neuen Wein in den Fäßchen und manchmal auch seinen Herrn. Es ist die steilen Hänge hinaufgeklettert, wo die Steine unter seinen kleinen Hufen hinabrollten, und hat ein wenig Stroh oder Gras gefressen, aber jetzt ist es zu alt geworden, und man hat es mit einem Schlag des Holzhammers getötet.

Und der Winter geht weiter mit seinen ständig gleichen Tagen in der großen Helligkeit. Sie gleichen einander so sehr, daß man sie nicht mehr auseinanderzuhalten vermag. Ihr Fortschreiten und Dahingehen wird nicht mehr durch das neue Grün der Lärchen oder das höher werdende Gras oder das Vergilben der Kornfelder festgehalten, und auch nicht durch die Umkehr der Natur, den Rückwärtsgang der Herbstzeit. Jetzt ist überall Reglosigkeit. So kommt Weihnachten heran.

Im ganzen Dorf herrscht Freude. Der Mesner und der Glöckner waren im Pfarrhaus trinken, und überall wird Glühwein gebraut. Man tut Zucker und Zimt und Gewürznelken hinein und schluckt ihn kochend heiß. Das ist ein Genuß, aber man tut es auch, um innerlich gut aufzuheizen, denn in der Kirche gibt es keinen Ofen. Man trinkt also, man ißt, und es scheint, als senke sich ein Glück vom

Himmel auf die Erde herab, wie einst zur Zeit der Engel, die den Menschen die frohe Botschaft verkündeten.

Um elf beginnt es schon zu läuten, und so läutet es bis Mitternacht. Dann gehen alle in die Kirche. In dem Schein, der von oben herabdringt und von der Weiße unten heller zurückgestrahlt wird, ragen die weißen Mauern bläulich empor; die Fenster sind noch fast dunkel. Die Leute machen sich, die Hände in den Taschen, auf den Weg. Die ersten Schritte ertönen auf dem harten Schnee. Der Weg ist jetzt ausgetreten, er gleicht einem tiefen Graben zwischen zwei Mauern. Auf den Steinfliesen hallen die Schritte noch lauter. Viele kleine Schatten drängen sich unter dem Portal, wo kaum ein matter Schein zittert, und verschwinden in der Kirche. Plötzlich erhellt sich das Portal, und auch die Fenster heben sich jetzt als rötliche Vierecke von dem schwärzlicheren Blau der Nacht ab. Alle haben nämlich ihre Wachsstöcke angezündet und vor sich hingestellt.

Sie betrachten die Krippe, die heute zur Erinnerung an Christi Geburt vor dem Altar aufgebaut ist. Das Kindlein im Stroh, Maria kniet neben ihm, Joseph steht mit gefalteten Händen dabei; im Hintergrund Ochs und Esel und schließlich die Heiligen Drei Könige mit ihren Gaben. Die Leute denken an die fernen Zeiten, an die Länder in der Ebene, wo man nachts draußen auf dem Feld schläft, an die Gestalten, die Hirten waren wie sie selber. Der Ochs und der Esel sind ihnen vertraut, ebenso wie das Jesuskindlein und Maria und Joseph selber. Bloß die drei Könige sind erstaunlich anzusehen, besonders der Schwarze mit seiner großen Mütze aus ineinandergewickelten Tüchern.

Weihnachten ist vorbei, und jetzt kommt Saint-Hilaire, der Feiertag der Maultiere. Darum läßt man sie an diesem Tag im Stall. Sie dürfen auf der warmen Streu liegen und sich einmal gründlich ausruhen, anstatt wie sonst an Werktagen ihre Last zu schleppen, und man schüttet ihnen trotzdem das gute Heu in die Raufe und gibt ihnen zu trinken.

Meinrad Inglin

Am 24. Dezember, abends nach dem Hauptverlesen …

Am vierundzwanzigsten Dezember, abends nach dem Hauptverlesen *(Appell)*, fuhr die Postordonnanz der Kompagnie Honegger einen hochbeladenen Handkarren auf den Schulhausplatz des kleinen Grenzdorfes und begann, von der Mannschaft umringt, Briefe und Pakete zu verteilen. Paul wartete neben Albin, wurde aufgerufen und schlug mit einem Kistchen unter dem Arm den Weg zum Kantonnement ein. Albin, der wie viele andere seine Weihnachtspost schon gestern empfangen hatte, war neugierig, ob sein Gruppenkamerad Wegmann auch diesmal leer ausgehen würde. Füsilier Wegmann, der Damenschneider, war in den letzten Tagen gegen seine Gewohnheit und übrigens ohne Erfolg auch dageblieben, bis der Mann mit der verheißungsvollen Armbinde die eingelaufene Post verteilt hatte. Er stand jetzt wieder dort, etwas abseits, um sich nicht zu verraten, bei zwei Füsilieren eines andern Zuges, mit denen er ein Gespräch anknüpfte. Indessen verließ ein Mann nach dem andern den Kreis, um im Kantonnement, in der Soldatenstube oder gleich hier auf dem Platze seinen Brief zu lesen, sein Paket zu öffnen; zuletzt warf der Pöstler die entleerten Säcke auf den Karren und hing sich die Tasche um. Da schlenderte Wegmann an ihm vorbei. »Nichts für mich gewesen?« fragte er beiläufig.

»Das weiß ich nicht mehr, ich habe alles verteilt«, antwortete der Gefragte gleichgültig und schob den Karren von dannen.

Wegmann mit seinem unschönen guten Gesicht und seinen großen leeren Händen ging weiter, betrat nach kurzem Herumschlendern das Kantonnement und legte sich auf den Rücken ins Stroh.

Paul und Albin gingen indessen als Abgeordnete ihres Zuges mit den Unteroffizieren in den nahen Gasthof zum »Kreuz«, wo alle für die Kompagnie bestimmten Geschenke im ersten Stock auf verschiedenen Tischen aufgestapelt waren. Der Wirt entfernte hier eben mit der Hilfe von Soldaten die Zwischenwand, die das Eßzimmer von einem andern Gemach getrennt hatte, so daß nun ein ansehnlicher Raum entstand, der sich als Festlokal für einen der vier Züge wohl eignete. In einer Ecke erhob sich vom Boden bis zur Decke eine schön gewachsene junge Rottanne.

»Die Zugsdelegierten hieher!« rief der Fourier geschäftig und erklärte, als sie eintraten: »Es müssen rund zweihundert Pakete gemacht werden. Jeder Angehörige der Kompagnie erhält ein Weihnachtspaket. Jetzt wollen wir den Bestand aufnehmen.«

Die Geschenke wurden sortiert, gezählt und abgeteilt, Unterkleider, Socken, Lismer, Handschuhe und ähnliche Dinge, dann Eßwaren aller Art, Schokolade, Früchte, Backwerk, Dauerwürste, ferner Stumpen, Brissagos, Zigaretten, Briefpapier, Kalender, »Gute Schriften«, Bücher und am Ende auch Christbaumschmuck. Bei den Sammelstellen waren aus dem ganzen Lande so viele Geschenke für die Wehrmannschaft eingetroffen, daß jede Kompagnie ein reichhaltiges Lager davon anlegen konnte.

Paul betrachtete zuletzt, als das Lager gleichmäßig auf die vier Züge verteilt wurde, den Christbaumschmuck und sah sich einem Mann aus dem vierten Zug gegenüber, dem Füsilier Bolliger, der äußerst vorsichtig eine Schachtel mit sechs zerbrechlichen bunten Kugeln vom Tische hob.

»Würdest du mir tragen helfen und die Schachtel da nehmen?« fragte Bolliger. »Nur in unser Zugslokal hinüber. Ich hab' Angst, ich könnt' etwas zerbrechen.«

»Jaja, gern!«, antwortete Paul.

Bolliger nickte dankbar und legte die Schachtel mit zögernder Sorgfalt in Pauls Hände, dann sagte er leise, vertraulich: »Du! Wer hätte das gedacht? Sie haben uns daheim nicht vergessen!«

Paul blickte ihn kurz an und bemerkte, daß der Mann feuchte Augen hatte. Er runzelte die Stirn und trug die Christbaumkugeln mit finsterer Miene behutsam hinaus.

Am folgenden Morgen marschierte die Kompagnie zu einem Feldgottesdienst, am späten Nachmittag hörte sie eine von Orgelvorträgen umrahmte Ansprache in der Dorfkirche, und abends versammelten sich die Züge in ihren Lokalen zur Bescherung.

Die Abendfeier im Gasthof zum »Kreuz« begann nicht verheißungsvoll. Die meisten Leute schwankten offenbar zwischen Übermut und Verlegenheit, sie verzerrten entweder die gemeinsam angestimmten Weihnachtslieder zu einer Art von Kneipgesängen, indem sie das Tempo übermäßig beschleunigten und die Melodie bald mit der Kopfstimme sangen, bald pfiffen, oder sie schwiegen überhaupt dazu und überließen das Lied den paar Eifrigen, die es angestimmt hatten. Erst als jeder Mann nach Belieben seine Gabe suchen durfte, schien der Zwiespalt überwunden. Der geschmückte Baum stand noch im warmen Glanz seiner goldenen Flämmchen, darunter lagen, zu einem breiten Halbkreis geordnet, die vielen Pakete, und die Leute traten erwartungsvoll lächelnd hinzu.

Paul betrachtete neugierig die Kameraden, die am Tisch ihre Pakete aufmachten, und erlebte jedesmal eine deutliche Genugtuung, wenn sich ein dankbares, gerührtes oder freudiges Gesicht über die Gaben beugte. Es gab auch Leute, die sich verstellten und entweder eine unangemessene Überraschung vorspiegelten oder die bescheidenen Dinge spöttisch nüchtern prüften.

Albin saß neben Wegmann und packte gleichzeitig mit ihm die Geschenke aus. Wegmann tat es wie ein leicht verstimmtes Kind, er wußte offenbar nicht, was er dazu sagen sollte, und begann schweigend von den Süßigkeiten zu essen.

»Du hast da ja eine ganze Winterausrüstung!« sagte Albin und betrachtete Wegmanns kleines Warenlager. »Das sind nicht üble Socken, die kann man brauchen … und Unterhosen, die sind auch recht. Handschuhe haben wohl alle bekommen … es sind gestrickte, Frauenarbeit. Nimmt mich wunder, wer meine gemacht hat … Vielleicht wären die Frauen auch neugierig, für wen sie gearbeitet haben.«

»Das ist ihnen wahrscheinlich wurscht«, entgegnete Wegmann kauend.

»Glaub' ich nicht! Ein bißchen Liebe haben sie doch hineingestrickt, sonst hätten sie gar nicht angefangen … Wie ist der Lebkuchen?«

Wegmann nickte gelassen anerkennend.

»Ich hab' einen ganzen Haufen Schleckzeug … ich bin nicht so darauf versessen, du kannst von meinem nehmen … da, nimm das nur alles!«

»Dann hast ja du nichts mehr? Behalt's doch für dich, du wirst doch …«

»Nein, nein, nimm's nur, Wegmann … sicher, nimm's jetzt!«

»So, ja … dann … merci!«

Paul, der den beiden gegenübersaß, hatte Wein bestellt, nun schenkte er ihnen ein, aus einer offenen Literflasche.

»Prost!« sagte Wegmann und trank, dann setzte er nachdenklich ab, trank abermals und bemerkte endlich mit einem fragenden Blick auf Paul: »Das ist aber … Italiener ist das nicht … ?«

Paul legte den Finger auf die Lippen, beugte sich über den Tisch und erklärte leise: »Es ist kein offener Wein, es ist Beaujolais. Ich hab' ihn in diese Flasche abfüllen lassen, damit die andern nicht das Maul aufreißen. Trink nur soviel du willst!«

Wegmann lächelte verständnisvoll, kostete den Wein noch einmal und nickte, dann barg er die größere Hälfte seiner Gaben vorsorglich wieder im Packpapier und ließ nur ein paar Eßwaren vor sich liegen. Unmerklich taute er auf.

Vor dem Baume stritten sich die Unteroffiziere freundschaftlich, ob man die Kerzenstümpchen abbrennen lassen oder sie löschen und später ein zweitesmal anzünden wolle. Schließlich wurden sie gelöscht.

Ein fröhlicher Betrieb hob an, an allen Tischen wurde geschwatzt, gelacht, gesungen, ein Gefreiter trug zur Laute Soldatenlieder vor, und zwei als Mädchen verkleidete Füsiliere führten eine Posse auf. Die Offiziere der Kompagnie machten die Runde durch die Zugslokale, sie kamen auch hieher und verbrachten eine ungezwungene Stunde mit der Mannschaft. Leutnant Tobler spendete seinem Zug fünf Doppelliter Walliser. Von Zeit zu Zeit erschien der Feldweibel und verlas Telegramme. Die Regierung des Kantons Zürich versicherte, daß sie der Truppen von Stadt und Land in dieser Stunde besonders dankbar gedenke, und wünschte frohe Festtage und baldige Heimkehr. Hauptmann Honeggers Vorgänger, jetzt Major im Generalstab, telegrafierte von Bern: »Ein Hurra der zweiten Kompagnie!« Ein erkrankter Kamerad schickte aus dem Elternhaus ein paar Worte an seinen Zug.

Gegen Mitternacht, als die Leute nach dem reichlichen Genuß von Wein und Bier in eine schon wieder schwankende Stimmung geraten waren, und die noch einmal angezündeten Lichter des Christbaums eben zu Ende flackerten, verlas der Feldweibel das letzte Telegramm: »Wir wünschen euch allen von Herzen fröhliche Weihnacht! Die dankbaren Schweizer Frauen.« Den Worten folgte eine kurze Stille, dann setzte das Lachen und Schwatzen wieder ein, da und dort sehr lebhaft und offenbar mit Bezug auf den Glückwunsch der Frauen. Füsilier Bär gab einer angeregten Runde laute, sonderbare Erklärungen ab und stand mehrmals auf, damit alle ihn hören sollten. Paul und Albin beachteten ihn zuerst nur flüchtig, doch erregte er bald auch ihre Aufmerksamkeit.

Jemand hatte des dichten Rauches wegen die Tür geöffnet, die auf den schmalen Balkon hinausführte, und dorthin trat jetzt Bär, immer redend und gestikulierend, in den kalten Luftzug, der drinnen den Tabaksqualm auseinanderfegte, vor die Winternacht, die als bläulich dämmernder Ausschnitt sichtbar wurde. Er sprach mit erhöhter, hohler Stimme abwechselnd in die Nacht hinaus und in den Saal hinein, bald leidenschaftlich, bald elegisch, doch ohne rechten Zusammenhang. »Wir tun unsere Pflicht, jawohl, zum Schutz des Vaterlandes … aber das Vaterland kann uns gestohlen werden … es ist Nacht geworden, und es sollte Weihnacht sein. … ich rufe es hinaus in diese Nacht. Ich bin ein Mensch, wir alle sind Menschen … warum sind wir hier, was tun wir hier … wo sind die Frauen, sie sollen sich zeigen … und nicht im Frieden und nicht im Krieg … «

Paul sah, wie der merkwürdige Redner auf unsichern Beinen mit einem fanatischen Ausdruck sein hageres Gesicht hin und her warf, und begann sich erstaunt zu fragen, ob dies noch Scherz sei oder nicht.

»Beruf, Familie und die Verantwortung!« rief Bär. »Die Verantwortung vor Gott und Vaterland … was, Gott und Vaterland …? Zu Hause liegt meine Alte und meine kleine Brut … wer ein Herz hat, der weiß … eine verfluchte Gaunerei … Weib, Kinder und Beruf zum Teufel …«

»Dem ist es ja ernst!« sagte Paul leise, betroffen.

»Natürlich!« bestätigte Kuhn. »Er ist im trunkenen Elend, ich hab' ihn schon einmal so gesehen. Jetzt wird er dann bald heulen, paß auf!«

»… und ich habe ein Herz, hier schlägt es!« fuhr Bär heftig fort, riß unter dem offenen Waffenrock unversehens sein Hemd auf und schlug sich mit der Faust an die nackte Brust. »Ihr Sterne dort oben, da! Ihr Menschen, da!« schrie er heiser.

»Das ist peinlich!« sagte Paul gequält zu Albin und erhob sich. »Ich gehe.«

»Ich komme mit, es wird sowieso bald Schluß gemacht«, antwortete Albin und stand auch auf, zögerte aber einen Augenblick und rüttelte Wegmann an der Schulter. »He du, kommst du mit? Wir gehen!«

Wegmann hatte beide Arme auf dem Tische verschränkt und den Kopf darauf gelegt. Er gab keine Antwort, vielleicht schlief er, vielleicht auch nicht. In der Nähe sang eine Gruppe zum vierten- oder fünftenmal laut, falsch und schleppend ein kurzes, trauriges Volkslied. Ein paar Leute standen auf und versuchten Bär zu besänftigen.

Albin holte Paul auf der Treppe ein und trat mit ihm auf die Straße. Der Schnee knirschte unter ihren Sohlen, die Nacht war kalt und klar. Sie hörten noch, wie droben die Balkontür zugeschlagen wurde, und sahen eine Wachpatrouille, die vor dem Gasthof beratend stehen blieb und dann weiterzog. Schweigend gingen sie in ihr Kantonnement.

Andri Peer

Weihnachten in Carolina

Carolina ist der Name eines Weilers von vier Häusern, dort, wo die feine punktierte Linie zwischen Oberengadin und Unterengadin das Tal überquert. Vier bescheidene Bahnwärterhäuser sind es, am Rande der Schlucht, die das krumme Val Tantermozza in den bröckeligen Fels des Nationalparks eingeschnitten hat. Sie wurden um 1913 gebaut, wenn ich nicht irre, und dienen seitdem als Ausweichstation der Rhätischen Bahn, weil sonst die Strecke zwischen Zernez und Cinuos-chel mit ihren Tunnels und Viadukten zu unübersichtlich wäre. Woher rührt der fremd klingende Name? Man erzählt sich, daß italienische Bauarbeiter die Station nach einem Mädchen getauft hätten, das einer von ihnen im venezianischen oder aemilianischen Tiefland zurückgelassen hatte – Carolina.

Da wohnten wir mit zwei andern Familien, die noch kinderreicher waren als die unsere: die Müllers mit zwölf Kindern, die Kochs mit neun. Die Ältesten waren schon erwachsen, als die Jüngsten noch gehen lernten. Es schauderte uns, von unserem Unterengadiner Dorf in diese verlorene Waldlichtung hinaufzuziehen; aber mein Vater war umgeteilt worden. Nun fing also das Einsiedlerleben an. Der Winter würde lang sein, weniger für uns Kinder, die nach Zernez zur Schule gingen, und für meinen Vater, der jeden Tag auf der Strecke arbeitete, als für meine Mutter, die mit dem Kleinsten daheim blieb in dieser Tanneneinsamkeit.

Die Landstraße führt auf der andern Talseite vorbei (man hört die Autos kaum), aber die Bahn belebt wenigstens in regelmäßigen Vorbeifahrten das verlorene Nest. Zwei Häuser liegen unmittelbar an der Bahnlinie; die zwei andern etwas tiefer, auf einer kleinen Terrasse. In einem dieser letzteren Häuser wohnten wir. Das Nachbarhaus wurde nur im Sommer von Feriengästen bezogen. Oben und unten drängt sich der Tannenwald dicht an die Häuser heran, und über der Schlucht der Tantermozza hing unser Gärtlein, wo die Mutter unverdrossen ihre Salatköpfe, Kohlrabi und ein paar Blumen zog, auch wenn die Hirsche, nachts über den hohen Drahtzaun setzend, die Hälfte wegfraßen. Eine hohe Brücke aus Steinquadern, mit drei mächtigen Pfeilern, trägt die Bahnlinie auf die andere Seite des Tobels hinüber. Darunter fließt der Bach, und bald darauf mündet er in den Inn. Wenn man quellwärts seinem Lauf folgt, gelangt man ins wilde, krumme Val Tantermozza, wo die Berge ihre Schichtung in mächtig gewundenen Falten vorzeigen. Früher lebten hier sicher Bären und Luchse. Jedenfalls fand ich mit meinem Großvater hoch oben noch eine vermoderte Bärenfalle. Heute ist Tantermozza ein ungestörtes Gems- und Steinbockrevier. Rudelweise zieht das Wild über das helltönende Geröll und wechselt über die Gänge des Muot sainza Bön und des Piz d'Esan in die Einstände des Haupttales, wo sich die Gemsen öfters unter die Geißen mischten, die wir im Sommer zu hüten hatten.

Wie lange würden wir hier oben bleiben? Wir wußten es nicht. Die Mutter ersorgte jeden Winter. Das Haus war gebaut ohne eine Vorstellung von dem, was eine Familie braucht, wie die meisten Bahnhäuser aus jener Zeit. Eine kleine fröstelige Küche, eine zu hohe, roh getäferte Stube mit einem Zylinderofen, den wir bald gegen einen grünen Kachelofen auswechselten – die Stube schaute gegen Norden; oben waren Schlafkammern. Die Mauern waren viel zu dünn und ungenügend isoliert für die Kälte in diesem Tal. Ein Brunnen, eine kleine Wiese, wo man beständig Baumschosse ausreißen mußte, wo der Wald seine Samen wie Trümpfe hinwarf und der Habicht an den Sommernachmittagen die offene Schere seines Schattens frech über unsere Hühner kreisen ließ.

Ich denke zurück an Weihnachten. Stille Weihnachten, ohne Besuche, ohne andere Überraschungen als jene des Winters: der erste Schnee fiel meist schon Ende Oktober; nach den Festtagen brach gewöhnlich das Tauwetter ein. Uns blieb eine wirkliche Waldweihnacht wie auf alten Kupferstichen. Wir Kinder freuten uns auf den Christbaum im Haus an der Brücke. Auch hatten wir jedes Jahr allerhand vorzubereiten für die Schulweihnacht, die am dreiundzwanzigsten in Zernez stattfand. Am Morgen früh fuhren wir mit dem Zug ins Dorf. Meist waren wir unser zehn bis zwölf, so daß wir wohl auf einen eigenen Lehrer bei uns oben Anspruch gehabt hätten. Aber in Carolina gab es kein Schulhaus, und in einigen Jahren – so urteilte man im Schulrat von Zernez – wäre die Schülerzahl ohnehin zurückgegangen.

Abends fuhren oder marschierten wir heim, wie es sich eben gab. Der sieben Kilometer lange Weg war bei schönem Wetter ein Spaziergang für unsere jungen Beine. Hatten wir noch Konfirmandenunterricht oder Handarbeit, so wurde es dunkel, bis wir das kürbisgelbe Schulhaus verließen, und wir benützten dann den 6-Uhr-Zug, sangen während der Fahrt unsere Schullieder oder zeichneten Ringe und Schnörkel auf die angelaufenen Scheiben des rüttelnden Drittklaßwagens und schauten hingerissen zu, wie das zitternde Licht unsere Zeichnungen auf die düstere Tunnelwand warf. Bis Mitte Dezember waren wir oft schon tief eingeschneit; die Züge hatten Verspätung, und oft kamen wir nach Schulbeginn an. »Ja ja, die von Carolina!« hieß es dann. Die Weihnachtsfeier der Schule wurde im »Hotel Bären« abgehalten; in der Schule hätten wir nicht genug Platz gehabt. Aber vorher ging man noch in die Schulstuben und probte Lieder und Gedichte. Die Mädchen hatten Kerzen auf die Schulbänke und aufs Lehrerpult gestellt. Der Lehrer sah im warmen Licht viel freundlicher drein und putzte nicht ständig an seiner Brille herum wie sonst – wie ein Sankt Nikolaus ohne Bart –, dachten wir. Auch die Lieder klangen viel besser in diesem Duft von Wachskerzen und Nüssen. Dann ging man ins Gasthaus, wo im geschmückten Saal schon die Leute warteten.

Wir hatten die Bühne für uns, eine Bühne, die schon manche vielgerühmte Theateraufführung erlebt hatte: den »Wilhelm Tell«, den »Verrat von Novara« ... Den Vorhang schmückte eine farbenfrohe, perspektivisch stark verkürzte Ansicht von Zernez mit dem Piz Linard im Hintergrund. Die verschiedenen Klassen präsentierten sich mit einem Lied, Schüler sagten Gedichte auf, diese oder jene Klasse gab ein kleines Weihnachtsspiel. Warum kann ich mich so schlecht an diese Weihnachtsspiele erinnern? Aber in jenem Jahr hatte ein Schüler unserer Sekundarschule den Text geschrieben, und dieses Spiel ist mir gut im Gedächtnis geblieben. Die Geburt des Heilands war in ein Maiensäß verlegt; die Hirten hatten nicht weit zu laufen, aber die Drei Könige kamen schwer keuchend vom langen Waten durch den Schnee an und erzählten von Lawinen, von Wächten und Schneestürmen auf den Pässen. Und es wollten auch alle Tiere des Waldes den kleinen Jesus sehen: ein Reh, das singen konnte (man glaubte ihm sogar seinen Stimmbruch), ein Rabe, der Großes weissagte, ein Bär, der zottig hereintrollte und sich um jeden Preis von Maria scheren lassen wollte, »damit das Kind warm habe«. Singende Meisen flatterten vor der Krippe, ein Hirsch erschien, der auf jeder Sprosse seines Geweihs ein brennendes Kerzlein trug und die Maiensäßhütte wunderbar erleuchtete; ein Eichhörnchen war auch da, das seinen ganzen Vorrat an Haselnüssen opfern wollte und nicht nachgab, bis sie's annahmen, und sogar ein Steinadler war zu sehen, der sich anerbot, in seinen Fängen eine Wolldecke vom Dorf heraufzutragen. Als Josef sich dagegen verwahrte, gestohlenes Gut anzunehmen, da fuhr sich der Adler in wahrhaft königlicher Gebärde mit gespreizten Krallen über die Brust und riß sich eine Bahn

Federn aus, man wußte nicht, ob aus Zorn oder aus Herzensgröße. Eine Gemse stand da mit schiefem Haupt und schwieg. Die Gemse war ich. Ich hätte gern etwas gesagt, etwas angeboten; aber für mich hatte der Stückeschreiber von der dritten Sekundar nichts Weiteres vorgesehen.

Nachher machten die Knaben noch eine Turnerpyramide, die lebhaft beklatscht wurde. Diese Pyramide beschloß jedes Jahr das Fest. Dann durften wir aus der Hand des Lehrers die Gaben entgegennehmen: einen »Scarnuz« mit Mandarinen und Nüssen, gestiftet vom Frauenverein, und den »Dun da Nadal«, ein Heft mit Rätseln und Geschichten von weihnächtlichem Einschlag. Darauf öffnete sich die Seitentüre des Saales; ein eisiger Luftzug wehte herein, die Feier war zu Ende.

Wir Caroliner hatten einen langen Heimweg vor uns. Aber zum Glück wölbte sich der klarste Sternenhimmel über das Tal, als wir an den letzten Lichtern des Dorfes vorbeitrotteten und auf der Landstraße die Wälder durchquerten, jedes mit seinem Papiersack und dem »Dun da Nadal« unter dem Arm, die Hände in warmen Handschuhen oder im Hosensack, den knisternden Schnee unter den Füßen. Alles knisterte: der Wald im Geglitzer der Eiskristalle, die Wegränder, der Schnee unter unseren Schuhen und die Sterne über uns. Wir marschierten in Grüppchen zu zweien und zu dritt eng beieinander, nicht weil uns die Nacht Angst eingejagt hätte, sondern weil wir so das Gefühl hatten, wärmer zu haben. Ich ging in der zweiten Gruppe und hielt Clergia vom oberen Haus die Hand: denn sie rutschte auf der von den Schlittenkufen glatten Straße immer wieder aus. Wenigstens gab sie vor, ihre Sohlen seien nicht mehr griffig. Ich mochte Clergia gut. Sie war ein schweigsames, großäugiges Mädchen, und ich hatte es gern, wenn sie mich still und lang anschaute. Ihre Hand fühlte ich warm und vertraut in der meinen. Wenn sie wieder ausglitt – der Weg war wirklich glatt bei dieser Kälte –, hielt ich sie fester. Wir schritten tüchtig aus: da war die große Wiese von Röven, von der aus man den Piz Linard so schön sieht. Und da war schon das Val Raschitsch; dort drüben schimmerte der Granitsteinbruch, und der dunkle Sarg dort vorne, quer über den Inn, das war die hölzerne Brücke von Prazet. Dort werden wir nach links abzweigen und am Rande der Schlucht allmählich zu unseren Häusern hinaufsteigen, die schon mit ihren rötlichen Lichtern durch die Tannenäste glommen. Wir nehmen die Abkürzung über die Eisenbahnbrücke. Das ist zwar verboten, aber zu dieser Stunde fahren ja keine Züge mehr. Aus dem Val Tantermozza pfeift ein kalter Bergwind. Daheim warten sie schon mit einem warmen Imbiß auf uns. Also: »Chau, bunas Festas!«

»Bunas Festas!« sagen alle. »Am zweiten Weihnachtstag schlitteln wir dann drüben auf der Landstraße«, rufen Burtel und Nuot, die beiden Größten. »Ihr nehmt eure Davoser mit; denn auf dem Bob (sie hatten selber einen gebaut) haben nur vier Platz.«

»Schi chau, buna not!«

Ich drückte Clergia die Hand. Sie habe dann noch etwas für mich, flüsterte sie. Und als ich erstaunt tat, berichtigte sie schnell: »Nur etwas Kleines, das ich selber genäht habe. Kommst du's morgen holen?« Ich nickte.

Es war herrlich, am vierundzwanzigsten auszuschlafen; die Mutter weckte uns erst um halb neun. Sonst mußten wir immer um sieben Uhr auf den Zug. Vater war schon weg; er würde erst zum Abendbrot heimkommen, bemerkte die Mutter. »Dir, Alesch« fuhr sie fort, »hat er das kleine Beil gerichtet, damit du im Wald unsern Christbaum holen kannst.«

»Wie hoch willst du ihn haben?« Sie hob die flache Hand über meinen Kopf, wie um mich zu segnen:

»So groß etwa«, meinte sie. »Einen größern kannst du nicht heimtragen, und dann habe ich auch nicht so viel Christbaumschmuck ...«

»Doch, doch, die goldenen Nüsse von Onkel Rudolf

aus Zürich sind alle noch da«, sagte meine Schwester. Sie hätte eigentlich gar nicht wissen dürfen, wo die Mutter den Weihnachtsschmuck versteckt hielt.

»Die Nüsse hat das Eichhörnchen geholt«, scherzte die Mutter, »aber jetzt geht! Du, Tumaschin, könntest mir wohl zwei Körbe Heublumen sieben für die Schweine.«

Ich stapfte gern für mich allein durch den Wald. Der Schnee war noch weich, aber nicht allzu tief. Von den oberen Häusern führte ein Waldweg im Zickzack den Hang hinauf, und so kam ich rasch vorwärts. Ich wollte das Bäumchen nicht gerade an der Waldgrenze oben suchen, aber auch nicht in Rufweite unseres Hauses. So stieg ich mit meinem Beil ein Stück weit hinan, schaute den Meisen nach, die unter den verschneiten Zweigen herumturnten, daß der weiße Staub in der Sonne funkelte. Was sie da in der ganzen Meisenfamilie pfiffen, war so fein wie Mutters gesticktes Seidenkissen.

Ich dachte, daß ich nachher, auf dem Rückweg, noch bei den oberen Häusern vorbeigehen könnte, nicht damit sie meinen Christbaum sehen konnten, aber ein wenig doch wegen des Christbaums. Clergia war vielleicht daheim … nein, es war doch besser, den Christbaum auf dem kürzesten Weg heimzuschaffen. Es sah sonst aus, als ob ich auf Clergias Geschenk gewartet hätte. Das konnte sie mir ja am Nachmittag beim Wasserholen noch geben.

Zuerst mußte ich übrigens meinen Christbaum finden. Kleinere Tannen von der gewünschten Größe waren genug zu sehen, aber keine war mir schön genug. Gefiel mir eine auf Entfernung, so lief ich hin, ging um sie herum und prüfte ihren Wuchs. Bald war eine Seite zu licht oder der Wipfel zu hoch; bald fehlte es an der zierlichen Biegung der Äste, oder die Zweige waren struppig wie bei einem Hexenbesen. Vater würde sich das Bäumchen heute abend genau ansehen, er mit seinem scharfen Blick. Er war Holzakkordant gewesen, bevor er, in der Krisenzeit, die Stelle bei der Bahn annahm; ihm war nichts vorzumachen.

Also suchte ich überall, spähte mit zusammengezogenen Augenbrauen, rannte, schlug Haken wie ein Hase, stampfte wieder zurück zu einem Tännchen, das ich vielleicht zu leichtfertig ausgeschieden hatte, verglich, verwarf, verzweifelte. Dann plötzlich, an einem Holzries im noch unberührten Schnee stand eines da, wie hergezaubert, ein vollkommenes Bäumchen von sattem Dunkelgrün, schlank und doch gut im Wuchs, ebenmäßig wie mit der Feder gezeichnet, kurz, ein Bäumchen, das nur darauf gewartet hatte, Christbaum zu werden. Ich konnte einen Ausruf der Freude nicht unterdrücken. Daß die andern den nicht entdeckt hatten! dachte ich und fand ihn vollkommener, je näher ich kam. So etwas findet man nicht alle Jahre, selbst wenn man wochenlang in den riesigen Wäldern von Zernez herumstreifen würde. Übrigens durften nur wir Caroliner unsere Christbäume holen, wo wir wollten. Den Zernezern war der Waldbezirk, wo sie sich bedienen konnten, vorgeschrieben. Sonst hätte irgendein Halbverrückter noch im Bannwald geholzt.

Ich klopfte den Schnee am Fuß meines Bäumchens weg, um sein Stämmchen möglichst lang zu bekommen, und griff zum Beil. Eigentlich hätte es einem weh tun sollen, so einen hoffnungsvollen jungen Baum zu fällen. Doch der Wald um mich her war so groß, so unerschöpflich. Das wuchs und wuchs, und Weihnachten war nur einmal im Jahr. Er fiel nach wenigen Schlägen weich in den Pulverschnee. Ich band die Äste behutsam mit einer Schnur an den Stamm, schob noch einige Zweige hinein, die ich größeren Tannen abschnitt – Mutter brauchte sie als Unterlage und um die Pakete zu schmücken, die sie ihren vielen Patenkindern sandte – und trug stolz wie das Wildmannli mein Bäumchen heim. Ja, sie machten Augen. Mochten sie nur schmunzeln, während ich den Stamm mit gutgezielten Beilhieben dem Loch des Standkreuzes anpaßte.

Am Nachmittag mußten wir frisches Trinkwasser

holen. Jedes Jahr fror uns beim Einbruch der ersten Kälte die Wasserleitung ein, und dann, bis sie wieder auftaute oder die Bahnmonteure den Brunnen mühsam zum Fließen brachten, mußten wir mit einem Rollwagen eine Meile über Carolina an einer Quelle Wasser holen. Das war eine Arbeit für die Kinder; die Väter waren fort, und die Mütter haben ja in den Weihnachtstagen alle Hände voll zu tun. Wir luden vier Milchtausen auf den Rolli und stießen ihn hinauf in die Nähe der Quelle, füllten mit unsern Eimern die Tausen und rollten auf unserem Gefährt wieder zu den Häusern zurück. Das Ding fuhr lustig los, denn das Trassee steigt ja dem Oberengadin zu. Der Älteste durfte jeweils die Bremse bedienen. Natürlich mußten wir zum Wasserholen die Zeit zwischen zwei Zügen ausnützen und durften mit unserer Arbeit nicht trödeln. Konnte nicht unerwartet ein Zug im Einschnitt auftauchen oder eine Lokomotive, die man von Samedan ins Unterengadin hinunter beorderte, oder eine Draisine? Das hätte zwar der Mann vom Bureau erfahren und würde uns gewarnt haben. Wir mußten auch einmal mit viel Mühe den schon abfahrtsbereiten Rolli entladen und mit vereinten Kräften vom Geleise wegheben, nur weil im Unterengadin ein Zug steckengeblieben war und eine neue Lokomotive brauchte, die auch bald merkwürdig fremd an uns vorbeirasselte. Dieses Wasser würde für die Festtage reichen. Wir sparten damit, so gut es ging. Aber waschen mußten wir uns, und viel Kaffee und Tee trinkt man auch in diesen kalten Tagen.

Clergia war mitgekommen, ihre Mutter brauchte auch Wasser. Wir waren nicht allein, so daß sie mir das Geschenk erst gab, als ich ihrem Bruder half, die schwere Tause in die Küche zu schaffen. Es war ein flaches, in Goldpapier gewickeltes Paket, das sich weich anfühlte und das ich noch einmal zusammenlegen mußte, damit es in der Innentasche meines Kittels Platz fand. Ich dankte, ergriff ihre Hand. Sie blickte nach der Türe, wo ihre Mutter und der

Bruder eben verschwunden waren. »Es ist nur etwas ganz Kleines«, sagte sie leise und errötete und nestelte am Saum ihres Pullovers.

»Es ist sicher sehr schön«, sagte ich albern und verriet, daß ich auch noch etwas für sie bereit hatte. »Aber ich habe es noch nicht ganz fertig.«

Sie lächelte. »Ich habe nicht erwartet, daß du ... jetzt auch ...«

»Was ich dir schenke, ist nicht der Rede wert; vielleicht gefällt es dir nicht einmal.« Und ich fragte mich wirklich, ob sie in ihrer Kammer überhaupt Platz habe für mein Aquarell mit Zernez und dem Piz Linard im Hintergrund, das ich noch ein wenig rahmen wollte, morgen vormittag, wenn die Eltern zum Abendmahl gingen. Ich war ein paarmal mit irgendeiner Ausrede später aus der Schule gekommen und hatte auf dem Heimweg begonnen, die Landschaft zu malen, die mich auf dem Bühnenvorhang von Zernez so beeindruckte. Den vierten Versuch, wo der Himmel endlich nicht so zerflossen war, wollte ich Clergia geben. »In algordanza a noss ans da scoula« (zum Andenken an unsere Schuljahre) wollte ich hinten drauf schreiben, wie wenn wir nicht noch miteinander die Sekundarschule fertig besuchen müßten.

Meine Mutter wartete auf das Wasser. Sie habe einstweilen die Kartoffeln für den nächsten Tag mit Schneewasser gekocht, sagte sie, als wir keuchend mit den Tausen im Hausflur anlangten. Die Kleinen hatte sie aus der Stube vertrieben. Wir durften nicht dabeisein, wenn sie den Christbaum schmückte. Wir merkten, wie gern sie das machte. Sie hatte wenig Schmuck: ein paar bunte Glaskugeln, die berühmten goldenen Nüsse von barba Rudolf aus Wollishofen, ein Glöckchen, einen strohgeflochtenen Stern und natürlich viele Kerzen. Irgendwann wurde dann auch der Schrank im Schlafzimmer aufgemacht, wo die Pakete schon wochenlang warteten: die Neujahrsgeschenke der Eltern und unserer Taufpaten und Freunde.

Unterdessen hatte ich Zeit, Clergias Päckchen aufzuknüpfen. Es war eine Buchhülle aus gesteppter Seide. Vorn und hinten hatte sie mit großer Sorgfalt eine Blume draufgestickt, eine Nelke und eine Tulpe. Dazwischen, dort wo der Buchrücken hinkommt, meine Initialen. Und da steckte noch ein Zettelchen: »Per Alesch da Nadal – Clergia«, und darunter, in kleinerer Schrift, war beigefügt: als Schutzumschlag für den »Jürg Jenatsch«. Wie wenn ich das nicht selber gemerkt hätte! Das Buch hatte ich einmal ihrem Bruder ausgeliehen und ihn gebeten, ihm ja Sorge zu tragen. Ich holte es jetzt. Die Hülle paßte ganz genau. Aber es tat mir leid, daß man die Blumen nicht sah, wenn das Buch zwischen den andern Büchern im Gestell stand. Ich zog es wieder heraus, legte es auf meinen Nachttisch und schob Clergias Zettel in die Hosentasche.

Jetzt hörte ich, wie mein Vater vor der Haustüre den Schnee von den Schuhen klopfte. Er war gut aufgelegt, und ich hätte ihm so gerne meinen Christbaum gezeigt, aber auch für ihn war bis zum großen Augenblick die Stubentüre verriegelt.

Wir aßen in der Küche zu Nacht. Tumasch und Silvia waren vom Spielen heimgekommen, durchnäßt wie immer und mit roten Nasen. Der kleine Othmar trällerte in seinem Stuhl, klopfte gebieterisch mit seinem Löffel auf den Holzteller, und seine blonden Locken flogen. Wir mußten lachen und griffen zu. Am Heiligen Abend gab es kein großes Abendbrot, denn nach dem Christbaum trug die Mutter immer noch etwas Gutes auf. Sie war jetzt auch gar nicht bei der Sache, und Vater mußte sogar den Kleinen füttern, da sie bald in die Stube verschwand.

»Ich glaube, es will wieder tauen, wie alle Jahre über die Festtage«, meinte der Vater.

»Hoffentlich können wir am Stephanstag schlitteln«, sagte Tumasch.

»Wie ging's beim Wasserholen?« erkundigte sich der Vater. »Nächste Woche will ich versuchen, ob ich mit der

Lötlampe diese verd...« – er besann sich, daß es Weihnachten war – »diese langweilige Wasserleitung nicht freimachen kann. Aber vielleicht ist sie weiter oben eingefroren. Ich wette, daß man sie damals zu wenig tief gelegt hat. Und dann, Kinder« – wir lauschten immer zur Stube hinüber, ob nicht jenes feine Klingeln endlich zu vernehmen wäre –, »habe ich noch eine gute Nachricht.« Er schaute uns der Reihe nach an, sogar den kleinen Othmar, der jetzt mit dem Löffel in sein Preiselbeerkompott schlug. Was mochte es wohl sein, das Vater in Fahrt brachte?

»Ratet einmal!«

»Vielleicht wirst du versetzt, und wir können wieder nach Lavin zurück«, platzte Silvia heraus. Vaters Gesicht verdüsterte sich. So hatte seine Frau ihre Enttäuschung über Carolina nicht für sich behalten können und verleidete es nun auch den Kindern.

»Nun«, fuhr er wieder aufgeräumt weiter, »unser Carolina wird heller! Ratet einmal!«

»Das Licht, das Licht!« riefen wir Größeren.

»Jawohl, nächstes Jahr bekommen wir endlich das elektrische Licht ins Haus, und ihr müßt eure Schulaufgaben nicht mehr unter dieser düsteren Funzel machen. Licht, soviel wir wollen!«

»Nehmen sie's von der Bahn?« fragte Tumasch.

»Ja, aber sie müssen es noch umformen, weißt du«, sagte er, »eigentlich hätten sie es schon lange einrichten können. Am Anfang wird es zwar ein wenig zittern.«

»Bekommen wir auch eine Lampe vor das Haus?«

Der Vater lachte: »Auch ein Licht beim Hauseingang; das wird ein Fest, ihr werdet sehen!«

»Dürfen wir's der Mutter sagen?« fragte meine Schwester.

»Meinetwegen.«

Da ertönte das ersehnte Glöcklein. Wir sprangen von den Stühlen auf und eilten zur Türe.

»Drückt nicht so«, sagte die Mutter, die sich von innen

gegen die Stubentüre stemmen mußte, »zum Christbaum rennt man nicht wie beim Chalandamarz.«

Vater kam auch mit dem Kleinen auf dem Arm. Es war wirklich ein schöner Christbaum. Auch Vater mußte ihn rühmen. Wir fanden ihn schöner als alle andern Jahre. Mutter strahlte. Dafür hatte sie auch gern den ganzen Nachmittag darangewendet und das Abendbrot kaum angerührt.

»Die Pakete sind fürs Neujahr, wie immer«, sagte sie. »Heute abend wollen wir feiern.«

Wir sangen die vertrauten Weihnachtslieder, einige auf romanisch, einige auf deutsch. Die meisten konnten wir mehrstimmig singen. Dabei schauten wir auf den Christbaum, dessen Kerzen beim Singen noch rascher als sonst herunterbrannten. Der kleine Othmar kroch auf dem Teppich herum und versuchte, mit seinen patschigen Händchen eine Kugel zu erwischen.

Da, plötzlich springt die Mutter auf und blickt uns unsicher an. »Riecht es nicht sonderbar da drinnen?« fragte sie.

»Wonach soll's denn riechen?« meinte der Vater, »außer nach Wachs und Tannenbaum?«

Doch sie hatte die Türe schon aufgerissen und die Küchentüre auch. Jetzt strömte ein scharfer Geruch herein. Eine Weile hörten wir nichts. Was war geschehen? Es roch wie beim Hufschmied. Hausgang und Küche standen voll beizenden Rauches. Die Haustüre war aufgesperrt; die Kälte drang herein, und der Rauch verzog sich allmählich. Mutter stand mitten in der Küche, hielt die Hände vors Gesicht und weinte. Vater stand daneben und blickte zu Boden.

»Kommt nur herein – eure schönen Schuhe … alle verbrannt«, schluchzte die Mutter.

Das Öfchen über der Feuerung stand offen. Die Schuhe lagen teils auf dem Deckel, teils am Boden. Die Eltern hatten sie vor kurzem für uns gekauft. Sie waren ganz verbogen und zusammengeschrumpft, vor Hitze noch dampfend, zwischen Sohle und Oberleder weite Mäuler aufsperrend, die alle ihre kleinen Messingzähnchen zeigten. Das Futterleder war beim Schaft geplatzt. Ein Anblick zum Lachen, wäre es nicht so traurig gewesen. »Ich wollte sie nur schnell ein wenig trocknen und dann mit Papier ausstopfen«, klagte sie, »und dann habe ich sie vergessen. Das sauer verdiente Geld zum Kamin hinaus!« Sie ließ entmutigt die Hände fallen. »Und alles nur, weil ich nicht aufgepaßt habe.«

Der Ofen war schlecht gebaut, wie alles in diesem Haus. Das Wärmefach war nicht durch ein Gewölbe von der Feuerung getrennt, sondern nur durch eine gußeiserne Platte, die jetzt noch rot angelaufen war. Kein Wunder also, daß die Schuhe darauf schmorten. Auch wir mußten die Tränen zurückhalten. Die Mutter tat uns leid, aber auch unsere schönen Winterschuhe taten uns leid. Was würden wir übermorgen zum Schlitteln anziehen? Zum Glück waren die alten, abgelaufenen noch da.

Vater legte der Mutter den Arm um die Schultern und strich ihr übers Haar. Merkwürdig, Vater war nicht aufgefahren wie gewöhnlich in solchen Fällen. Er war ganz ruhig, und so durften auch wir nicht losheulen.

»Laß gut sein«, sagte er zu ihr. »Das kann passieren, wenn man so viel im Kopf hat wie du.« Und dann lauter, drohender: »Und dieser Ofen ...«, er holte mit einem Bein aus, setzte aber den Fuß wieder ab, »dieser Ofen ist wirklich nichts wert. Wenn man da nicht ständig daneben steht und achtgibt ...« Wir befühlten die Schuhe, die am Boden herumlagen. Sie waren noch heiß und hart wie Holz.

»Da ist nicht viel damit zu machen«, meinte der Vater, »das ist gerade noch gut genug, um den Sensenschieber abzudichten und die kleine Falltüre am Hühnerstall festzumachen. Aber kommt jetzt, heute ist Weihnachten!«

Die Mutter wollte sich nicht trösten. »Wir haben so gespart, bis wir für alle auf einmal kaufen konnten.«

»Wir werden es schon wieder zusammenbringen«, tröstete der Vater fast in scherzendem Ton. »Etwas Gutes ist auch dabei: wir brauchen, wenn wir die neuen Schuhe bestellen, nicht mehr lange Probesendungen kommen zu lassen, die Nummern wissen wir.« Mutter warf ihm einen dankbaren Blick zu.

»Und jetzt, bring den Kuchen«, ermunterte sie der Vater, »wir haben alle Hunger. Oder ist er auch verbrannt?«

»Der ist schon in Ordnung«, sagte die Mutter und wischte sich die letzte Träne mit der Schürze weg. Dann zog sie den Kuchen aus dem Öfchen des Herdes. Beim Backen passierte ihr nie ein Mißgeschick. Wir gingen alle in die Stube zurück. Das Küchenfenster ließen wir offen, damit sich der brenzlige Geruch ganz verzog. Der Kuchen war riesig und schön.

Angelo Nessi

Das Weihnachtslämmchen

Nino lief zur Glastüre der Veranda, mit den Säulen und Bogen in reinstem lombardischem Stil, und versuchte sie zu öffnen. Da es ihm aber nicht gelang, rief er die Mutter zu Hilfe, die sofort ihre Arbeit fallen ließ und ihrem neunjährigen Störenfried mit der gewohnten Mahnung öffnete: »Komm aber bald wieder herein, gelt, es ist so kalt!«

Ja, es war kalt draußen auf dem Balkon. Schon vor einem Monat hatte Ghita, das Dienstmädchen, die Geranien, Fuchsien, die Begonien, Nelken und Rosen, die auf der Brüstung blühten, hereingeholt. Verlassen und kahl war das Gesimse, und in der rauhen Luft des kalten Dezembers glichen die drei großen Bogen ungeheuren erloschenen Rauchfängen.

Die Hauptstraße unten, die sich etwas weiter draußen zu einem grasigen, von einem viereckigen Glockenturm überragten Platze rundete, lag einsam, ohne Laut, ohne Klang. Nicht einer, der vorüberging. Nino betrachtete das Haus gegenüber mit den geheimnisvoll verschlossenen gelben Fensterläden. Etwas mühsam entzifferte er das große Schild »Giovanni Bardassi - Drogist«, das über dem Laden hing, und verlangend suchte sein Blick das grobe Tuch zu durchdringen, das das Schaufenster allen neugierigen und profanen Augen vollkommen verhüllte. War es möglich, das Schaufenster war noch immer nicht bereit? Das Weihnachtsfenster, das der prächtige Giovanni Bardassi in der Vorweihnachtszeit dem schaulustigen Publikum neu und strahlend zeigen wollte? Nino zählte erst an den Fingerchen der rechten Hand, indem dabei der Zeigefinger der Linken zu Hilfe genommen wurde, dann an jenen der Rechten, wobei der linke Zeigefinger helfen mußte: eins, zwei, drei ... ja, neun Tage fehlten noch bis

Weihnachten. Und schon seit dem Vorabend war das Schaufenster verhüllt, das sich doch nach altem Brauch am ersten der neun Fasttage in all seiner Pracht hätte erschließen sollen.

Das Schaufenster des Bardassi war der offizielle Auftakt zu jener wundersamen Zeit des Hoffens, Bangens und der Freude – zu Weihnachten. Nino überlegte voller Schrecken: Wenn das Fenster sich dieses Jahr nicht enthüllen sollte, würde auch das Christkindlein ausbleiben! Herr Giovanni hatte es schon immer gesagt, wenn Nino die heißen Panettoni kaufen ging: »Wären nicht ich und Frau Gegia, so käme das Christkindlein niemals.« Frau Gegia – die fette gutmütige Luigia, die Witwe Martinelli – war die Besitzerin des größten, wenn nicht einzigen Kurzwarengeschäftes des Städtchens. Ihre Spezialität »Spielwaren aus Mailand«.

Nino kletterte auf einen Stuhl; er lehnte sich über die Brüstung, hielt sich jedoch vorsichtigerweise an der Säule eines Bogens und spähte bis zu dem einsamen Rasenplatz im Schatten der niedrigen und dunklen Lauben, die wie ein Kloster das Städtchen umschlossen. Nein, das Geschäft der Witwe Martinelli, da unten unter den Lauben, lag ebenfalls noch im Dunkel, ein Zeichen, daß auch ihr Schaufenster noch nicht bereit war. Sonst hätte Frau Gegia längst alle Lichter, wenn es auch erst fünf Uhr war, angezündet. Ja, es schlug gerade fünf Uhr vom Rathausturm. Und hinter dem Laden des Bardassi, im Gäßchen, das in die Wiesen und Wälder hinunterführt, kam als Antwort aus dem Stall des Pinella ein langgezogenes Muhen.

Das Muhen einer ehrbaren Kuh, die durch dieses plötzliche und tiefe Stundenschlagen vom Rathausturm in ihrer Siesta gestört wurde. Nino schrak zusammen. »Wer weiß, ob das Christkind es mir bringt?«, und mit seelenvollen Augen sah er zum Himmel und bat das blonde Kindlein da oben, das so reich war, ihm doch das heiß ersehnte Geschenk zu bringen, jenen Traum zu erfüllen, der ihn so süß beunruhigte und sein Herz in einem Schauer zuversichtlicher Freude erbeben ließ. Vom milchigweißen Himmel aber fielen ein paar leichte weiße Flocken, und ein eisiger Wind fegte einher, der Vorbote des nahen Schnees.

Und plötzlich war der Himmel eine einzige Harmonie, als sängen alle Engel, und da unten, unter den Lauben erstrahlte der Laden der Witwe Martinelli in hellem Lichterglanz; gefallen war das grobe Tuch, das ihn verhüllte und auch im Haus gegenüber flammte das Schaufenster des Giovanni Bardassi auf.

Die Krippe in einem Winkel der großen patriarchalischen Küche duftete nach Lorbeer. Der Vater hatte sie mit Hilfe der Lena, eines Verwandten, eines Nachbarn, unter dem Beistand des Schwiegervaters und des Gärtners, des Vetters, ja, er hatte sie, wie er sagte, nach allen Regeln der Kunst aufgebaut. Und nach allen Regeln der Kunst wurde in diesen arbeitsreichen Tagen, um »Domine in laetitia« zu dienen, wie der tabakschnupfende Onkel Kanonikus meinte, auch eine gute Flasche Wein geleert.

Ein großes Ereignis war die Herstellung der Krippe zu Ehren Ninos, ein Ereignis, das die gute Ordnung des Hauses für volle vierzehn Tage und jene der Küche wohl für einen Monat auf den Kopf stellte. Ganz wichtig war auch das Moossammeln. Nino, Ghita, oft sogar die Mutter, erklommen den Hügel, um ihre großen Körbe zu füllen. Nino grub seine Händchen in die feuchten kühlen Schollen, verschmierte Finger, Kleider und Gesicht und kehrte in einem erbarmungswürdigen Zustand heim, die Taschen voller Moos – aus Angst, die Körbe seien nicht groß genug – das Herz voll Seligkeit.

Dann ging es hinab über dunkle Treppchen durch einen ewig geschlossenen Hof in einen großen finsteren Keller, um die »Bretter« zu holen. Diese »Bretter« waren lose Holzgestelle für Bettwärmer, die vor undenklicher Zeit einmal gebraucht wurden. Nun mußten sie als Gerüst für die Krippe dienen. Mit großen Nägeln nagelte man sie über einem rohen Tisch, den der dunkle Keller von einem Weihnachtsfest zum andern beherbergte, zusammen; grottenartig wölbte sich aus Holzstäbchen und Spänen, von Weidenruten durchflochten, das Dach darüber. Lorbeerzweige umkleideten das Ganze und hüllten es ein in ihren heiteren Wohlgeruch. Nino gab sich alle Mühe, das weiche Moos schön um die herrlich grüne Grotte auszubreiten; da und dort steckte er, gleich winzigen Seen, Scherben zerbrochener Spiegel hinein. In die ungleichmäßigen Ecken setzte er pyramidenförmige Höcker, die er mit Mehl bestäubte und die die Berge darstellen sollten; um Sterne vorzutäuschen, streute er kleine Fetzchen Silberpapier über den Lorbeer. Dann nahm er mit bebenden Händchen aus einer alten Truhe eine ehrwürdige Blechschachtel. Darinnen schliefen die Hirten, rote, grüne, gelbe und blaue Figürchen, aus Pappe geschnitten und auf Holzstäbe geklebt; wie Hausgötter, heilige Figürchen, die jedes Jahr ein einziges Mal wiederkehrten, immer abgegriffener, verdorbener, verblichener, immer aber geliebt, ersehnt und mit inniger festlicher Freude empfangen.

Ninos Glück jedoch war der rote Schalmeibläser: ein rosiger, von einem kleinen Lamm begleiteter Hirt; er blies auf einer ungeheuren Schalmei, die sich unter seinem roten Mantel wie ein großer Bauch blähte. Und auch das rosige Gesicht war vor Anstrengung ganz pausbackig; genau so aufgeblasen war es, wie das des Herrn Fitta, des Wurst- und Käsehändlers, wenn er in der Weihnachtsnacht bei der Frühmesse die Flöte blies. Dieser rote Bläser war Ninos Liebling, denn er hatte ein freundliches Gesicht, eine große Schalmei und ein kleines weißes Lamm, das hinter ihm herzulaufen schien; darum war Nino besorgt, ihm auch den besten Platz zu geben, am meisten bestrahlt von den kleinen Öllichtchen, allen Hirten voran in nächster Nähe des Stalles des heiligen Kindes.

Auch in der Schachtel hatte der rote Pfeifer den allerbesten Platz inne; damit er nicht zerdrückt werde, lag er ganz obenauf. Mitte November schon hob Nino scheu den Deckel der gepriesenen Schachtel, und sein kleines Herz hüpfte vor Freude, sah er den dicken gutmütigen Hirten, so sorglich hingebettet auf den andern, als schliefe er; diesen Hirten, rot wie ein Kardinal, mit seiner riesigen Schalmei und dem weißen Lämmchen … »Er ist noch da!« schrie Nino mit lachendem Gesicht und mit Augen strahlend vor Begeisterung.

Er ist noch da, der gute, fröhliche Hirte, der bläst und bläst und mit seinen Pausbacken der bunten Schar der andern Figürchen vorangeht. Und auch an diesem Abend – dem Abend vor Weihnachten – fehlte er nicht; da stand er bei der schön geschmückten Krippe, inmitten der weißen, mehlbestäubten Berge, der gläsernen Seen und der silbernen Papiersterne, ja gerade vor der heiligen Hütte stand er, der rote Hirte und blies unentwegt in sein riesiges Instrument; hinter ihm hüpfte wie immer das kleine weiße Lamm.

An diesem Abend saß man zum Abendbrot in der Küche um den großen weißen Tisch unter der hellen Lampe, die von der Decke niederhing: Vater, Mutter, der ältere Bruder Giulio, die fünfzehnjährige Ada und Nino. Eine lodernde Flamme erleuchtete den weiten Rauchfang des Kamins, wo um die Feuerböcke die alten Nußbaumbänke standen; jene Bänke, auf denen die Väter, Großväter und Urväter der Väter gesessen und ihre Geschichten erzählt hatten. Die Flamme ließ Funken und Lichter über das an den Wänden aufgehängte Kupfer spielen, dessen roter Glanz kaum durch das viele dunkle Grün des Lorbeers ringsherum gedämpft wurde. Mit seligen Augen betrachtete Nino seine leuchtende Krippe und die wohlbekannten lächelnden Gesichter.

Der Vater, ein Mann in reifen Jahren, barg sein hoffnungslos kahles Haupt unter einem bestickten Käppchen. Sein grauer Bart und der gütige Ausdruck seines Gesichtes erinnerten an einen heiligen Joseph, den Nino die Woche zuvor auf einem Öldruck bewundert hatte; die Mutter, eine sanfte helle Gestalt mit einem madonnenhaften Antlitz unter tiefschwarzem Haar, das zu beiden Seiten des Scheitels in breiten, schmiegsamen Wellen über Schläfen und Ohren niederfiel; ein schönes, süßes Madonnengesicht, überstrahlt von zwei schwarzen, feuchten, unergründlichen Augen. Giulio, der ältere Bruder in seiner schneidigen Zöglingsuniform, zeigte diesen Abend dank zweier väterlicher Ohrfeigen, die er am Nachmittag eingeheimst, ein etwas düsteres Gesicht; er wurde nämlich bei der Übertretung des Verbotes, nicht zu rauchen, erwischt. Da war noch Ada, die fünfzehnjährige Schwester mit ihrem runden Unschuldsköpfchen; Ada, die sich zu Weihnachten ein neues Hütchen und ein Armband wünschte.

Nino betrachtete alle die vertrauten Gesichter und Dinge, die ihm in dieser wundersamen heiligen Nacht verwirrend feierlich und erhaben erschienen. »Neun Uhr«, sagte der Vater und hielt seine goldene Uhr in der Hand. »Drei Stunden noch, Nino, und das Christkind ist da.«

»Wer daran glaubt …«, bemerkte Giulio, überlegen lächelnd ob solchen Aberglaubens.

»Dummkopf …« schrie ihn der Vater an, nach Nino zwinkernd, der seine Augen aufriß, um besser zu begreifen. Giulio schwieg, da eine weitere Ohrfeige in der Luft zu schweben schien. Ninos Miene aber wurde finster vor angestrengtem Grübeln. Was hatte Giulio wohl damit sagen wollen? »Wer daran glaubt … An das Christkind … wer daran glaubt? Aber alle doch! Vater, Mutter, Ada, Lena, sogar der Haushund, der unter dem Tische schlief …«

»Wer sollte denn sonst die Geschenke bringen, wenn nicht das Christkind, das um Mitternacht mit Eseln, Pferden und Kamelen, reich beladen mit prächtigen Dingen, erschien, das allmächtige Kind, das sie mühelos in den unermeßlich großen Läden des Paradieses holen ging?« Und Nino stellte sich den weiten, grenzenlosen Spielwarenladen vor, den das Christkind im Paradies besitzen mußte, um all die klugen und artigen Kinder in der Weihnachtsnacht belohnen zu können. Schüchtern wagte er eine Frage: »Mutter, kommt das Christkind pünktlich um Mitternacht?« Der Vater stand auf: »Ganz pünktlich. Glaubst du denn, daß das Christkind die Uhr nicht kenne?«

»Aber ...« beharrte Nino, der von seinem Stuhl gerutscht war und Zar am Schwanz zog, »wie macht es denn das Christkind, daß es in der ganzen Welt zur gleichen Zeit seine Gaben verteilen kann?« Der Vater zog sich mit einer bündigen Antwort aus der Verlegenheit: »Das Christkind ist allmächtig.«

Nino sagte nichts mehr. Immer wieder bewunderte er seine schöne Krippe; er näherte sich dem Schemel, der davor stand und auf dem die Mutter eine große Schüssel mit Salz und Kleie bereitgestellt hatte. Die Kleie für den Esel, das Salz für den Ochsen. Je mehr Salz und Kleie da war, um so länger würden die Tiere verweilen, es zu fressen, um so mehr Zeit also hätte das Christkind, seine Geschenke, Spielsachen und all das Naschwerk abzuladen. Nino war mit seiner Prüfung zufrieden. Er kletterte wiederum auf seinen Stuhl, legte die verschränkten Arme auf den Tisch und das Köpfchen darauf. »Nicht um zu schlafen«, sagte Nino, »nein, um zu denken!« Aus halbgeschlossenen Augen sah er die Troddel von Vaters Mütze hin und her baumeln wie ein betrunkenes Pendel, das sich mit dem Schwengel einer goldenen Glocke, die einsam im Himmel läutete, vermengte. Und das Violett der Troddel des Herrn Onkel verschwamm zu einem unbestimmten hellen Blau, dem himmlischen Blau des Gewandes der Madonna, die das Jesuskind in den Armen trug. Und das Kind zog an einer violetten Schnur ... Was zog es hinter sich her, das Kind … an der violetten Schnur? … Ninos Denken war zu Ende und er schlief ein.

Ding, dong! Ding, dong! Ding, dong, ding, dong!

Nino öffnete die Augen. Er lag in seinem Bettchen im dunklen Zimmer. (Das Dienstmädchen hatte ihn, ohne daß er es nur merkte, schlafend und träumend zu Bett gebracht.) Durch das Fenster jedoch fiel der blasse Schein einer Straßenlaterne. Die Glocken läuteten Mitternacht; in tiefem, vollem Schall erklang ihr Glück- und Friedensgruß. Über das schlafende Land, durch den halbdunklen Raum und Ninos kleines Herz zogen die Weihnachtsklänge gleich einem Schauer von Freude und Hoffnung. »Jetzt!« dachte Nino, und er hätte aufstehen mögen. Zwölfmal hörte er die Rathausuhr schlagen. »Jetzt kommt es!« und heftig pochte sein Herz vor freudiger Erwartung. Es kam das Christkind, und vor ihm her gingen die Hirten in Schaffellen und bliesen auf Pfeifen und Schalmeien; und da, gerade in diesem Augenblick, zog das kleine Orchester des Städtchens, das sich zur Mitternachtsmesse begab, musizierend unter den Fenstern vorüber: eine sanfte, getragene Weise von Flöten und Geigen, weich und wiegend gleich einem Schlummerlied. Es war das Lied der ländlichen Dudelsackpfeifer, die in den seligen Gefilden Bethlehems durch das Licht des Engels geweckt wurden. Die zarte Weise ging vorbei, entfernte sich, verklang.

»Da sind sie«, dachte Nino, »hinter den Hirten ein großes, großes Kamel, dann viele, viele andere Kamele voller Gaben und Spielzeug, ein unendlich langer Zug.« Nino versuchte sie zu zählen, doch es waren ihrer zu viele. Zu hinterst eine Sänfte mit der Madonna, die das Kind in den Armen hielt, umgeben vom Esel und vom Ochsen, die es bewachten. Und um das heilige Kind schwebte ein Kreis goldener Engel, goldener als die Sonne, mit Flügeln, weißer als Schnee. »Welch ein Wunder«, staunte Nino, »dieser ganze Zug hält da draußen vor meinem Hause, und man sieht nichts … und hört nichts … Und doch ist das Christkind gekommen. Man darf sich nicht rühren, nicht sehen lassen…« Oh, in die Küche hinuntergehen und dem Einzug des wundersamen, mit Gaben beladenen Kindes zuschauen dürfen! Er, Nino, kannte sein Geschenk schon, das erhoffte, ersehnte, seit so langer Zeit erträumte … Schon gut, die Trommel, das Gewehr, die Ziehharmonika! Doch sein tiefster, steter und geheimster Wunsch – Nino hatte ihn der Mutter, sie fest umarmend, ins Ohr geflüstert – war ein anderer. Ein weißes Lämmchen wünschte er sich zu Weihnachten. Ein lebendiges kleines Lämmchen, ganz weiß, mit einem weichen, lockigen Fell, darin man die Hände liebkosend vergraben konnte … Ein Lämmchen, wie jener rote Schalmeibläser eines hatte … aber ein wirkliches, lebendiges, mit guten, schüchternen Augen und feuchtem, rosigem Näschen; ein weißer Wollknäuel, der sich bewegen, hüpfen und springen und »bäh, bäh« machen würde, kurz ein wirkliches, wahrhaftig wirkliches und lebendiges Lämmchen, wie er einmal eines in Pinellas Stall gesehen hatte.

Seit Monaten und Monaten schon wartete Nino auf Weihnachten, um das weiße Lämmchen zu bekommen, und nachts träumte er sogar von ihm.

Er sah sich schon mit ihm auf den Wiesen spielen und herumtollen, ihm ein duftendes Grasbüschel reichen oder in der Küche ein Näpfchen warme Milch. Ein schönes Band müßte es haben … ein rotes oder ein blaues? Ach, ein rotes und ein blaues, das rote für den Alltag, das blaue für den Sonntag. Auch eine silberne Schelle würde er an das Band hängen … und dann, eine rote oder eine blaue Leine? Besser vielleicht eine blaurote, um nur eine einmalige Ausgabe zu haben. Überallhin müßte ihn sein Lämmchen begleiten … immer würde er es mitführen wie einen kleinen Hund. Und Zar, wie käme er wohl aus mit dem neuen Gast?

Nino lachte im Dunkeln über Zars Verwunderung.

Alle drei gingen sie zusammen – er, Zar und Tittì (es stand fest, das weiße Lämmchen müßte Tittì heißen). In Feldern und Wiesen könnten sie herumtollen, auf dem Grase vespern und im See baden. Und welche Freude erst, wenn im Frühling die Veilchen wieder hervorguckten und die Vögel in den Hecken ihre Nester bauten! Um die Wette würden sie laufen, Nino, Zar und Tittì. Zu Hause dann, im Winkel in der Küche dürfte Nino dem lieben Lämmchen ein warmes Lager bereiten, einen alten weichen Laubsack, auf dem Tittì wie ein König schlafen würde ... Ach ja, das Christkind! ... Sicher, es war gekommen; gewiß hatte es ihm Tittì gebracht. Er lauschte, ob er nicht ein Blöken vernähme ... Das ganze Haus schlief; so schlief auch Tittì. Die Glocken hatten zu läuten aufgehört; ringsum unendliche Stille. Nino aber sah einen langen Zug von Hirten und Engeln, und dann das Kind, das kleine Jesuskind, das hinter sich an einer blauroten Schnur ein weißes Lämmchen führte: Tittì.

Um sieben Uhr früh hielt es Nino nicht mehr aus. Im Hemdchen, wie er gerade war, stürzte er in die Küche. Er machte einen langen Umweg über Gänge und Treppen, um das Schlafzimmer von Vater und Mutter, die noch schliefen, zu meiden; vielmehr, sie schliefen nicht mehr, denn er hörte oben ihr geschäftiges, unruhiges Tun. In der Küche war Licht, aber sie war leer. Das Mädchen war in der Messe. Vor der Krippe, auf dem hohen Schemel entdeckte Nino gleich eine Menge Dinge. Das erste, was er sah, war ein großer Stoffelefant mit prächtigem Rüssel und gelbgoldener Decke: auf seinem Rücken trug er einen grüngekleideten Mohren mit funkelnden Augen, so schwarz wie Kohle. Daneben, auf einem Sessel, ein riesiges Pferd, größer als Nino, herrlich, mit Schweif und Mähne aus richtigem Haar, mit Zaum, Zügel und Sporen, ganz wie ein wirkliches Pferd. Ein wunderbares Geschenk. Und um das Pferd herum, auf dem Boden, Schachteln voller Süßigkeiten, türkischer Honig, Bon-

bons, Orangen, Datteln und kandierte Früchte. Nie war das Christkind so freigebig gewesen, so überaus freigebig … Aber Tittì? – Und Nino schaute unter die Krippe, in jeden Winkel der Küche, in Zars Hundehütte; suchte, durchsuchte, lockte: »Tittì! Tittì!« Das weiße Lämmchen aber … war nicht da …

Nino lehnte sich an das riesige Pferd, das unter seinem Gewicht leise zu schaukeln begann, als ob es ihn wiegen wollte, und er weinte helle Tränen. Ah, das Christkind, böse war es, daß es seinen Wunsch nicht erfüllt, daß es ihm das so heiß ersehnte, während eines ganzen Jahres erträumte Geschenk nicht gebracht hatte! Nino empfand plötzlich einen unsäglichen Haß gegen den Elefanten, gegen den Mohren, gegen das Pferd, das schaukelte. Warum hatte ihm das Christkind seinen Wunsch nicht erfüllt? Er wollte doch keine hölzernen Spielsachen, ein lebendiges Lämmchen wollte er! Er war doch so gut gewesen, so brav und gehorsam, so respektvoll, ruhig; er hatte beinahe fließend lesen gelernt und beim Schreiben machte er nur noch wenige orthographische Fehler; während des ganzen Jahres hatte er Ada kaum mehr als ein halbes dutzendmal wütend gemacht und das Mädchen nur ein dutzendmal. Er hatte ein so reines, helles Gewissen; er glaubte doch sein Lämmchen verdient zu haben und konnte daher die Undankbarkeit des gütigen und allmächtigen Christkindes nicht verwinden. Lebt wohl, Ausflüge ins Grüne, ade, ihr Bäder im See, du blaues Band, du silbernes Glöckchen! Ade, ade, du weißer, süßer Wollknäuel, darin man die Hände liebkosend vergraben konnte! Armer, warmer, weicher, weißer Tittì, mit dem feuchtrosigen Näschen, armer Tittì, der »bäh« machte!

Und plötzlich erinnerte er sich der Worte Giulios vom Abend zuvor: »Wer daran glaubt.« Wie ein Blitz, wie ein Feuer durchzuckten sie seinen Sinn … Er glaubte auch, einmal von Pinella gehört zu haben, daß es im Dezember keine jungen Lämmer gebe. Er erinnerte sich nun wieder

der Worte eines seiner Spielgefährten, dem Kind einer Nachbarin, das eines Tages gesagt hatte: »Das Christkind ist der Vater.« Auch ein Bauer kam ihm in den Sinn, der letzte Woche im Studierzimmer des Vaters gewesen (während Nino auf dem Balkon spielte) und mit lauter Stimme gesagt hatte: »Glauben Sie mir, mein Herr, es ist jetzt ganz unmöglich, Lämmer aufzutreiben.« Er dachte daran, wie die Mutter ihm in den letzten Tagen beharrlich die Herrlichkeiten eines Schaukelpferdes, eines Elefanten mit einem Rüssel geschildert, daß es ihn beinahe danach gelüstet hätte. Viele kleine Ereignisse, Details, so viele Zwischenfälle, die im Moment weder wahrgenommen noch erfaßt wurden, kreuzten sich nun in seinem Sinn, ordneten sich logisch und folgerichtig und ergaben ein unabwendbares Resultat. Nino warf den Elefanten um und entdeckte unter dem rechten Fuß einen aufgeklebten Zettel: »Luigia, Witwe Martinelli – Kurzwaren und Spielsachen«.

Mit einem Fußtritt brachte er das Pferd zum Purzeln, das sich die Schnauze einstieß. Und gerade auf dem Bauch, kaum versteckt durch einen Lederriemen, fand Nino dasselbe Billett: »Luigia, Witwe Martinelli – Kurzwaren und Spielsachen«. Nein, da gab es keinen Zweifel mehr, Spielsachen brachte das Christkind nicht. Vater oder Mutter kauften sie … bei der Witwe Martinelli. Und die Mutter hatte vergessen, die Zettel wegzunehmen!

Das Christkind hätte das weiße Lämmchen wohl gefunden, hätte es geschaffen, aber Vater und Mutter konnten es unmöglich auftreiben, da es ja, wie der Bauer gesagt hatte, nicht die gegebene Jahreszeit war. Und was nun? An was hatte er geglaubt, er, Nino?

Eine Fabel war das Christkind, das umgeben von Hirten und Kamelen, umschwebt von goldenen Engeln kommen sollte … und er, er hatte noch in letzter Nacht von ihm geträumt, von diesem Christkind, das Tittì an einer rotblauen Leine führte, Tittì, das lebendige weiße Lämmchen. Und ihm war, als stürze irgend etwas zusammen, als zerbreche etwas in seinem kleinen Herzen. Die ganze wundersam blaugoldene Vision, die ihm die Weihnachtsglocken vorgezaubert hatten, war grausam zerrissen. Er sah nach der Krippe … bemerkte, daß die papiernen Hirten häßlich verblichen und zerdrückt waren, daß das Kindlein zwischen dem Ochsen und dem Esel aus Gips schrecklich grotesk war. Und zusammengekauert auf dem umgestürzten hölzernen Pferd weinte er seine ersten verzweifelten Tränen. Das Christkind aber war nicht mehr.

Armer Nino! Die erste Illusion war dahin! Das Leben begann …

Hans Boesch

Die Geburt

Su lacht, wenn sie sich aus dem Bücken aufrichtet. Es ist ein belustigtes Lachen, eines, das zugleich um Nachsicht bittet. Das Bücken fällt ihr jetzt so schwer, daß sie kaum mehr die Schuhe zu binden vermag. »Wenn das dauert, lauf ich barfuß«, lacht sie. »Wenn die Barfuß-Herrschaften nicht bald anmarschieren, werd eben ich barfuß gehen.«

Sie redet vom Kind als den Herrschaften. »Zwillinge?« sagt sie. »Oh«, behauptet sie, »es können nie genug sein.« Sie ist übermütig.

Sie hat ein Bäumchen in die Waschküche gestellt. Hanselmann hat ein Loch in einen Holzklotz gebohrt, hat das Bäumchen drein gesteckt, hat das Bäumchen auf einen umgestürzten Wäschezuber gestellt.

Man hatte mich schon früh am Abend aus dem Kiosk geholt. Mac trug einen neuen Pullover. Wie üblich hatte er ihn einfach über die andern Pullover gezogen. Alle von Fräulein Hübscher gestrickt. Am Halsausschnitt konnte man die verschiedenen Muster und Farben übereinander sehen. Zuinnerst war das Korsett. Der Rand schmutzig und abgegriffen, nur dort noch weiß, wo ein Scherben Gips weggeschlagen war. Und rundum krauste die Watte.

Er war ganz aufgeregt. Offensichtlich war er froh, daß er mich wieder einmal herumstoßen durfte. Jetzt, hier in der Waschküche, wußte er nicht recht, was tun.

Su hatte auf dem hölzernen Trottenrand fünf Teller aufgereiht, hatte Tannenreis zwischen die Teller gelegt, Äpfel, Mandarinen. Sie legte Schinkenscheiben in die Teller und häufte Spargelspitzen drauf. Sie hatte Mac eine dicke Tube gegeben, und er ging langsam von Teller zu Teller und drückte Mayonnaise über den Spargel. Er zeichnete Herzchen, tupfte Sterne, etwas, das eine Rose hätte sein sollen. »Für wen die Rose, Mac?« Er häufte Mayonnaise auf die Rose und behauptete jetzt, es sei das Matterhorn. Nicht Monte Rosa, das Matterhorn, lachte er.

»Fräulein Hübscher, heißen Sie Rosa?«

Das Fräulein hatte sich in einen Rohrstuhl gesetzt, hatte sich eine Wolldecke um die Beine geschlagen und wiegte seinen Dackel auf den Knien. Es sah den Männern zu. Es beriet Hanselmann, der alte, blecherne Kerzenhalter zurechtbog und ans Bäumchen steckte. Und wie üblich rief es seine begeisterten Ahs und Ohs, sagte mit seiner rauchigen Stimme »wunderbar, sehr schön, wunderbar« und schimpfte fürsorglich mit dem Hund. Unvermittelt hob es den Hund von den Knien, stellte ihn auf den Boden, warf die Decke weg, scharrte ein bißchen mit den Füßen, weil es Mühe hatte, aus dem Rohrstuhl wegzukommen, und eilte zu Su hin. Es faßte Su am Ellbogen und sah sie fragend an.

»Es ist nichts«, lachte Su, »bestimmt. Würden Sie bitte einen Augenblick dies hier festhalten.« Sie reichte dem Fräulein die Thermosflasche, aus der sie Tee in Gläser gegossen hatte, gab dem Fräulein auch die Rumflasche und fuhr sich schnell mit der Hand übers Gesicht. Sie biß sich eine Weile auf die Lippen, stemmte die Hände gegen den Bauch, entspannte sich dann, schüttelte den Kopf. »Haben die Herrschaften solang gewartet, eilt es auch jetzt nicht. Ausgerechnet jetzt.«

Mac hatte sich Su zugedreht und sah sie verwundert an. Er sah das Fräulein an und Hanselmann. Und erwartete offenbar, daß irgendwer etwas sage. Aber das Fräulein gab Su die Thermosflasche und den Rum zurück und ging wieder zu seinem Stuhl, und Hanselmann war damit beschäftigt, einen Faden an einem Apfelstiel festzubinden und den Apfel ins Bäumchen zu hängen.

»Werden sie sich nicht an den Kerzen versengen?« fragte Su. Sie strich sich eine Haarsträhne weg, die ihr lästig fiel. Sie fragte das Fräulein, ob es auch Rum möge. Und das Fräulein, das sich ächzend den Dackel wieder auf die Knie gehoben hatte, fragte zurück, ob das unverschämt wäre. Es müsse gestehen, sagte es, daß es sich hin und wieder einen Tee mache, und Rum dazu. »Nicht wahr, das ist gar nicht üblich?« sagte es. »Aber heutzutage! Alles ist ein bißchen anders.«

»Verdorben!« rief Mac. »O, I need a very very bad woman!«

»Nein«, sagte Hanselmann. Er hoffe nicht, daß die Biester ausgerechnet jetzt herumflattern und sich am Feuer rösten müßten. Er redete mit Su. Wie üblich hatte er gar nicht darauf gehört, was Mac und das Fräulein sagten. Er hätte die Viecher ohnehin erst im Frühjahr fliegen lassen. Wenn schon. Da hätten sie sich selber durchgebracht. Hier würde Adrien sie bestimmt wieder einfangen.

»Nein«, rief das Fräulein erregt. »Nicht solang ich hier bin.«

Erst jetzt begriff ich, daß sie von den Tauben redeten. Und ich sah die Vögel auch. Su hatte sie vom Labor herübergeholt. Nun saßen die Tiere auf den Balken herum, oben saßen sie, auf dem Trottenbaum, auf den Preßklötzen und hinten auf den Zubern. Manchmal nickte einer der Vögel, manchmal rückte einer ein bißchen seitwärts in der Reihe. Su hatte allen die Augenkappen weggenommen. Nun sahen sie aus dem Dunkel herab den Festvorbereitungen zu. Und es waren ganz gewöhnliche Tauben, graublau, stahlblau, einzelne waren braun. So sicher war das bei dem schlechten Licht, beim Schatten, in dem die Tiere saßen, gar nicht auszumachen. War auch unwichtig. »Nimmt mich beim Teufel wunder, was der nur wollte mit soviel Tauben?«

»Einsperren«, sagte Mac. »Keine soll den Ölzweig bringen zur Arche Noah.«

»Idiotisch! Und den Regenbogen hat er wohl auch eingepackt?«

Sie lachten. Das Bäumchen brannte. Man hatte das elektrische Licht ausgedreht. Man begann zu essen.

Ich schob die Mayonnaise vom Spargel. Die verdammte Schmiere macht mir allemal das Essen kaputt. Mac summte mit vollem Mund vor sich hin. Das kleine walisische oder irische Lied summte er, das er früher über der Waschküche, hier über uns, Sentas Kind zum Einschlafen gesungen hatte.

Man hatte den Tee ausgetrunken, man fühlte sich wohl und schenkte sich Wein ein, trank sich zu. »Auf das Kind!« und man fragte, wie es heißen solle. Sie schrien durcheinander und lachten. »Martin«, sagten sie, »weshalb nicht Martin?« Und Mac schrie, wir seien die heiligen drei Könige, Hanselmann, er und ich. Nur der liebe Gott fehle, Adrien.

Er, Mac, hatte sein hohes heiseres Lachen und tanzte in der Waschküche herum. Er tanzte um die alte Trotte und schrie »Hosianna!« Schrie, nein, eigentlich sei das falsch, eigentlich müßte Boos den lieben Gott stellen, Boos, der so schön beinlos schwebe über allen Sünden der Welt. »Im Ernst, hat schon jemand einen lieben Gott mit Füßen gesehen? Boos ist ausgezeichnet; wie ein fetter, grimmiger Amerikaner schwebt er, wie ein Bombenwerfer, behäbig und schlecht gelaunt und selbstherrlich über den Städten. Das ist echt. Das ist prima. Ein schöner, griesgrämiger Sauerampfer-Jehova!«

Das Fräulein war vor Vergnügen aufgesprungen; war aber wieder in den Stuhl zurückgefallen. Schmerzlich verzog es das Gesicht. Es sei schlimm, sagte es, es werde seine Hämorrhoiden doch noch operieren müssen. Es schaute eine Weile andächtig in die Kerzen. Es streichelte den Dackel, legte ihm beim Streicheln die Ohren um den Hals und lobte ihn. Und dann sagte es, eigentlich müßte jetzt die Bescherung kommen.

Aber es hätte nichts zu bescheren, sagte es leise. »Nicht wahr, das ist auch nicht das Wichtigste.«

»Aber ja!« schrie Mac, »aber ja! Schaut nur!« Und er drehte sich. Er riß an seinem neuen Pullover herum und stellte sich vor den Christbaum hin. »Ich danke schön«, sagte er. Er war zu schüchtern, dem Fräulein die Hand zu geben. Und das Fräulein war sehr verwirrt. Es streichelte aufgeregt den Dackel und flüsterte, das wäre nicht der Rede wert.

»Und für Herrn Boos habe ich nichts«, sagte es kleinlaut. »Oder doch!«

Es begann den Stuhl hinter sich abzutasten, es suchte unter der Wolldecke. Es hob den Dackel von den Knien und machte sich mühsam aus dem Stuhl frei. Es bückte sich und zog eine Tasche unterm Stuhl hervor.

»Ich habe etwas«, flüsterte es geheimnisvoll. Es war ganz fiebrig, das Fräulein, ganz darauf versessen, auch mir seine Fürsorge angedeihen zu lassen.

Es hatte einen zerknitterten Papiersack aus der Tasche gezogen. Ein Wollfaden hing aus dem Sack. Da drin mußte eine unfertige Arbeit sein, das sah man gleich, schnell verpackt, wie Frauen ihre Handarbeiten verpacken, die sie mit sich herumtragen. Und das Fräulein kam zu mir her. Es schwenkte den Papiersack fröhlich. Es war dankbar, etwas gefunden zu haben. Und diese Dankbarkeit machte es ein bißchen breitspurig, ungewohnt sicher. »Ist noch nicht ganz fertig«, sagte es, »aber ich werd's gleich fertigmachen.«

Es hatte etwas Gestricktes aus dem Sack genommen und mir aufs Rollstuhlbrett gelegt. Es hatte den Sack ausgeschüttelt und auf dem Bauch glattgestrichen, gefalzt.

Alle standen um mich, als ich das Bündelchen Wolle hochhob. Ich kann das schließlich auch tun. Ich habe eine Hand, die rechte. Die ist gut. Und das Bündelchen fiel auseinander. Und was ich da hielt, war ein Paar Socken. Ein unfertiges Paar. Das Fräulein hatte sie bestimmt für Mac stricken wollen. An einer Fußspitze schwenkte ein Faden hin und her, die andere Fußspitze fehlte noch.

Hanselmann lachte laut los, alle lachten. Erst sogar das Fräulein. Bis es einsah, weshalb das Gelächter war.

Erschreckt nahm es mir die Socken wieder weg, barg das Gesicht darin und stand hilflos, starr. Die andern lachten noch immer. Nur Mac kümmerte sich um das Fräulein. Es sei ein Goldmensch, sagte er immer wieder, ein herrlicher Mensch, der entzückendste Mensch aller Zeiten. Und er sagte das so lange und tippte dabei dem Fräulein aufmunternd auf die Schulter, bis es den Kopf hob und sein verschmiertes Gesicht herdrehte und ergeben mitlachte.

Es ging dann alles sehr schnell. Su wurde unruhig, griff an den Leib, sah sich hilfesuchend um, sagte, man solle Ruth holen, Hanselmanns Frau, mußte sich am Rollstuhl festhalten, stöhnte, krümmte sich ein, ließ sich neben den Stuhl gleiten.

Ich hielt eine Zeitlang ihre Hand. Ihre Fingernägel gruben sich in meine Handfläche.

Schließlich drehte sie sich ruckartig weg. Ich konnte ihren Kopf ertasten. Ich faßte den Kopf von oben, ich hatte ihr Haar in der Hand, ich spürte den Schädel durchs Haar.

Ich preßte die Finger ins Haar. Ich weiß nicht, ob das sinnvoll war. Ich wollte ihr nur Halt geben, Sicherheit, soviel wie möglich.

Das Fräulein stand noch immer und hielt sich die Socken ins Gesicht, preßte sie gegen den Mund. Hilflos jammerte es. »Meingott meingott!« Es weinte vor Angst und Entsetzen.

Noch während Su aufschrie, durchdringend, wild, war auch schon das Klatschen da. Etwas platschte gegen Hanselmann, der bei Su kniete. Und dann hielt er das Kind hoch. Ein blutiger Beutel war das, und er riß den Beutel auf, schälte das Kind heraus. Und er herrschte Mac an und sagte, er solle endlich Ruth holen, schnell jetzt, und Wasser.

Und wir hörten Mac über den Hof eilen, sein schnelles Getrippel hörten wir, seinen begeisterten, heisern Schrei. »Eiei! I need!« Und Su legte ihre Hand auf meine, beschwichtigend, und atmete still.

Erst als Ruth kam, machten sie Licht. Es war ihnen gar nicht eingefallen vorher. Die Tauben erschraken und flatterten ein bißchen herum, ließen sich wieder nieder. Wir sahen Ruth zu, wie sie das Kind versorgte, wie sie Su versorgte. Das Fräulein versuchte zu helfen, ungeschickt. Es hatte die Socken auf den Dackel geworfen, der verängstigt unterm Rohrstuhl lag. Man bettete Su auf eine Matratze. Man hatte eine Decke geholt. Ruth sagte, sie würde hier bleiben für den Rest der Nacht. Man solle mich zurückbringen in den Kiosk. Und Hanselmann und Mac fuhren mich hinüber.

ORT:
Eine Waschküche, die früher eine Trotte (Kelter) gewesen war.

PERSONEN:
Boos, der Verfasser des hier vorliegenden Textes, Kioskinhaber, ein beinloser Krüppel im Rollstuhl.

Su, eine Laborantin, Freundin des Assistenten Martin, hochschwanger.
Hanselmann, Hauswart des Gebäudekomplexes (Hochschule, Verwaltungszentrum, Labor und Spital in einem), zu dem auch die alte Waschküche gehört. Ehemann der Hebamme *Ruth.*
Mac, ein kanadischer Kampfpilot des Zweiten Weltkriegs, abgestürzt und verwundet, lebt eingezwängt im Gipskorsett.
Fräulein Hübscher, Sekretärin, Verehrerin Macs.
Adrien (abwesend), Professor, Taubenzüchter, Erfinder der Unterwasserstadt, einer Art neuer Arche, in der die Menschheit luftdicht abgeschlossen ins Meer versenkt und durch eine Illusionsmaschine mit künstlicher Welt versorgt werden soll.
Martin (abwesend), rebellierender Assistent von Adrien, Vater des Kindes von Su. Zur Zeit auf der Flucht.

Gerold Späth

Wenn wieder Weihnachtszeit war

Grüne Weihnacht, weiße Ostern; aber ich weiß nur von einem Mal, daß ich knapp vor den Osterferien auf der haarigen Seite meines Schultheks, der, wenn er hin und wieder in meine Aufsätze oder dem Lehrer an die Wandtafel geriet, ganz ausländisch Schulsack oder Schultornister hieß, auf einem neuen nassen Schnee den hinteren Schulhaushügel hinabschlittelte, und daß wir die Tintenfäßchen mit Schnee auswischten – ganz himmelblau wurde er, und unsere roten Hände auch, und dann schmolz er tintig; fort mit Schnee –, und daß wir noch knapp vor den Osterferien den Bronzehirsch auf dem Grab des Circusdirektors, dem an einem Sonntagmorgen beim Flintenputzen ein Schuß abgegangen sein soll, über Mauer und Eisenhag hinweg mit Schneebällen eindecken konnten; das gab's sonst wirklich nur im Winter, aber dann hatten wir meistens andere Ziele, bessere als diesen Zwölf- oder Sechzehnender, bewegliche, rennende Ziele, Zweibeiner; denn oft schon vor dem Klaustag rochen die Hunde und die

Haushälterin Lina den ersten Schnee; spätestens in den zwei letzten Novemberwochen waren die letzten Welpen des Herbstwurfs jeweils aus dem Haus gekommen. – »Der Rüde ist bissig und frißt nicht, und die Hündin zittert, aber das ist nicht, weil jetzt alle Kleinen weg sind, die Hunde riechen Schnee, ich auch, ich hab's im linken Ellbogen, es geht los, Schnee, Schnee.« Die Haushälterin Lina war aus dem Schwäbischen. Und nach dem Herbst, sei er gewesen wie gehabt oder ganz anders zur Abwechslung, wenn Linas Ellbogen, der linke, und die Hundsfänge auf Schnee standen, dann konnte der Winter kommen: Über die Berge herab auf die Hügel ennet dem See und übers graue Wasser in die Bucht hinein, in die lautlos flache Bucht, und von der Bucht über den schon breiter gewordenen graugrünlichen Uferstreifen, über die ausgelaugten Sandsteine und im Sprung auf Äste und Zaunspitzen: Rauhreif, stachlig aufm Stirnholz. Von Wiese und Zaun an die Fensterscheiben und auf die Dächer war nie ein großer Sprung; die zitternde Hündin hätte ihn vielleicht gar vormachen können, und die letzten Kalenderblätter, so fromm und frömmer ihre Sprüche wurden, kamen mählich in den Abriß.

Am Buchtufer fror es stellenweis. Das Wasser sank langsam weiter ab. Die flachen Eisringe an den Steinen blieben stehen, flach und halbweiß durchsichtig, starre Scheiben knapp überm Wasser, zerbrechlich, zerbrochen wie nichts, so hauchdünn und flach. Schon die Plumpswellen von einem mittelgroßen Stein sprengten sie von unten ab, färbten sie wässerig ein, nahmen sie mit; und die Bläßhühner schienen die Eisblätter nicht zu sehen, wenn sie geschäftig aus dem Wasser kraxelten und dann, wie abgeblasen, stundenlang die Steine behockten, schwarz aufgeplustert, ohne Kopf, ohne Hals, nur noch Schwarzfedernklumpen und die scharfe Blässe, dort wo der Kopf war. Im Winter, im richtigen Eiswinter froren sie oft ein, nicht auf den Steinen, aber im Eis.

Wir brachen es auf, und mein Onkel Vinzenz taute mehr als zwei Dutzend in der Waschküche auf; er gab ihnen Futter, zuerst Brotmocken in Milch, dann zerstückelte Brachsmen. Aber schon am zweiten Tag waren vier tot, am dritten nochmals drei. Und die ganze Waschküche vertrielt und eigenartig feucht verstunken, und alle Bläßhühner mit blöden Augen und schwankend schlapp auf ihren grauschwarzen Stengelbeinen. Da ließ sie mein Onkel Vinzenz laufen. Er sammelte alle in einen Obstharaß, die Steiftoten zuunterst, und trug den Haraß an die Bucht hinab. Er setzte sie zu dritt oder viert, immer so viele, wie seine großen Hände bündeln konnten, ins Wasser; die Toten versenkte er, wahrscheinlich mit Steinen, ich weiß nicht mehr, wie er das machte, es ging nicht langsam und nicht schnell, er machte es ganz einfach, aber plötzlich waren die sieben weg, ich weiß nicht wie; mein Onkel Vinzenz verstand viel von solchen Dingen. Er verstand viel von Hunden und Katzen und Vögeln und wie man sie aufzieht und hintereinander herhetzt und abtut. Soviel ich weiß, hatte er nur beim Aufpäppeln jener Bläßhühner Schwierigkeiten, jenes eine Mal, denn er hat es nie mehr versucht. Wir haben sie später immer nur losgeschlagen und mitsamt den Eisklumpen an ihren Beinen und Federn ins offene Wasser der Bachmündung gesetzt oder weit draußen über den Eissaum zu den Scharen von Möwen und Enten in den See gejagt. Ganz schwarz war der See dort draußen vor dem Eis, und das Eis war schon fast hundert Meter vor dem Saum vom vielen Vogelschiß durchfressen. Nach jeder kalten Nacht ein neuer Eisrand vor dem alten, und die Vögel immer weiter draußen am offenen Wasser. Damals, als mein Onkel Vinzenz die eingegangenen Bläßhühner versenkte und die übriggebliebenen ins Wasser höckte, kam mein zweiter Onkel die Straße herabgelaufen und rief, noch zwischen den leeren Kastanienbäumen, wir sollten wenigstens eines behalten, er wolle das Fleisch versuchen, beizen, kochen, einmal versuchen. Aber mein Onkel Vinzenz setzte auch die letzte Handvoll ein. Er sagte: »Schau doch hinaus, dort sind ein paar frisch Festgefrorene, die sind besser als dieses halblebendige Zeugs«, und dann versenkte er die sieben Langgestreckten, und mein Onkel Guido ging stracks auf dem Eis ungefähr so weit hinaus, wie ich immer im Herbst das Schwerblei setzte, wenn die Schwarzbrachsmen im Schwarm in die Bucht kamen und vor der verlaufenden Bachströmung stehen blieben. Ich sah, wie er ein Bläßhuhn am Hals packen wollte, und ich hörte ihn fluchen, weil sich das festgefrorene Biest wehrte und drauflos hackte wie wild. Aber das war im richtigen Eiswinter nach Weihnacht. Vor Anfang Januar gab es selten richtig starkes Eis, nur zerbrechliche Scheiben an den Steinen, vielleicht ein-, zweimal am Ufer rund um die Bucht einen halb festen Streifen, den die Wellen aufrissen und zusammenschlugen und ineinanderstießen zu langen Eisscherbenhaufen; man konnte das Geschiebe hören in der Nacht und auch an ruhigen Tagen. Schon ein leichtes Unterwindchen machte genug Wellen, um nächtelang mit den Eisscherben am Ufer zu krosen und klimpern. Meist war erst am andern Mittag wieder Ruhe, wieder alles flach und grau und still; und das Wasser am Ufer klar und dunkel und wie im Schlaf. Wir staksten in den Eisscheibenhaufen herum und hatten rote Nasen, aber das half nicht viel gegen dieses seltsam dunkle Wasser, das plötzlich so unheimlich tief war. Und dann mußten ja auch zuerst noch die Kläuse kommen. Jedes Jahr gab es einen festlichen Klauseinzug mit Himmelsklaus und Bischofstab und Eseln und weißen und schwarzen Bärten; und mit Nüssen und Mandarinen; und immer das Gerätsel, wer es diesmal sei, der sich die pralle Himmelsklausnase angeschminkt hatte, ob der gleiche wie beim letzten Einzug oder eben doch ein Neuer. Ich glaubte, es sei immer noch der letztjährige; seine Größe, seine Stimme, sein Gehabe, alles wie immer. Der Sigi Stieger behauptete, er wisse es ganz genau. Für einen großen Biß von meiner Torronestange, die mein Vater aus Italien heimgebracht hatte, wollte er's sagen. Ich ließ ihn beißen und sah, wie er fast ein Drittel der weißen Stange schräg zwischen seine Zähne hineinsteckte und mit einem Ruck mehr als das hinein gesteckte Drittel abbrach. »Gömögöuua« – Wer? – Er nahm sein Torronestück heraus, seine Zähne knackten eine Ecke ab, er kaute – »Der Metzger Ullmann« – »Aber das ist doch der gleiche wie im letzten Jahr« – »Jawohl, und im vorletzten Jahr auch, ich weiß es genau, es ist der Metzgöuaa«, und schon wieder den Mund so voll, daß seine rechte Wange knollig herausstand.

Es war gut, wenn die Klauszeit vorbei war. Die Kläuse brachten wenig ein, sie waren Nebenfiguren mit Nüssen und den gefüllten Lebkuchen, die ich nicht mochte, aber sie waren zum Fürchten. Sobald sie wieder in die sagenhaften Wälder verschwunden waren, konnte nichts Gefährliches mehr dazwischenkommen, dann ging's Tag für Tag auf Weihnacht zu. Und meist kam dann der Schnee; und am Morgen tollten die Hunde wie gebissen im Hof herum, schnappten, wälzten, balgten, schnoben. Die Möwen segelten über die Dächer und umkreischten das Haus, wenn wir Brot auf das Balkonsims legten, das ganze breite Blechsims in der ganzen Länge voll belegt, Stücklein an Stücklein; über eine Viertelstunde lang schnitten und hackten wir die altbackenen Brotreste. Die Möwen flügelflegelten zwei knappe Spektakelminuten lang im Wirbel um den Balkon herum. Sie stritten, stachen heruntergestoßenen Brocken nach in die Tiefe und schossen wieder hoch, hackten aufs Blech, kreischschnablig rot und rotkrallig scharf und wild und lärmig mit gierroten Kehlen – dann war abgeräumt, der weiße Strudel fiel auseinander, das Gefeck zog in die graue Höhe hinauf und über die Dächer; nur noch einzelne Schreie, dann Stille; und dann eine Dohle, die nach Brosamen sah und Angst hatte vor den ersten Tauben, die in jenen Jahren mit ihrer

Trielerei anfingen. Wir haben sie mit Blasrohren heruntergeholt, mit selbst gedrehten, speichelverpappten Papierpfeilen, kleine konische Flitzer, aus deren Spitzen scharfgeschliffene Nägel ragten. Tod den dreckigen Tauben auf dem Dachrinnenrand!

Wenn die Möwen aus dem Schilf in die Stadt kamen, wurde es Zeit für die Wunschzettel. In jenen kalten Tagen strielten wir oft durch die Gassen und glotzten in die Schaufenster. Zwar wußte jeder genau, was er auf den Zettel schreiben wollte, und ebenso genau, daß diese Hauptwünsche nie in Erfüllung gehen würden; Sportsache, sie trotzdem alle Jahre, wenn wieder Weihnachtszeit war, aufzuschreiben:

> Liebes Christkind,
> ich wünsche eine amerikanische Wurfrolle
> ein Velo
> ein Paar Hockeyschuhe
> ein Luftgewehr.

An den beleuchteten Schaufenstern voll Glitzersterne und Goldreisig und Zwerge und Christbaumkugeln in allen Farben und in der Spielwarenabteilung des einzigen Warenhauses der Stadt entzündeten sich von Jahr zu Jahr neue Wünsche, Zusatzwünsche:

> und ein kleines Kegelspiel
> einen großen Ball
> den Großen Zauberkasten
> ein Segelflugzeug zum Zusammenleimen
> 100 Meter Fischerschnur

Zusatzwünsche wurden eher erfüllt. Die Wunschzettel hängten wir an einem Schnürchen an die Riegel zwischen Fenster und Vorfenster, dort hingen sie ein paar Tage lang – auch das eine Sportsache. Wir wußten es nämlich, wir wußten längst, wer sie schließlich wegnehmen würde –; aber als sie eines Morgens weg waren und nur die leeren Schnürchen an den Riegeln hingen, einfach weg, da war es eben doch etwas anderes als die Tage zuvor: die Wunschzettel sind weg, stellt euch vor, über Nacht weg. Und wir wurden unsicher, wir wußten es eine Zeitlang doch nicht mehr so genau wie vorher – so konnte man viel besser hoffen: Stell dir vor, ich bekomme diese famose amerikanische Wurfrolle. Und ich das neue Velo für zweihundertfünfzig Franken. Und ich ... Und ich ...

In der Schule wurden die Rollen eines Krippenspiels verteilt. Auf mich traf es einen Hirten oder den Josef, jedenfalls hatte ich nicht viel zu singen und wenig zu sagen mit dem bißchen Korkruß im Gesicht; der mußte mir wohl, was weiß ich, beim Schafmelken oder Herbergsuchen an die Nase gekommen sein, man wollte es so.

Anstrengender waren Sternsingen und Adventsgesang, eine Woche vor Weihnacht in stockfinsterer Frühe durch die Gassen, an zwei Abenden vor Weihnacht bei alten Leuten an der Markt- und Hintergasse. Die alten Leute huschten immer in ihre dunklen Schlafzimmer und rumorten bei halb offener Türe in Kästen und Kommoden herum, ließen uns in der Stube ihrer kleinen Altwohnungen stehen, und wir sangen den Lampenschirm über dem strümpfebeladenen, nähkörbchen- und nadelkissenbelegten Tisch an. Vom Himmel hoch da komm ich her. O Tannenbaum. Laufet ihr Hirten. Stille Nacht, heilige Nacht – und da waren die Alten wieder da und hatten einen Franken oder einen halben oder zwei Franken in der knotigen Faust und wollten uns auf keinen Fall, auf gar keinen Fall ohne Geld ziehen lassen, das kam nicht in Frage, kam gar nicht in Frage, für uns, je länger wir an jenen Abenden sangen, eigentlich plötzlich auch nicht, auch nicht mehr. Da nahmen wir's. Aber es war da ein ganz Heiliger unter uns, dem die schöne Ministrantenidee kam, alle Franken einzusammeln und im Kapuzinerkloster in den großen

Opferstock in der Antoniusgrotte zu werfen. Weil Weihnachtszeit war, gaben wir alles wieder her, und der Heilige unter uns bewegte sich mit dem Geld im Hosensack so gemessen durch die Hintergasse vor uns her, als sei ein Hochamt zu ministrieren.

Zum Sternsingen am frühen windigen Morgen in den steineisigen Gassen brachte er einen Leuchtstern auf einer Stange mit. Die kleine Bettwärme hielt uns noch zusammen, wir blieben am Engelplatz vor den heruntergelassenen Eisenläden der Gemüsehandlung stehen, rückten unter den Stern, begannen auf drei mit Singen; nüchtern, eisklar, vielstimmig hell in die Dunkelheit; und gar nicht mehr dünn, schon ganz feierlich die zweite Strophe, auf einmal so seltsam feierlich vor den schweigenden Häusern auf dem leeren schwarzen Platz mit dem bretterverdeckten Brunnen. Eiapopeia, eiapopeia! – ganz wunderbar war's beim ersten Lied in der halben Nacht voll Finsternis auf dem Engelplatz. Und dann sprang hoch über uns ein Fensterladen auf. Geld, dachten wir und hätten es wirklich nicht genommen, so feierlich war's, und äugten trotzdem durch das Leuchtsternlicht nach oben, wo plötzlich eine Wasserblase aufplatzte. Der Heilige mit dem Stern konnte sein Licht auf der Stange retten, aber er selber geriet genau in den Schwall, und ein paar Minuten später war sein Mantel wie aus Brettern und sein wollenes Halstuch eine brüchige Latte im Eiswind. Und oben hässig zugeschlagene Fensterläden – »Saudummes Heilsarmeepack!« Das kühlte bissig ab. Wir nagten an unserer Wut bis tief in den Morgen hinein, bis gegen zehn, da gab es warme Wurstwecken, die wärmten uns auf mit jedem Biß, und wir vergaßen die Heilsarmeeverleumdung und grinsten über das Kaltwasser von oben.

An den freien Nachmittagen geisterten wir im Schilf herum. Jedesmal ein Erschrecken tief innen, wenn da plötzlich der oder der vor dir stand, auf einmal hochgeschossen aus nichts; auch ihm stand der Schreck ganz kurz im Gesicht, dann ging's wieder zwischen die knackenden Rohre und Rispen. Schon fast auf den Grund gefroren war das Eis im friedlichen Schilfried, das wir uns im Spiel so feindlich machten mit unheimlichem schilfigem Geraschel, bis es uns, nie eingestanden, das Fürchten lehrte. Da gab es schmale feste Pfade und enge Winkel und Sackgassen und Kreisbahnen und Haupt- und Nebenwege und gedeckte Gänge und Höhlen, große und kleine, und Barrieren von altem umgelegtem Schilf, brusthoch und höher, und es war fast unmöglich, aus der Klemme zu kommen, denn links von dir knackte es und rechts, und von vorn kamen sie fast geräuschlos, nur die Wedel bewegten sich leicht; aber da war zum Glück doch noch ein Loch in der Schilfmahd und eine halbe Spur um eine Ecke, das brachte Schilf zwischen dich und die Fänger, wenn du den Räuber spielen mußtest, vielleicht den letzten, weil sie alle anderen schon erwischt hatten: Plötzlich ein Bein quer über den Pfad – »Hat dich!« – eine schnelle Hand aus einem Loch -»Hat dich!« – ein Griff aus der Schilfwand neben dir – »Hat dich« – ein verrückter Schrei in deinem Rücken – »Hat dich! Hat dich!« – dann Geraschel, Gerispe, wieder Schilf rundum, dicht, stabig, voll lauernder Augen und Ohren und klopfender Herzen; Schilf, feindliches Schilf.

Aber plötzlich kein Schilf mehr, nur noch Eis, schwaches Eis, kaum zwei oder drei Meter breit bis zum Wasser und weißdunkel gefleckt. Breit hinstellen mußte man sich, so war es weniger gefährlich, oder man legte sich gleich aufs Eis und regte sich nicht. Da konnte man sie hören, hinter sich, die andern, wie sie fast lautlos im Schilf herumhuschten, in schnellen, kurzen Sprüngen hin, dann schnell her und kreuz und quer, dann wieder Stille, ängstliche, lauernde Stille im dichten Schilf, und alle auf der Suche nach dem, der zwei Schritt vor dem Schilf auf dem äußersten Eis lag, dem das Eis unter seiner feurigen Wange schmolz, kaum vier Schritt vor dem offenen Wasser. Dem

Wasser war überhaupt nichts mehr von Sommerwärme anzusehen. Es roch auch nicht wie sonst. Im Winter war das Wasser ganz anders. Langsam kroch einem die Eiskälte in den Bauch hinein, und man mußte – so kurz vor Weihnacht zu ersaufen, stell dir vor, oder nur schon abzusacken und pflotschnaß durch die Kälte heimzutraben, wie es dem Hansi Wolf einmal passiert ist, das wäre ein Witz, ein saudummer Witz, stell dir vor! Man mußte plötzlich sofort ins Schilf zurückkrabbeln, aber langsam, ganz langsam, bei dem dünnen Eis weiß man nie, und Hände und Füße weit auseinander. Und, wieder im Schilf auf dem festen federnden Riedboden, wieder warten, weiterwarten auf den Schreck tief innen. Das war freilich nur noch halb so schlimm nach dem überaus vorsichtigen Gekrabbel auf dem unsicheren Eisrand. Aber trotzdem warten auf die blitzschnelle Hand, auf das erlösende »Hat dich!«. Da hatte es einen erwischt, und da konnte man wieder atmen und aus dem Schilf heraus und über den gefrorenen Grasgraben auf stocksteife Erde springen und neben den kieloben aufgebockten Ruderschiffen die letzten paar Klausnüsse hervorholen und knacken und kauen mit befreiendem Geräusch.

Wenn es eindunkelte, trotteten wir heimwärts, die einen nach der Passerelle linksab Richtung Bahnhof und in die Gassen, ich mit den andern gradaus zwischen den Schneehaufen am Straßenrand an der Fettfabrik vorbei: Radspuren, Roßbollen, Schuhabdrücke und Hundsdreck im Schnee, gelbe, löcherige Flecken. Wieder ein Nachmittag herum und die Hausaufgaben noch nicht gemacht und wahrscheinlich die Frage, wo man sich die ganze Zeit herumgetrieben habe, und das da an der rechten Hand, das sei ja der richtige Kuhnagel, ob man denn schon wieder Löcher in den Handschuhen habe. Der Kuhnagel war die Gfrörni in den Fingern; die waren rot, fast bläulichrot, und wurden dick. Die Gfrörni war eine leichte Art Erfrierung, die wir mit heißem Knochenleim kurierten; wir strichen den Leim an die Finger und hielten sie, so gespreizt als eben noch möglich bei der klumpigen Fühllosigkeit in den Gliedern, vor uns hin, bis der Leim, der so heiß wie gerade noch erträglich sein mußte, krustig trocknete. Dann merkten wir, daß der Kuhnagel auch an den Zehen nagte, und wieder gingen wir mit Heißleim dahinter und bissen die Zähne zusammen, wenn die harzbraune klebrige Hitze die sausende Kälte rasend einkapselte; es wäre jedesmal etwas zum Heulen gewesen. Aber das hatten wir uns abgewöhnt, bubenaltershalber und weil Geheul höchstens Schimpfe eintrug; und die Heißleimmethode war wirklich gut, nur die erste bissige Hitze war wirklich bös.

An anderen Nachmittagen zogen wir die Schlitten aus der Bretterbeige und fuhren auf der Straße zum See hinab den frischen Rost von den Kufen. Oder wir träufelten Wasserbahnen zum Schleifen neben die Schlittelbahn. Auf der andern Straßenseite pickelten wir die gefrorene Schneekruste bis auf den Asphalt hinab auf; dafür zahlte uns das zerbrechliche Fräulein Goldberg mit dem schwarzen Spazierstöcklein fünfzig Rappen; pickeln brachte mehr ein als singen, pickeln konnten wir oft bis anfangs März, wenn schon die Stadtgärtner die Kastanienbäume kahl sägten. Aber am liebsten pickelten wir vor Weihnachten, denn außer am Stierenmarkt oder an der Chilbi am Gallustag wurde das Geld nie so wertvoll und so knapp wie vor Weihnacht, wenn wir stundenlang nicht einschlafen konnten, weil immer wieder ausgerechnet werden mußte, wieviel denn nach den Zigaretten für den Vater übrigblieb für die drei Geschenke für Mutter und Schwestern, und weil wir besprechen mußten, wie es anzustellen sei, mit dreifünfzig oder vierdreißig zu drei wirklich schönen Geschenken zu kommen. An den Nagelfluhfelsen bei der Badanstalt wuchs die Eiswand immer dicker herab. Onkel Vinzenz nagelte in der Allee Futterkästen an die Bäume: HIER EINLEGE NÜSSE. Jenseits der Bucht wurden

Häuser sichtbar, die man im Sommer nicht sehen konnte hinter all dem Gebüsch und den Bäumen. Zwergtaucher und andere Wasservögel, die wir nicht kannten, fraßen den Haubentauchern und Enten und Bläßhühnern in der Bachströmung das Futter weg. Der Eisvogel sei jetzt auch schon da, sagte mein Onkel Vinzenz, ein kleiner blauer Flatterer sei es, man müsse schon saumäßiges Glück haben, wenn man ihn sehen wolle. Wir sahen den kleinen blauen Eisvogelflatterer nie. Wir schlugen Steine aus den gefrorenen Schwemmecken am Ufer und schleuderten sie übers Eis hinaus, weit hinaus bis zu den Möwenscharen; die Steine sirrten, das dünn und dünner werdende Eis gab die hoch und höher werdenden Töne an, und die Möwen kreischten im Schwarm auf und setzten sich weiter weg wieder auf den Eisrand ans Wasser, immer weiter weg, so oft wir sie aufscheuchten, endlich so weit draußen, daß unsere Steine sie nicht mehr erreichen konnten. Es war die Zeit der täglichen Kostsuppe; heiße randvolle Teller voll Fettaugen und Gemüsefetzen und dicken dunkelroten Bohnen. Und Speckdunst über den Tellern. Das Kapuzinerglöcklein hinten im Kloster und auch die Drei- und Vieruhrglocken der Kirche bimmelten leer am flachen Himmel, das Eis an den Nagelfluhfelsen wurde täglich dicker, die Haushälterin Lina kam am Backofen ins Schwitzen, und die viereckigen Biskuitbüchsen aus Blech füllten sich mit Nußhäufchen und Zimmetsternen und Springern, auf den Kästen lagen breite Weinbeerenzöpfe unter weißen Tüchern; man konnte Weihnachten riechen. Der Pfarrhelfer hatte eine Idee: er organisierte eine Waldweihnacht, draußen hinterm Pulverturm; und auf dem ganzen Marsch durch den Wald fingerte er mit meiner großen, grellstrahligen Taschenlampe an den hohen Tannstämmen hinauf und machte mich wütend und machte sich klein mit seiner stabigen Lichtspielerei, mit der ich mich selber so gut hätte groß machen können vor den andern. Am See unten stiegen die Waschsteine immer höher, immer kahler übers einsinkende Eis am Ufer, und auf den Duckdalben und Pfählen und Laternen und Geländern am Dampfschiffsteg standen die Möwen einbeinig auf der Schneekruste. Der Christbaummarkt beim Quellenhof hatte plötzlich nur noch halbwüchsiges oder krumm verwachsenes Zeugs zu bieten: Grünggel, die billig zu haben waren. Zwischen Fenstern und Vorfenstern der Küche lagen in Pergamentpapier und Zeitungen gewickelte Suppenhühner und Poulets, und auf dem Balkon hing jedes Jahr ein nackter Weihnachtshase mit Pelzpfoten; er war in Packpapier geschlagen. Unten konnte man seinen halben blutigen Kopf sehen, die gebogenen Vorderzähne bleckten lang und gelblich. Der Frost mußte ein paar Tage und Nächte lang drübergehen, das tat dem Hasenfleisch gut.

Frost, Frost – uns konnten die Tage auf einmal nicht schnell genug vergehen. Der Möwenwirbel überm Balkonsims, die frühe Schneedunkelheit, die Weihnachtsgerüche im Haus; und die Zeit wurde immer zappeliger. Am Nachmittag vor dem Heiligabend wurden wir mit Schwestern und Schlitten außer Haus geschickt. Wir standen herum. Kein Spiel wollte recht aufkommen. Wir warteten, und die Schwestern hatten rote Backen und Schnudernasen; die Mutter sah's und schickte die Lina heraus; so wurden wir die Kleinen los. Dann ab in die Gassen. Aber die gaben nichts mehr her, denn immer näher, aber unglaublich langsam, schlich der Augenblick der amerikanischen Wurfrolle, die unglaubliche Sekunde des Velos für zweihundertfünfzig Franken, das dann nicht da war, natürlich nicht. Auch keine Hockeyschuhe. Aber das machte uns nichts aus. Es war Heiligabend. Es war warm und Weihnacht. Alles war verzaubert, und ich weiß genau, wie ich alle Jahre dasselbe heiße Herzklopfen hatte. Und in der Nacht jammerte das Eis; ein seltsames Geklirre, ein Geknarre aus klaffenden Spalten voll von schwarzem Wasser. Und an schulfreien Tagen, dann, wenn die Sonne endlich durchkam nach neuem Schnee, lag frischer Kies perlschwarz auf den gepflügten weißen Wegen, und jede schwarze Perle hatte einen langen Schatten, so unglaublich flach stand die Sonne über den Zuckerhügeln hinter dem unglaublich flachen See.

Silja Walter

Die vergessene Weihnachtsgeschichte

Pater Athanas hat gesagt, man müsse sich darin sehen in der biblischen Geschichte, man sei ja doch darin in der Heilsgeschichte der Schrift.

So ging ich denn hinein. Ging hinauf zum Tempel, denn heute ist der zweite Februar. Der Tempelfrau am Tor erklärte ich, ich müsse herein. Heute kämen doch Maria und Josef mit dem kleinen Jesus, zur Darstellung, wie man das nennt. Sie nickt. Sie weiß, sie kennt die Zeremonie. Ob ich vielleicht gleich Herrn Simeon sprechen könne? Herr Simeon hat mich sofort empfangen, er wohnt in einem Häuschen allein, im äußeren Tempelbezirk.

Man kennt den Text bei Lukas:

»In Jerusalem lebte damals ein Mann namens Simeon. Er war gerecht und fromm und wartete auf die Rettung Israels, und der Heilige Geist ruhte auf ihm. Jetzt wurde er im Geist in den Tempel geführt, und als die Eltern Jesus hereinbrachten, nahm Simeon das Kind auf die Arme und pries Gott mit den Worten: ›Nun läßt du Herr deinen Knecht, wie du gesagt hast, in Frieden scheiden. Denn meine Augen haben das Heil gesehen, das du vor allen Völkern bereitet hast, ein Licht, das die Heiden erleuchtet, und Herrlichkeit für dein Volk Israel.‹ Damals lebte auch eine Prophetin namens Hanna, eine Tochter Penuels. Sie war schon hochbetagt. Nun war sie eine Witwe von vierundachtzig Jahren. Sie hielt sich ständig im Tempel auf und diente Gott mit Fasten und Beten.« (Lk 2,25-37)

Als ich Tante Lidwina erzählte, Pater Athanas habe gesagt, man müsse die Bibel nicht nur lesen, man müsse sie meditieren, das heißt, darin eingehen, sagte sie nichts. Sie redet nie ein Wörtlein gegen Pater Athanas, aber beichten zu ihm geht sie nicht, ich schon. Wie das aber dann mit Herrn Simeon und Madame Hanna Penuel war, als ich in ihre Geschichte einging und sie aufsuchte im Tempel, habe ich Tante Lidwina wohlweislich nicht erzählt, von der Jesuskugel versteht sie nichts. Sagt sie selbst. Bei ihr geht es mit Gott und den Menschen immer schön nacheinander und nicht rundum wie bei mir, aber ich sei ja auch erst neunzehn. Daß ich noch nicht zwanzig bin, kümmert Herrn Simeon nicht. Er ist noch immer sehr kontaktfreudig. Ich habe zwar den Eindruck, er verwechselt mich mit jemand. Mit einer Frau aus der jüdischen Vergangenheit, vielleicht mit einer Patriarchenfrau. Das kann natürlich passieren, man muß mit allem rechnen, wenn man sich in die Bibel »einschleicht«, bei der Meditation.

»Setzen Sie sich, meine liebe, kleine … schau, schau, da kommt ja … wirklich? – Setzen Sie sich auf das Kissen hierher, auf den Teppich.« Ich setze mich auf das rote Lederkissen am Boden. Herr Simeon betrachtet mich lächelnd von seinem Lehnstuhl aus. Und nach einer Pause: »Erstaunlich, daß die liebe, die hochverehrte … kommt sie wirklich zu mir?«

»Wie geht es Ihnen, Herr Simeon?« frage ich ihn. Ein wenig unsicher. Herr Simeon beugt sich vor: »Ach, wie soll ich es Ihnen sagen? Wie beschreiben? Was werden Sie sagen, wenn ich Ihnen sage, daß ich mich seit einigen Tagen in einer gewissen, einer ungewohnten Unruhe befinde … erstaunlich, da kommt ja Jakobs schöne kleine, seine sehr geliebte Rachel zu mir!«

»Ich bin nicht Rachel, Herr Simeon«, antworte ich.

Aber er will mir seine große, feine Hand auf den Kopf legen. Da sehe ich, er muß beinahe blind sein, er tastet so in der Luft herum. »Nicht Rachel? Dann habe ich mich getäuscht. Dann sind Sie die liebe kleine …«

Und dann redet er von der Gerstenernte auf den Feldern vor Bethlehem. Von der gottgewollten Fügung der Umstände und dem prachtvollen Boaz. Ich weiß nicht, wo das hinauswill. Aber Herr Simeon lächelt nur immer und sagt, wie glücklich er sei, die liebe kleine Ährenleserin in seiner Wohnung begrüßen zu dürfen.

»Aber nein, ich bin nicht Ruth, Herr Simeon.«

Und ich sage ihm, wie ich heiße, wer ich bin und daß ich seit dem Tod meiner Eltern bei meiner Tante Lidwina wohne. Aber er bleibt bei seiner Meinung, ich käme aus der Heilsgeschichte Israels, von hinten käme ich zu ihm auf Besuch, aus der Vergangenheit, eine von Gott auserwählte Frau sei ich. Er lebt ja völlig darin versunken in der Geschichte Gottes mit seinem Volk, ähnlich wie Zacharias, der Mann der Elisabeth von En Karim, nur ist Herr Simeon nicht stumm, dafür hört er nicht mehr gut und sieht sehr schlecht. Aber er sieht jemanden kommen, wen denn nur?

Herr Simeon lächelt. Es macht ihm nichts, daß ich nicht Ruth bin, die Ährenleserin, die Frau des Gutsherrn Boaz, die Urmutter Jesu. Wenn nicht Ruth, dann eine andere Frau auf Jesus hin. Er schweigt und schaut über mich hinweg, hinein in das, was er kommen sieht, was er durch alle Frauen des Alten Bundes auf ihn zu nach Jerusalem in den Tempel kommen sieht. Vielleicht sieht er Maria? Dann nickt er, nickt nochmals, hebt den Kopf, lehnt ihn an die Sessellehne und schläft ein, wie es alten Leuten ergeht, mitten am Nachmittag, nachdem sie eine Weile mit ihrem Besucher geplaudert haben.

Herr Simeon hat nicht geplaudert. Es hat sich vor ihm geöffnet, das Ganze tat sich auf vor seinen halbblinden Augen, und ich war dabei, als ihm das widerfuhr. Was wird

Tante Lidwina sagen? Das wird sie nicht verstehen. Das Hineingehen in die Ereignisse der Schrift hält sie für eine Kinderei, auch wenn sie es nicht sagt, um Pater Athanas nicht zu ärgern. Sie weiß genau, daß ich ihm alles erzähle, was ich erfahre beim Bibellesen.

Ich bin sicher, ich mußte Herrn Simeon an diesem zweiten Februar begegnen, im Geheimnis der Kugel, aber ja, wo denn sonst? Wer in der Bibel liest, der gerät hinein, er sieht es. Da kann er nichts dagegen tun. Es hat mich ja auch so gedrängt, in die Weihnachtsgeschichte im Tempel zu Jerusalem hineinzugehen. Warum soll das keine Weihnachtsgeschichte sein? Jesus ist ja noch winzig klein, eben gerade zur Welt gekommen, vor vierzig Tagen, es steht genau so da, und nach dieser Zeit müssen ihn Maria und Josef in den Tempel bringen, vor Gott hin und ihm sagen: »Du kannst ihn haben.« Sie bekommen ihn aber gegen zwei junge Tauben oder gegen ein Lamm zurück. Eine Weihnachtsgeschichte, so sicher wie nur etwas, mit Simeon und Hanna ebenso sicher wie die mit den drei Königen, nur erzählt sie nie jemand unterm Weihnachtsbaum. Warum eigentlich nicht?

Ich muß jetzt aber unbedingt auch die Prophetin Hanna grüßen gehen. Die Blumen werde ich auf dem Markt im Tempelvorhof kaufen können, dort herrscht bekanntlich jahraus, jahrein der größte Bazarbetrieb und Viehmarkt. Protestieren werde ich nicht dagegen, das wird später ein anderer tun, der, der eben am Kommen ist, der, den Simeon kommen sieht und nicht kennt. Mit einer Geißel aus Stricken kommen wird im Namen Gottes, das heißt in seinem eigenen. Das ist dann mehr als ein Protest gegen die Entweihung des Tempels, das ist dann die Eröffnung des Prozesses gegen Israel in Sachen Ehebruch, hat Pater Athanas gesagt. Er weiß es, er ist Exeget, Alttestamentler, das weiß ich von Tante Lidwina.

Der Tempelflur hinter der Halle Salomons, wo die geweihten Witwen wohnen, duftet nach Honigkuchen.

Aber warum sollen die alten Damen nicht Honigkuchen backen oder zum Geschenk erhalten von ihren Enkeln und Urenkeln? Ich vergaß Maria zu fragen, ob es hier eine Art von Tempelaltersheim gibt, sie hätte es bestimmt gewußt. Sie war ja als kleines Mädchen hier in die Schar der Tempelmädchen aufgenommen worden, ähnlich wie Samuel einst mit anderen Tempelknaben bei den Priestern in Dienst trat. Tante Lidwina sagt zwar, was Maria im Tempel betreffe, das sei nur Legende, man könne davon halten, was man wolle. Um so besser, ich glaube daran. Vielleicht mußten diese jungen Tempelmädchen die alten Kloster-, will sagen: Tempelfrauen betreuen. Das wäre eine gute, zweckmäßige Lösung sowohl für die Damen wie für die Mädchen, natürlich gegen Kost und Logis, eine Art von Volontärinnensystem wie heute in den französischen und belgischen Klöstern. Nebst einer gediegenen Ausbildung und Erziehung wird für den Dienst im Hauswesen Unterricht in Sprachen, Handarbeiten, wenn gewünscht auch in Musik erteilt.

Aber die Witwen haben auch ein Gärtchen. Zimmer mit Gärtchen, wie reizend! Jedes Zimmer nach blühenden Beeten und Buschwerk offen, Rasen, nicht groß, ein kleiner Brunnen darin und Heilkräuterbeete rechts und links dem Mäuerchen nach, es duftet nach Minze, Pfefferminze, Rosmarin und Thymian.

Die alte Prophetin ist aber nicht da, und man hat mir doch an der Pforte versichert: »Sie ist bestimmt oben, drittes Zimmer links von der Treppe. Sie finden es leicht.«

Ich treffe im Flur eines der jungen Mädchen mit einem Tablett, wohl mit dem leeren Eßgeschirr einer der Witwen. Es geht gegen zwei Uhr am Nachmittag.

Frau Hanna sei in ihrem Zimmer, behauptet das Mädchen. »Ich komme gerade von dort, sie ist aber nirgends.«

»Die Frau Prophetin geht nie fort, außer zur Vesper am Abend.«

Niemand weiß, wo sie ist. Es betrübt mich, sie nicht zu

treffen. Schon mit Herrn Simeon hatte ich nicht sprechen können über Jesu Darstellung im Tempel, wie das Ereignis, das bevorsteht, in der Schrift heißt. Er war ja mitten im Gespräch eingeschlafen.

Man hat Hanna Penuel eine halbe Stunde später aus der Halle Salomons heraufgebracht. Die Tempelmagd knurrt, es sei nicht mehr auszuhalten, wo die sich herumtreibe in letzter Zeit. »Läuft in sämtlichen Höfen herum, wo Weiber nicht hindürfen, und ist nie mehr auf der Etage, wenn man nachsieht. Eine Ordnung das, mit der Alten!«

Wie ich in Madame Penuels Zimmer trete, sitzt sie in ihrem Lehnstuhl neben der Gartentür, wo auch der Servierboy mit der kalten Bouillon steht. »Geben Sie auf sie acht«, weist mich die Abteilungsmagd nicht sehr freundlich an, »sie darf das Zimmer nicht mehr ohne Erlaubnis verlassen!«

Ich könnte dem Mädchen, das die Abteilung betreut, sagen: »Verzeihen Sie, wenn Jesus zur Darstellung in den Tempel gebracht wird, dann wird die Prophetin Hanna vom Heiligen Geist aus ihrem Zimmer hinab in den Tempel getrieben, ob Sie ihr das erlauben oder nicht. In der Heilsgeschichte haben nicht Sie zu bestimmen, wer was wann tun darf. Sie blamieren sich vor allen christlichen Jahrtausenden, wenn Sie etwas dagegen unternehmen wollten.« Madame Penuel lächelt. Auch sie sitzt da wie Herr Simeon, wie weg. »Ist da jemand?« fragt sie mich. Und streichelt die Fransen an der Servierboydecke. Dann hat sie mich wieder vergessen. Ich weiß warum, sie sieht Jesus kommen. Sie sagt nichts, aber das weiß ich aus dem ganzen Zusammenhang des Lukasberichtes. Ob sie weiß, wer kommt, wenn Jesus kommt, das Kind, vierzig Tage alt im Arm seiner Mutter, in den Tempel kommt und Josef hintendrein mit dem Taubenkäfig? Sie muß ihn seit langem kommen sehen. Seitdem ihr Mann gestorben ist, vielleicht schon als er noch lebte. Darum hat sie auch nicht mehr geheiratet und darum ist sie ins Tempelheim gekommen und hat sich die Witwenweihe erteilen lassen. Das tut man nicht, ohne Jesus kommen zu sehen. Auch wenn man nicht weiß, wer der ist, der da kommt. Und darum ist ihr Herz jetzt verwirrt. Denn das, was auf sie zukommt all die Zeit, das kommt nicht mehr auf sie zu, weil es zum Greifen da ist. Da muß sie hinaus, immer muß sie jetzt durch die Tempelgänge laufen, muß sehen, was das ist, was da gekommen ist und vor ihr steht, vor ihr und rundum, worin sie ist, das verwirrt sie sehr und ist wunderbar zugleich für ihr Herz. Das Kommen ist gekommen, kommt durch alle Türen herein, es ist eben Licht. Das kommt und steht da im gleichen Augenblick.

Ich verstehe Madame Penuel, o ich weiß, wie das ist, wenn man hineingeholt ist und nicht versteht, was dann ist. Man läuft dann auch die Hottingerstraße hinab und hinauf und wieder hinab und durchs Haus, und Tante Lidwina schaut aus der Küche und will wissen, was los ist. »Was suchst du denn? Schließ wenigstens die Tür, wenn du hinausläufst aus der Wohnung.« Wirklich, ich war auch schon einmal von der Erfahrung der Weihnacht ein wenig verwirrt, wer ist das nicht, der hineingerät? Wer ist da immer so ganz bei sich, nur bei sich? Man ist in der Weihnacht nie mehr nur bei sich. Und ein Verliebter läßt doch gewiß auch einmal die Tür offenstehen und läuft auch einmal hinaus und durch die Stadt und weiß nicht warum.

Oh, es ist die richtige Zeit, mit Madame Hanna über alles zu sprechen. Darum ging ich ja doch im Grunde in ihre Geschichte hinein, sitze bei ihr im Tempel jetzt, nicht zum Beten, aber nein, der Tempel, das ist ein jüdisches Gotteshaus, da herrscht der Alte Bund darin, bis der Vorhang an Ostern zerreißt, soviel weiß ich. Dann, ja dann ist er geöffnet für alle Völker. Dann kann ich auch darin hinknien und beten, anbeten, neben den Mohammedanern und Reformierten und Hindus und Anglikanern und Methodisten und Evangelikalen, aber dann ist es eben nicht mehr der Tempel zu Jerusalem, der herodianische, der ist dann längst zerstört. Ein ganz neuer ist dann das, hat Pater Athanas gesagt, die Kirche, sagt er, über die ganze Welt hin. Er lebt und stirbt nämlich für die Einheit. Aber das ist es nicht, was ich mit der alten Prophetin besprechen muß, es geht mir um die Kugel. Ich muß wissen, wie sie die Jesuskugel sieht, vom Alten Bund her.

Jetzt schaut sie mich an wie durch mich hindurch. »Guten Abend, liebes Kind«, sagt sie dann. »Was möchtest du denn?« Sie ist wieder da, die alte Dame, ich habe sie wohl zurückgeholt ins Jetzt. »Eine halbe Stunde nur, Madame Penuel«, sage ich. »Ich bin nämlich auch darin, jetzt, in … in … Ich weiß nicht, wie ich sagen soll, in Ihrer Geschichte, in Ihrer – wie ich es sehe, ist es eine Weihnachtsgeschichte.«

»Wie? Was meinst du?« Die Prophetin versucht sich zu erheben.

»Aber ja, Madame Penuel, eine bedeutsame, eine ebenso bedeutsame Weihnachtsgeschichte ist im Begriff sich zu ereignen, hier im Tempel, mit Ihnen und Herrn Simeon. Josef und Maria werden mit dem Kind heute abend noch hier eintreffen, ebenso bedeutsam, sage ich, dieses Ereignis wie das mit den heiligen drei Weisen aus dem Morgenland. Aber man hat Ihre Weihnacht, die große Tempelweihnacht vergessen oder verdrängt, kein Mensch erzählt sie den Kindern, in keinem Weihnachtsbuch kommt sie vor. Frau Hanna und Herr Simeon sind unter all den Weihnachtsgestalten – Maria, Josef, Hirten, Engel, Könige –, zu denen sie doch gehören, kaum je einmal genannt, sie sind samt dem, was im Tempel mit dem Kindchen geschah, aus dem Gedächtnis der Weihnachtsfeier verschwunden.«

»Sind Sie aufgeregt, liebes Kind?« Madame Penuel betrachtet mich erstaunt.

»Ja«, sage ich, »ich bin aufgeregt. Nächstens kommen die Herren aus dem Osten, dann macht man überall große Geschichten mit Sternsingen und Erbsen im Kuchen, und an sämtlichen Krippen werden die Hirten gegen Könige und die Schafe gegen Kamele ausgewechselt. Aber was war denn, bevor die Sterndeuter kamen, lange vorher? Wer weiß das? Wer denkt daran? Das Kind wurde in den Tempel gebracht zur Darstellung, zur Auslösung, sagt Pater Athanas, und da geschah doch die Herabkunft des Geistes auf den Herrn Simeon und auf Sie, und Sie sahen das Licht der Welt über alle Völker hin, über alle Meere, Länder, Inseln, Berge, Sterne, und Sie beide sangen und sangen wegen dem Kind. Was ist denn da der Stern dagegen, so ein einziger gewöhnlicher Stern, der über die Wüste hin läuft, um die paar Leute herzuholen? Ich bin wirklich aufgeregt, Madame Hanna.«

»Gehen wir in mein Gärtchen, mein Kind, eine halbe Stunde nur.« Sie erhebt sich, geht behutsam zur Tür und öffnet sie. Süß riecht es herein von der Pfefferminze.

»Gerne«, sage ich, »auf eine halbe Stunde.« Sie nickt. Dabei ist sie ja ganz aus der Zeit und wird nicht wissen, wann eine halbe Stunde vorbei ist. Hierauf darf ich die alte Dame unter den Regenbogenbaum führen, wo eine kleine Steinbank mit Kissen steht, jede Witwe hat in ihrem Gärtchen eine Steinbank mit Kissen. Vielleicht ist es auch nur ein Quitten- oder wilder Kirschbaum. Wer aber mit der Frau Prophetin Hanna darunter sitzt, der sieht, wie die Sintflut sich verläuft, wie die Tauben ausschwirren aus der Arche und wie der Regenbogen über dem wunderbaren Noach-Bundesschluß steht, der auch die Tiere einschließt, der Regenbogen, das schönste Weihnachtszeichen, wohl so schön wie der Epiphaniestern. Bei einer Prophetin öffnet sich ja dauernd die Heilsgeschichte, einmal da, einmal dort, wo immer sie hineinsieht, wo sie geht und steht, das ist so. Und dann hat sie natürlich den Regenbogen dauernd um sich.

»Weißt du es schon, mein liebes Kind?« fragt sie mich. Ich weiß nicht, was ich wissen soll.

»Nein, Madame Penuel«, sage ich.

»Wie? Du weißt nicht, daß das Erbarmen Gottes auf uns zukommt, so weit der Himmel reicht und so weit die Wolken ziehn?«

»Madame Penuel«, sage ich, »habe ich nicht gesagt, eine Weihnachtsgeschichte? Die schönste Weihnachtsgeschichte, worin Sie sind, die ganze Schöpfung voll Erbarmen Gottes, so weit der Himmel reicht, so weit die Wolken ziehn, alles voll Weihnacht.«

Sie schweigt, lächelt und will dann nicht mehr sprechen.

Aber so weit der Himmel reicht, das ist eine Kugel, so weit die Wolken ziehn, die ziehen doch um die Welt rund um den ganzen Himmel entlang, dem Kugelhimmel der Welt entlang, Gottes Erbarmen. Und das ist ein Kind und das wird eben jetzt in den Tempel getragen.

Und es wird uns die Schöpfungsweihnacht, die Regenbogenweihnacht des Noachbundes bringen. Was wird geschehen heute, am Spätnachmittag des zweiten Februar, so gegen fünf Uhr, wenn sie kommen? Durchs große Tor herein, das Mädchen Maria und sein Mann mit dem Knaben Jesus und den Tauben? Da werden die Steine des Tempels zu singen anfangen: »Hosanna! Hosanna!« Aber nein. Jesus will erst ganz unbekannt, inkognito dargestellt werden vom Priester und dargebracht, vorne am Altar, Gott, seinem Vater. Wie jeder jüdische Knabe, wie jeder erstgeborene Jude, nicht anders, die Steine der Tempelmauern müssen noch schweigen, und wenn es sie auch zerreißen, zersprengen will vor Jubel, wenn er hereingetragen wird. Und wenn sie aufjauchzen und tanzen möchten, jetzt noch nicht. Der große, dem menschlichen Ablauf nach sich gerade vollziehende Plan Gottes mit Jesus, der sein eigener ist, läßt jetzt vorerst nur Herrn Simeon und Madame Hanna zu, hat nur sie beide ermächtigt, den Entdeckungsgesang vom »Licht der Völker« in diesem Augenblick über das Kindchen hin zu singen, durch alle Jahrtausende hindurch bis heute zu singen, Sie verstehen mich, singen im Sinne von offenbar machen. Nur diesen beiden Hochbetagten ist es gestattet, im Tempel an diesem Nachmittag. Und … und … wie ist denn das? Ja, und mir. Mir auch. Mein Gott, auch mir, aber nicht nur mir, alle werden Jesus hören und sehen und singen, wem immer es im Herzen aufgegangen ist und vor Augen steht, seit Simeon singt: »Er ist da, er ist da, ich sehe ihn, das Heil, das Licht der Völker!«

Das ist die Weihnacht. Madame Penuel sieht: Sie geschieht, so weit der Himmel reicht, so weit die Wolken ziehn, rundum.

Ulrich Knellwolf

Das Märchen vom Stern von Bethlehem

Als Gott die Welt und den Himmel machte, da machte er auch die Sonne, den Mond und die Sterne. Und als er mit all den großen Himmelskörpern fertig war, blieb ihm ein Klümplein Lehm übrig. Daraus machte Gott einen kleinen Stern und nannte ihn den Stern von Bethlehem. Die Sonne, der Mond und die Sterne eiferten um die besten Plätze im Weltall. Jeder wollte zuvorderst sein. Und jedesmal, wenn der kleine Stern glaubte, für sich ein Plätzchen gefunden zu haben, kam ein größerer Stern und schickte ihn weg. So war der kleine Stern zuletzt zuhinterst im Weltall und sah nicht einmal mehr auf die Erde hinunter.

Wenn er auf seiner Umlaufbahn an der Sonne oder am Mond oder einem andern Stern vorbeikam, hörte er, wie sie wichtig miteinander redeten. »Ohne mich gäbe es überhaupt kein Leben auf der Erde. Auf mich freuen sich die Menschen jeden Morgen«, sagte die Sonne. »Und wenn ich nicht wäre, dann würden sich die Leute in der Nacht verlaufen«, sagte der Mond. Und auch die großen Sterne taten wichtig und meinten, ohne sie ginge es nicht auf der Welt.

War der kleine Stern in ihrer Nähe, dann grüßten sie ihn nicht einmal. Und manchmal hörte er, wie sie hinter seinem Rücken über ihn lachten und sagten: »Schaut diesen kleinen Kerl an. Das ist doch gar kein rechter Stern.« Dann flüchtete der kleine Stern wieder in seine Ecke. Er wurde traurig und dachte, wozu er überhaupt da sei. »Ich leuchte ja nicht einmal für jemanden; mich sieht kein Mensch. Gott hat mich vergessen«, sagte er vor sich hin. Und er versuchte sich zu trösten und hörte auf die Musik, die aus dem Himmel kam.

Eines Tages wurde es im Weltall plötzlich ganz hell. Die

Sonne flüsterte aufgeregt mit dem Mond und sagte: »Das ist ja ein viel helleres Licht, als ich machen kann.« Auch die Sterne tuschelten miteinander. Und einer sagte: »Das ist Gott.« Da sagten alle aufgeregt zueinander: »Gott kommt!« Und alle Sterne drängten sich nach vorn, um Gott zu sehen. Und jeder sagte: »Er kommt sicher zu mir.« Aber die Sonne und der Mond lachten und sagten: »Dummes Zeug! Zu uns kommt Gott, das ist doch klar.« Der kleine Stern hörte das Gerede auch, und er sah das helle Licht, das immer näher kam. Er drängte sich nicht so weit vor. »Zu mir kommt Gott bestimmt nicht. Dafür bin ich viel zu klein«, dachte er.

Dann hörte man eine gewaltige Stimme. Sie kam mitten aus dem hellen Licht und rief: »Stern von Bethlehem!« Der kleine Stern hatte ganz vergessen, daß er am Anfang von Gott so genannt worden war. Darum dachte er jetzt auch nicht daran, daß er gemeint sein könnte. Dafür meinten alle andern, sie seien gemeint. Und alle drängten sich vor, und jeder rief: »Da bin ich, Herr.« Aber die Stimme aus dem Licht sagte: »Wo ist der Stern von Bethlehem?«

Jetzt kam es dem kleinen Stern in den Sinn, daß das ja sein Name sei, und er sagte schüchtern und leise: »Da bin ich.« Die Sonne, der Mond und die Sterne drehten sich nach dem kleinen Stern um. »Du?« fragte einer. Und die Sonne sagte: »Du bist ja nicht bei Trost. Das muß ein Irrtum sein.« Aber die Stimme aus dem Licht rief dem kleinen Stern: »Komm zu mir.«

Da ging der kleine Stern langsam auf das helle Licht zu. Er hatte ein wenig Angst. Er wußte ja nicht, was das zu bedeuten hatte. »Komm nur näher«, sagte die Stimme. Der kleine Stern sah Gott nicht. Er sah nur das helle Licht ohne Schatten, aus dem die Stimme kam. Der kleine Stern marschierte immer noch auf das Licht zu. Es war ein langer Weg. Endlich sagte die Stimme: »So, jetzt bist du nahe genug. Jetzt hör gut zu. Ich habe etwas Wichtiges für dich.«

»Etwas Wichtiges für mich? Für mich hatte noch niemand etwas Wichtiges«, dachte der kleine Stern, aber er sagte nichts. Die Stimme aus dem Licht redete weiter: »Du weißt, wer ich bin?«

»Ja«, sagte der kleine Stern, »du bist Gott«.

»Ja«, tönte wieder die Stimme aus dem großen Licht. »Ich bin der ewige Gott. Und ich habe alles gemacht: den Himmel und die Sterne und die Erde und die Menschen darauf. Und auch dich, Stern von Bethlehem. So hör jetzt gut zu. Du kannst ja von deinem Platz aus die Erde nicht sehen. Aber ich sehe sie. Und ich sehe, daß die Menschen auf der Erde viel Angst haben und böse miteinander sind und Krieg gegeneinander machen. Darum will ich den Menschen helfen, denn ich habe sie gern. Ich will meinen Sohn den Menschen auf die Erde schicken. Er soll ihnen beistehen, damit sie nicht mehr soviel Angst haben und Frieden untereinander machen können. Dazu brauche ich dich. Du mußt den Menschen anzeigen, daß mein Sohn zu ihnen kommt. Du gehst jetzt ganz nahe an die Erde, daß alle Menschen dich sehen. Und dann leuchtest du und zeigst den Menschen den Weg und führst sie zu meinem Sohn. Hast du alles verstanden?« Der kleine Stern hatte gut aufgepaßt. Er nickte. »Gut«, sagte die Stimme Gottes aus dem Licht. »Dann mach schnell und geh; es ist keine Zeit zu verlieren.«

Da drehte sich der kleine Stern um und rannte davon. Als die andern Sterne ihn fragen wollten, was Gott zu ihm gesagt habe, rief er nur: »Keine Zeit! Muß mich beeilen!« Und er raste gegen die Erde, so schnell, daß hinter ihm ein leuchtender Schweif am Himmel entstand. Der kleine Stern freute sich riesig, zum erstenmal in seinem Leben die Erde zu sehen. Und er dachte, daß die Menschen gewiß froh seien, wenn er ihnen leuchte und den Weg zum Gottessohn zeige. Als er so nahe war, daß er auf die Erde schauen konnte, da sah er, wie schön es an vielen Orten war. Aber die Leute dort blickten nicht zu ihm empor. Sie liefen ihrer Arbeit nach, wollten viel Geld verdienen und mußten zu ihren Sachen schauen, daß niemand sie ihnen wegnahm.

Und da waren auch böse Orte. Da gab es Streit und Krieg. Und je näher der kleine Stern der Erde kam, desto deutlicher sah er, wieviel die Menschen miteinander stritten.

»Die haben ja gar keine Zeit für mich«, sagte der kleine Stern zu sich selber. Und er suchte einen andern Teil der Erde. Er sah Leute, die Hunger hatten. »Die warten auf mich«, dachte er. Aber auch die schauten nicht hinauf. Auch die waren nur mit sich selber beschäftigt. Da wurde der kleine Stern enttäuscht. »Vielleicht leuchte ich zu wenig hell«, dachte er. Er vergrößerte sein Tempo, damit sein Licht heller scheine und sein Schweif länger werde. Aber es nützte nichts. Es schien auf der ganzen Erde keinen Menschen zu haben, der sich für ihn interessierte. Er wollte schon aufgeben und in den Himmel zurückkehren.

Aber da sah er, weit hinten in der Welt, drei alte, weise Männer, die zu ihm hinaufschauten und mit den Armen auf ihn zeigten. Ihre Gesichter leuchteten vor Freude. »Wenigstens die sehen mich«, sagte der kleine Stern zu sich selber. Und er ging ihnen voran, und die drei Männer folgten ihm. Sie hatten noble Kleider an und trugen prächtige Geschenke bei sich. »Das sind sicher Könige«, dachte der kleine Stern. Es war eigenartig: Der kleine Stern wußte genau, welchen Weg er den drei Männern zeigen mußte. Dabei hatte er die Erde vorher noch gar nie gesehen. Der Weg war lang, viele Tage und Wochen. Und er führte durch viele Länder, und einmal sogar durch eine Wüste. Aber immer, wenn der kleine Stern zurückschaute, sah er, wie die drei Könige ihm nachliefen.

In einer Nacht sah er ein Licht unter sich. Es war mitten auf einem dunklen Feld. Viele Schafe waren auf dem Feld, und der kleine Stern sah, daß ein Engel mit den Hirten redete. Er hörte, wie der Engel zu den Hirten sagte: »Fürchtet euch nicht. Ich verkündige euch große Freude.

Euch ist heute der Heiland geboren. Dort in der Stadt Bethlehem ist er.«

Da wußte der kleine Stern, warum ihm Gott den Namen »Stern von Bethlehem« gegeben hatte. Nach Bethlehem mußte er die Könige führen. Und er sah, wie die Hirten aufstanden und sich auf den Weg machten, wie die Könige.

Unter sich sah der kleine Stern jetzt das Städtchen Bethlehem. Er suchte einen Palast; denn in einem Palast müsse doch der Gottessohn sein, dachte er. Aber er fand keinen Palast. Wie von einem Magnet zog es ihn hinunter, und über einem Stall mußte er stehen bleiben. Durch die Löcher im Dach sah er in den Stall hinein. Zuerst sah er einen Ochs und einen Esel. Dann sah er zwei Menschen, einen jungen Mann und eine noch jüngere Frau. Und in einer Krippe lag ein neugeborenes Kind. »O je«, dachte der kleine Stern, »die haben für ihr Kind nicht einmal ein richtiges Bett. Dem Kind geht es auf der Erde fast so, wie es mir am Himmel gegangen ist, bevor Gott mich rief.«

Immer noch schaute der kleine Stern umher, ob der Gottessohn in der Nähe sei. Da sah er, wie die Hirten in den Stall hinein kamen und vor der Krippe auf die Knie fielen. Und dann kamen auch die drei Könige. Auch sie knieten vor dem Kind nieder und legten ihm ihre Geschenke in die Krippe. »Soll am Ende dieses Kindlein in der Krippe der Gottessohn sein?« sagte der kleine Stern. Er war enttäuscht. Da kam ein ganzer Schwarm Engel dahergeflogen. Der kleine Stern rief den vordersten der Engel zu sich und fragte: »Ist das dort unten der Gottessohn?«

»Ja«, sagte der Engel.

»Aber so ein kleines Kind, wie kann das den Menschen helfen?« fragte der kleine Stern. »Dazu braucht es doch einen mächtigen Mann.«

»Weißt du«, sagte der große Engel, »mächtige Männer gibt es auf der Erde genug. Und sie alle haben den Menschen nicht richtig geholfen. Was die Menschen brauchen, ist einer, der sie gern hat. Den schickt ihnen Gott heute. Aber jetzt müssen wir gehen. Wir sollen da unten spielen«, sagte der große Engel und flog davon. Und der kleine Stern sah, wie der Engelchor auf dem Dach des Stalles absaß, und er hörte ihn musizieren.

Viele Jahre blieb der kleine Stern nahe bei der Erde. Er konnte alles genau sehen: Wie Jesus aufwuchs, wie er von Johannes dem Täufer getauft wurde, wie er predigte und wie er Kranke heilte. Und dann sah er eines Tages auch, wie Jesus gekreuzigt wurde und starb.

Da war der kleine Stern traurig und kehrte in den Himmel zurück. »Gott wollte den Menschen helfen«, dachte er. »Jetzt haben die Menschen alles kaputt gemacht. Gott wird böse über sie sein.« Als der kleine Stern im Himmel ankam, rief Gott: »Stern von Bethlehem!« Der kleine Stern ging vor das große Licht. Und die Stimme Gottes sagte aus dem Licht: »Ich bin nicht böse über die Menschen, wie du meinst. Ich habe ihnen mit meinem Sohn gezeigt, daß ich sie gern habe. Und ich behalte sie gern. Bald schicke ich meinen Sohn wieder zu ihnen, aber mit Macht und Herrlichkeit, damit alle merken, wie gern ich sie habe. Du mußt dann wieder auf die Erde zurück und es den Menschen anzeigen. Bis dahin kannst du dich ausruhen. Ich rufe dich, wenn es Zeit ist.«

Erst jetzt merkte der kleine Stern, daß er müde war. Er ging an seinen Platz zurück. Aber alle Sterne, und auch der Mond und sogar die Sonne behandelten ihn mit großem Respekt. An seinem Platz am Himmel schlief er zuerst einmal tüchtig aus. Und seit er wieder wach ist, wartet er darauf, daß die Stimme Gottes ihn ruft und ihn wieder zur Erde schickt, um den Menschen zu zeigen, daß der Gottessohn mit Macht und Herrlichkeit kommt und alle erlöst. Wer weiß, vielleicht kommt der Stern von Bethlehem schon bald wieder. Wir warten auf ihn und freuen uns darauf.

Wer einmal beim Einnachten über den Grasboden einer Schweizer Alp geschritten ist, vorbei an wiederkäuenden oder dösenden Kühen, dem wird die berühmte biblische Szene besonders anschaulich werden, in der es ausgerechnet die Hirten des Feldes waren, die als erste von der Geburt des göttlichen Kindes erfuhren und sich dann auf den Wink des Engels eilends zum Stall von Bethlehem aufmachten.

Auch die Gründerväter der heutigen Schweiz waren Hirten, Sennen und Bauern, und das Wissen um die rustikale Herkunft der Eidgenossenschaft prägt bis heute die helvetische Mentalität. So wundert es darum nicht, daß gerade die schlichte Weihnachtsgeschichte mit ihrem Brauchtum in der Schweiz noch heute eine besondere Bedeutung besitzt, und zwar in allen Landesteilen und ungeachtet der Konfessionen.

Das Bild, das sich in dieser Textsammlung bietet, ist denn auch reichhaltig, wobei es (und das war dem Herausgeber wichtig) nicht bloß aus lichten Tönen bestehen soll. Gerade die Texte, die am Anfang präsentiert werden, haben nichts zu tun mit der intimen Welt von Jesulein und Krippe oder mit der bürgerlichen Idylle um Weihnachtsbaum und Kinderglück, wohl aber mit dem Dunkel dieser besonderen Nacht und mit Spuk und Magie, die aus einer vorchristlichen Stufe herrühren.

Da werden denn, als seien sie durch die Konkurrenz des göttlichen Kindes herausgefordert, alte Götter und Dämonen wach, da zieht Wotans wildes Heer über den schweizerischen Himmel, da trappelt die Schweineherde des Gnomenfürsten Grebellhou durchs Land, und die Heilige Nacht wird zu einer Nacht der tausend Wunder mit fliegenden Mistgabeln, brennenden Männern, unerlösten Höhlenweibchen und Tieren, die für diese eine Nacht zu sprechen beginnen. Die treffende Erklärung zu diesem tollen Treiben liefert das Sprichwort: »Wo man Gott eine Kirche baut, da baut der Teufel eine Kapelle daneben.«

Wenn man sich die Situation der alpinen Erzähler vorstellt (es waren wohl meistens Männer), denen die Windsbraut um die Alphütte braust und an Türen und Wänden rüttelt, ist die Lust am Unheimlichen nicht zu verdenken: Gespenster- und Zaubergeschichten waren hier oben naheliegender als Erzählungen aus der freundlichen Welt von Weihnachten, wie sie drunten im Tal von Pfarrern oder von Dichterinnen und Dichtern geschrieben wurden.

Um auf einen Nenner zu bringen, was diese literarischen Autoren dieses Bandes – von Jeremias Gotthelf bis zu Ulrich Knellwolf – verbindet, so ist es gewiß die einfache Tatsache, daß aus jedem ihrer Texte das »Prinzip Hoffnung« spricht, als Überzeugung, daß aus jeder Finsternis etwas von jenem Licht hervorbrechen kann, das im Stall von Bethlehem zu leuchten begann.

Darum geraten selbst jene Texte, die vor allem vom Gemütvoll-Familiären des Weihnachtsfestes berichten, kaum je in die Nähe dessen, was Carl Spitteler beim Blick auf schweizerisches Provinzleben einmal unvergeßlich als »Hölle der Gemütlichkeit« bezeichnet hat. Denn hinter all diesen kleinen Welten in dörflichen und städtischen Wohnstuben öffnet sich der weite Horizont jener alten und immer wieder neuen frohen Botschaft, welche mächtiger ist als alle bürgerlichen Konventionen um den Heiligabend.

Ein besonderes Höllenbild unter dem Titel »Weihnacht« soll aber in unserer Sammlung doch nicht fehlen: der kurze Text von Friedrich Dürrenmatt, mitten im Krieg, 1942, geschrieben, der von einer toten und eiskalt gewordenen Welt spricht, in der selbst das Christkind zur leblosen Puppe geworden ist. Dieser Text klingt auch jetzt noch wie eine Mahnung – selbst wenn sich die Situation der Schweiz und der Welt seither entscheidend gewandelt hat. Er zeigt uns noch heute, wie Weihnachten zum leblosen Ritual und das Christkind zum Konsumgut wird, wenn die Hoffnung erkaltet und aus dem Leben entweicht.

Wenn es zum Wesen jeder Hölle gehört, daß sie fensterlos ist, so will das Wunder um Weihnachten, wie es sich in den Texten unserer Sammlung in vielerlei Formen ausspricht, Türen und Fenster öffnen – und günstigenfalls auch Herzen.

Martin Müller

Quellennachweis

Kapitel I

Wotans wütendes Heer. Aus: Schweizer Sagen, hg. von Arnold Büchli, Band 3, S. 41 ff. Aarau 1931

Grebellhou, der Gnomenfürst. Aus: Schweizer Sagen, hg. von Arnold Büchli, Band 3, S. 53 f. Aarau 1931

Die Hexenkatze in Wollerau. Aus: Schwyzer Sagen, gesammelt und neu aufgeschrieben von Hans Steinegger, Band IV, Schwyz 1985, S. 194 f. © Riedter Verlag

Kapitel II

Der Weihnachtsschwanz. Nach: Sagen aus Uri. Aus dem Volksmunde gesammelt von Josef Müller, 3 Bände, Basel 1926 ff. © Schweizerische Gesellschaft für Volkskunde, Basel

Lehrjunge und Wybervölchli. Nach: Sagen aus Uri. Aus dem Volksmunde gesammelt von Josef Müller, 3 Bände, Basel 1926 ff. © Schweizerische Gesellschaft für Volkskunde, Basel

Die fliegende Mistgabel. Aus: Alois Senti: Sagen aus dem Sarganserland. (= Schriften der Schweizerischen Gesellschaft für Volkskunde, Band 56), Basel 1974, 3. Aufl. 1983, S. 161. © Schweizerische Gesellschaft für Volkskunde, Basel

Das böse Nauzeli. Nach: Sagen aus Uri. Aus dem Volksmunde gesammelt von Josef Müller, 3 Bände, Basel 1926 ff. © Schweizerische Gesellschaft für Volkskunde, Basel

Die unheimliche Frau Seltä. Nach: Sagen aus Uri. Aus dem Volksmunde gesammelt von Josef Müller, 3 Bände, Basel 1926 ff. © Schweizerische Gesellschaft für Volkskunde, Basel

Schwiegervater, Teufel, Engel. Aus: Josef Guntern: Volkserzählungen aus dem Oberwallis. (= Schriften der Schweizerischen Gesellschaft für Volkskunde, Band 62), Basel 1979, S. 497 f. © Schweizerische Gesellschaft für Volkskunde, Basel

Der stierköpfige Glungel. Aus: Ein Weihnachtsbrauch (in: Miszellen). Aus: Schweizer Archiv für Volkskunde (= SAVk), Jg. 2, 1898, S. 228 ff.

Kapitel III

Der Schatz im Feschtiloch. Aus: Josef Guntern: Volkserzählungen aus dem Oberwallis. (= Schriften der Schweizerischen Gesellschaft für Volkskunde, Band 62), Basel 1979, S. 559. © Schweizerische Gesellschaft für Volkskunde, Basel

Pech in der Heiligen Nacht. Nach: Sagen aus Uri. Aus dem Volksmunde gesammelt von Josef Müller, 3 Bände, Basel 1926 ff. © Schweizerische Gesellschaft für Volkskunde, Basel

Die schrecklichen Drei. Nach: Sagen aus Uri. Aus dem Volksmunde gesammelt von Josef Müller, 3 Bände, Basel 1926 ff. © Schweizerische Gesellschaft für Volkskunde, Basel

Der brennende Mann. Aus: Schweizer Sagen. Ausgewählt und dargestellt von Arnold Büchli, Band 1, Aarau 1940, S. 274 ff.

Das Höhlenweibchen. Nach: Sagen aus Uri. Aus dem Volksmunde gesammelt von Josef Müller, 3 Bände, Basel 1926 ff. © Schweizerische Gesellschaft für Volkskunde, Basel

Kapitel IV

Die unpaaren Strümpfe. Aus: Josef Guntern: Volkserzählungen aus dem Oberwallis. (= Schriften der Schweizerischen Gesellschaft für Volkskunde, Band 62), Basel 1979, S. 559. © Schweizerische Gesellschaft für Volkskunde, Basel

Ein Zwiebel-Orakel. Aus: Volksglaube und Sagen aus dem Emmental. Von Hans Zahler, Bern. Aus: SAVk, Jg. 15, 1911, S. 1 ff.

Zwölf Tage als Wetterpropheten. Nach: Metéorologie populaire. Collection de Pronostics et dictons agricoles. Aus: SAVk, Jg. 13, 1909, S. 201

Gebet für einen armen Bettnässer. Aus: Alte religiöse Volksgebräuche aus der Innerschweiz. Gesammelt von J. Arnet, Grosswangen. Aus: SAVk, Bd. 31, 1931, S. 149 ff.

Die Jerichorose. Aus: Schwyzer Sagen, gesammelt und neu aufgeschrieben von Hans Steinegger, Band 4, Schwyz 1985, S. 166. © Riedter Verlag

Die Weihnachtsrose von Puschlav. Aus: G. Leonhardi: Das Poschiavino-Tal, Leipzig 1859, S. 70. Abgedruckt in: Schweizerische Volksfeste, Sitten und Gebräuche, für Jung und Alt, dargestellt von H. Herzog. Aarau 1884, S. 294 f.

Kapitel V

Unverhoffter Gewinn. Aus: Arnold Büchli: Sagen aus Graubünden, 1. Teil, Aarau und Leipzig o. J., S. 79

Wenn man einen Freund in Paris beobachten will. Nach: Sagen aus Uri. Aus dem Volksmunde gesammelt von Josef Müller, 3 Bände, Basel 1926 ff. © Schweizerische Gesellschaft für Volkskunde, Basel

Nähe des Geliebten in der Heiligen Nacht. Aus: Die Erhebungen über »Volksmedizin« in der Schweiz. Aus: SAVk, Jg. 5, 1901, S. 194 f.

Kapitel VI

Der liebe König Konrad. Aus: Weihnacht im Gallus-Kloster. Bilder und Texte aus der Stiftsbibliothek Sankt Gallen. Hg. von Johannes Duft, Stiftsbibliothekar, Zürich 1957

Notkers Weihnachtssequenz aus St. Gallen. Aus: Weihnacht im Gallus-Kloster. Bilder und Texte aus der Stiftsbibliothek Sankt Gallen. Hg. von Johannes Duft, Stiftsbibliothekar, Zürich 1957

Jacob Meyer (1629–1712) aus Winterthur. Den Herrn Jesum geistlich einzuwickeln. Aus: Christenliche Weihnachts-Betrachtungen, von der geheimnisreichen und höchst-seligen Menschwerdung und Geburt unseres Herrn und Heilands Jesu Christi, Einer Christlichen Gemeind zu Winterthur fürgetragen von Jacob Meyer, Kirchen- und Schul-Diener allda. Zürich 1700, S. 66 ff.

Eine Tessiner Nikolaus-Legende. Nach: SAVk, Bd. 36, 1937, S. 286. Deutsch von Brigitta Neumeister-Taroni

Ein altes Lied aus dem Süden. Alcune poesie dialettali ticinesi intorno al S. Natale. Hg. von L. Simona, Gentilino. Aus: SAVk, Jg. 18, 1914, S. 21 ff. Deutsch von Brigitta Neumeister-Taroni

Ein Weihnachtsklotz im Tessin. Aus: SAVk, Bd. 36, 1937, S. 286

… und einer in der französischen Schweiz. Nach mündlicher Überlieferung, in: Légendes religieuses de la contrée d'Ollon. Par F. Isabel, instituteur, Villard sur Ollon. Aus: SAVk, Jg. 11, 1907, S. 121 ff.

Weihnachtsverse aus dem Jura. Aus: Noëls jurassiens recueillis par M. l'abbé A. Daucourt, à Delémont. Aus: SAVk, Jg. 12, 1908, S. 124 ff. Deutsch von Brigitta Neumeister-Taroni

Vorweihnachtsfreuden im Unterengadin. Nach mündlicher Überlieferung, in: Sitten, Gebräuche und Volksfeste im Unterengadin. Von G. Barblan in Landquart. Aus: SAVk, Jg. 19, 1915, S. 13 ff.

Ein schönes Lied aus romanisch Graubünden. Aus: Canzuns della Consolaziun. Geistliche Volkslieder aus romanisch Bünden. Hg. von Alfons Maissen und Werner Wehrli, Basel 1942, S. 12 f.

Der Maurer Joseph und die Rose von Jericho. Aus: Des Volks-Boten Schweizer Kalender. Basel 1845, S. 31 ff.

Kapitel VII

Schwester Ursulas Vögel. Aus: Schwyzer Sagen, gesammelt und neu aufgeschrieben von Hans Steinegger, Band IV, Schwyz 1985, S. 139. Quelle: Einsiedler Kalender, Einsiedeln 1870. © Riedter Verlag

Die redenden Tiere. Aus: Schweizer Sagen. Hg. von Arnold Büchli, Band III, Aarau 1931, S. 233 f.

Jeremias Gotthelf (1797–1854): Merkwürdige Reden, gehört zu Krebsligen zwischen zwölf und ein Uhr in der Heiligen Nacht. Aus: Jeremias Gotthelf: Sämtliche Werke, Band 18, Erlenbach-Zürich 1929, S. 106–119

Edwin Arnet (1901–1962): Weihnachtslegende vom überfahrenen Hündchen. Aus: Weihnachtsbüchlein der Buchdruckerein Stäfa AG und Küsnacht, Stäfa 1966, S. 39 ff.

Kapitel VIII

Jeremias Gotthelf (1797–1854): Wie Käthi die Weihnacht feiert und am Neujahr sich labet. Aus: Jeremias Gotthelf: Sämtliche Werke, Band 10, Erlenbach-Zürich 1916, S. 198 ff.

Joseph Viktor Widmann (1842–1911): Öhmchens Weihnachtsbaum. Aus. Joseph Viktor Widmann: Aus dem Fasse der Danaiden. Zürich 1884

Robert Walser (1878–1956): Zwei Weihnachtsaufsätzchen. Aus: Robert Walser: Das Gesamtwerk, Band 19, S. 443. © Suhrkamp Verlag Zürich/Frankfurt am Main 1978, mit Genehmigung der Inhaberin der Rechte, der Carl-Seelig-Stiftung, Zürich

Cécile Ines Loos (1883–1959): Der Weihnachtsengel. Aus: Cécile Ines Loos: Verzauberte Welt. Küsnacht 1985. © Erbengemeinschaft Leonardo Loos, Basel

Francesco Chiesa (1871–1973): Die Salzsäule. Aus: Weihnachtsgeschichten und Legenden von Schweizerdichtern. Zürich (Gute Schriften) 1938, S. 44 ff.

Cécile Lauber (1887–1981): Die beiden Engel. Aus: Gesammelte Werke, Band 1, Bern 1971, S. 486 ff. © Benteli Verlag, Bern

Friedrich Glauser (1896–1938): Weihnachten in der Legion. Aus: Friedrich Glauser: König Zucker. © 1993 Limmat Verlag, Zürich

Albin Zollinger (1895–1941): Ein Weihnachtswunder im Schulzimmer. Aus: Albin Zollinger: Bohnenblust oder die Erzieher. Zürich 1942, S. 298–302. © Artemis & Winkler Verlag, Düsseldorf/Zürich

Arnold Kübler (1890–1983): Fröhliche Weihnachten! Aus: DU, Dezember 1941. © Ursula Kübler

Friedrich Dürrenmatt (1921–1990): Weihnacht. Aus: Friedrich Dürrenmatt: Aus den Papieren eines Wärters. Zürich 1986, S. 9. © 1986 Diogenes Verlag AG, Zürich

Charles Ferdinand Ramuz (1878–1947): Weihnacht im Dorf. Aus: Charles Ferdinand Ramuz: Das Dorf auf dem Berg. Deutsch von Trude Fein. In: Werke in sechs Bänden, Band 5, Frauenfeld und Stuttgart, S. 124 ff. © Limmat Verlag, Zürich

Meinrad Inglin (1893–1971): Am 24. Dezember, abends nach dem Hauptverlesen. Aus: Meinrad Inglin: Schweizerspiegel. Roman. Zürich 1987, S. 417 ff. © 1987 Ammann Verlag & Co., Zürich

Andri Peer (1921–1985): Weihnachten in Carolina. Aus: Andri Peer: Weihnachten in Carolina. Vier Weihnachtsgeschichten. Basel 1966, S. 28. © Friedrich Reinhardt Verlag, Basel

Angelo Nessi (1873–1932): Das Weihnachtslämmchen. Aus: Tessiner Erzähler. Ausgewählt und eingeleitet von Giuseppe Zoppi. Zürich 1941, S. 103 ff.

Hans Boesch (*1926): Die Geburt. Aus: Hans Boesch: Der Kiosk. Zürich 1978, S. 402 ff. © Hans Boesch

Gerold Späth (* 1939): Wenn wieder Weihnachtszeit war. Aus: Gerold Späth: Zwölf Geschichten. Zürich 1973, S. 193 ff. © Gerold Späth

Silja Walter (* 1919): Die vergessene Weihnachtsgeschichte. Aus: Das Silja Walter-Weihnachtsbuch. Hg. von Roswitha Plancherel-Walter. Zürich und Düsseldorf 1989, S. 309 ff. © 1998 Walter Verlag, Zürich und Düsseldorf

Ulrich Knellwolf (* 1942): Das Märchen vom Stern von Bethlehem. Aus: Ulrich Knellwolf: Ein roter Teppich für den Messias. Weihnachtsgeschichten. Zürich 1989, S. 11 ff. © 1989 Theologischer Verlag Zürich

Trotz aller Bemühungen konnten nicht alle Rechteinhaber erreicht werden. Der Verlag verpflichtet sich, rechtmäßige Ansprüche jederzeit abzugelten.

BILDNACHWEIS

Die Bilder auf den Seiten 24, 32, 56, 93, 163 stammen aus:
Bauernregeln. Eine schweizerische Sammlung von Albert Hauser. Zürich 1973.

Die auf den Seiten 51, 77, 107, 169, 190, 233 abgebildeten Holzmodel befinden sich im Besitz des Schweizerischen Landesmuseums Zürich.

Inhaltsverzeichnis

I. Wotan und Grebellhou, Die wilden Reiter

II. Der Weihnachtsschwanz, das Nauzeli und die Frau Seltä

III. Von Schätzen und Sündern

IV. Orakel, Gebete und Zaubereien

V. Ungewöhnliche Weihnachtsgeschenke

VI. Weihnachten in der guten alten Zeit

VII. Die Stunde der Tiere

VIII. Weihnachten der Dichter

Anhang